BEITRÄGE ZUM AUSLÄNDISCHEN UND INTERNATIONALEN PRIVATRECHT

HERAUSGEGEBEN VOM

MAX-PLANCK-INSTITUT FÜR AUSLÄNDISCHES UND INTERNATIONALES PRIVATRECHT

Direktor: Professor Dr. Konrad Zweigert

34

1968

WALTER DE GRUYTER & CO.
BERLIN

J. C. B. MOHR (PAUL SIEBECK)
TÜBINGEN

SCHADENSAUSGLEICH BEI VERKEHRSUNFÄLLEN

Haftungsersetzung durch Versicherungsschutz

Eine rechtsvergleichende Untersuchung

von

EIKE VON HIPPEL
Hamburg

1968

WALTER DE GRUYTER & CO.
BERLIN

J. C. B. MOHR (PAUL SIEBECK)
TÜBINGEN

J. C. B. Mohr (Paul Siebeck) Tübingen 1968

Printed in Germany
Satz und Druck: Buchdruckerei Eugen Göbel, Tübingen
Einband: Großbuchbinderei Heinr. Koch, Tübingen

FRITZ VON HIPPEL

MAX RHEINSTEIN

KONRAD ZWEIGERT

in Verehrung und Dankbarkeit gewidmet

VORWORT

Die vorliegende Arbeit behandelt ein Thema, das auf nationaler wie auf internationaler Ebene zu den wichtigsten und aktuellsten Fragen des modernen Schadensrechts gehört. Sie ist während meiner Tätigkeit als wissenschaftlicher Referent am Max-Planck-Institut für ausländisches und internationales Privatrecht in Hamburg entstanden. Die Arbeit wurde Ende 1967 abgeschlossen und von der Rechtswissenschaftlichen Fakultät der Universität Hamburg im Sommersemester 1968 als Habilitationsschrift angenommen. Nach dem 1. 1. 1968 erschienene Publikationen sind im Rahmen des Möglichen nachgetragen.

Eine rechtsvergleichende Arbeit stellt den Autor vor besondere Methodenprobleme. Nach längerer Überlegung habe ich grundsätzlich auf geschlossene Referate über die führenden Rechtssysteme („Länderberichte") verzichtet. Stattdessen habe ich mich bemüht, bei der Behandlung der einzelnen Probleme die jeweils typischen Lösungen, Überlegungen und Entwicklungstendenzen auf internationaler Ebene zu erfassen. Nur mit Hilfe dieser „integrierenden" Methode war es möglich, alle wesentlichen ausländischen Erfahrungen zu berücksichtigen, ohne die Arbeit ausufern zu lassen.

Ohne die freundliche Förderung durch meinen verehrten Lehrer Herrn Professor Dr. Konrad Zweigert, den Direktor des Max-Planck-Instituts, hätte die Arbeit nicht geschrieben werden können. Das Buch ist ihm deshalb neben Persönlichkeiten gewidmet, denen ich menschlich und fachlich besonders verpflichtet bin.

Meinen Kollegen am Max-Planck-Institut habe ich für wertvolle Hinweise zu danken.

Hamburg, im August 1968 *Eike von Hippel*

INHALTSVERZEICHNIS

ZITIERWEISE UND ABKÜRZUNGEN

Die im folgenden zitierten Kommentare, Lehrbücher, Monographien, Aufsätze und sonstigen Publikationen sind regelmäßig im Literaturverzeichnis (S. 125 ff.) mit vollen bibliographischen Angaben aufgeführt, und zwar in alphabetischer Reihenfolge der Autoren, herausgebenden Stellen oder Sachtitel. Um den Anmerkungsapparat zu entlasten, werden sie in den Fußnoten vielfach nur nach Autor und Seitenzahl oder, wenn ein Autor mehrfach vertreten ist, mit Kurztitel oder Hinweis auf die Fundstelle (Zeitschrift, Sammelband usw.) zitiert.

Die Fußnoten sind bei jedem Paragraphen durchgezählt. Bei Verweisungen auf frühere Fußnoten in demselben Paragraphen wird nur die Fußnote angeführt, sonst wird auch der jeweils betroffene Paragraph angegeben.

A.	= Atlantic Reporter
a. A.	= anderer Ansicht
aaO	= am angegebenen Ort
A. B. A. J.	= American Bar Association Journal
a. E.	= am Ende
ABGB	= Allgemeines Bürgerliches Gesetzbuch (1811)
abl.	= ablehnend
Abs.	= Absatz
AcP	= Archiv für die civilistische Praxis
AG	= Amtsgericht
AKB	= Allgemeine Bedingungen für die Kraftverkehrsversicherung
A. L. R.	= American Law Reports, annotated
Am. J. Comp. L.	= American Journal of Comparative Law
Anm.	= Anmerkung
Art.	= Artikel
AUB	= Allgemeine Unfallversicherungs-Bedingungen
Aufl.	= Auflage
Austl. L. J.	= Australian Law Journal
BB	= Betriebsberater
Bd.	= Band
Bem.	= Bemerkung
BG	= Bundesgericht

BGB	= Bürgerliches Gesetzbuch
BGBl.	= Bundesgesetzblatt
BGE	= Entscheidungen des Schweizerischen Bundesgerichts, Amtliche Sammlung
BGH	= Bundesgerichtshof
BGHZ	= Entscheidungen des Bundesgerichtshofs in Zivilsachen
Calif. L. Rev.	= California Law Review
C. L. J.	= Cambridge Law Journal
Can. Bar. Rev.	= Canadian Bar Review
ch.	= chapter
Civ.	= Urteil der Cour de cassation, chambre civil
Col. L. Rev.	= Columbia Law Review
Corn. L. Q.	= Cornell Law Quarterly
Curr. Leg. Probl.	= Current Legal Problems
D.	= Recueil Dalloz de Doctrine, de Jurisprudence et de Législation (1946–1964); ab 1965 (aufgrund einer Vereinigung mit Recueil Sirey) Recueil Dalloz et Sirey de doctrine, de jurisprudence et de législation.
DAR	= Deutsches Autorecht
Diss.	= Dissertation
DJT	= Deutscher Juristentag
D. P.	= Dalloz, Recueil périodoque et critique mensuel (1924–1940)
DRiZ	= Deutsche Richterzeitung
Dr. soc.	= Droit social
EKHG	= (österr.) Eisenbahn- und Kraftfahrzeughaftpflichtgesetz (1959)
FamRZ	= Zeitschrift für das gesamte Familienrecht
Gaz. Pal.	= Gazette du Palais
Harv. L. Rev.	= Harvard Law Review
hrsg.	= herausgegeben
I. C. L. Q.	= International and Comparative Law Quarterly
i. d. F.	= in der Fassung
Ins. L. J.	= Insurance Law Journal
IntArchVerkW	= Internationales Archiv für Verkehrswesen
Israel L. Rev.	= Israel Law Review
i. V.	= in Verbindung
J. C. P.	= Jurisclasseur périodique, La Semaine juridique
J. R.	= Juristische Rundschau
J. T.	= Journal des Tribunaux (Belgien)
JuS	= Juristische Schulung
JW	= Juristische Wochenschrift
JZ	= Juristenzeitung

KFG	= Kraftfahrzeuggesetz (1909)
krit.	= kritisch
KUVG	= (schweiz.) Bundesgesetz über die Kranken- und Unfallversicherung (1911)
L	= Leitsatz
La. L. Rev.	= Louisiana Law Review
Law & Contemp. Prob.	= Law and Contemporary Problems
MDR	= Monatsschrift für Deutsches Recht
Mich. L. Rev.	= Michigan Law Review
Minn. L. Rev.	= Minnesota Law Review
Mod. L. Rev.	= Modern Law Review
N.	= Fußnote (Die Fußnoten sind bei jedem Paragraphen durchgezählt. Bei Verweisungen auf frühere Fußnoten in demselben Paragraphen wird nur die Fußnote angeführt, sonst wird auch der Paragraph angegeben.)
N. E.	= North Eastern Reporter
N. F.	= Neue Folge
New. L. J.	= New Law Journal
New Zealand U. L. Rev.	= New Zealand Universities Law Review
NJW	= Neue Juristische Wochenschrift
N. W.	= North Western Reporter
N. Y. L. Forum	= New York Law Forum
N. Y. U. L. Rev.	= New York University Law Review
OGH	= Oberster Gerichtshof (Österreich)
ÖJZ	= Österreichische Juristen-Zeitung
OLG	= Oberlandesgericht
OR	= (schweiz.) Obligationenrecht
PflVersG	= Pflichtversicherungsgesetz (1939)
RabelsZ	= Zeitschrift für ausländisches und internationales Privatrecht
RdK	= Recht des Kraftfahrers
Rdz.	= Randziffer
Rev. Contemp. L.	= Review of Contemporary Law
Rev. crit. belge	= Revue critique de jurisprudence belge
Rev. int. dr. comp.	= Revue internationale de droit comparé
Rev. Stat. Sask.	= Revised Statutes of Saskatchewan
Rev. trim. dr. civ.	= Revue trimestrielle de droit civil
RG	= Reichsgericht
R. G. A. T.	= Revue générale des assurances terrestres
RGBl.	= Reichsgesetzblatt
RGZ	= Entscheidungen des Reichsgerichts in Zivilsachen
Rpfleger	= Der deutsche Rechtspfleger
RvglHwB	= Rechtsvergleichendes Handwörterbuch für das Zivil- und Handelsrecht des In- und Auslandes
RVO	= Reichsversicherungsordnung

S.	= Seite
S. A. L. J.	= South African Law Journal
Schw. Jb. Int. R.	= Schweizerisches Jahrbuch für internationales Recht
SGIO	= Saskatchewan Government Insurance Office
SJZ	= Schweizerische Juristen-Zeitung
StGB	= Strafgesetzbuch
StVG	= Straßenverkehrsgesetz (1952)
SVA	= Entscheidungen schweizerischer Gerichte in privaten Versicherungsstreitigkeiten, hrsg. vom Eidgenössischen Versicherungsamt
SVG	= (schweiz.) Bundesgesetz über den Straßenverkehr (1958)
SZS	= Schweizerische Zeitschrift für Sozialversicherung
Tul. L. Rev.	= Tulane Law Review
U. Chi. L. Rev.	= University of Chicago Law Review
UCLA L. Rev.	= University of California Los Angeles Law Review
U. Pa. L. Rev.	= University of Pennsylvania Law Review
U. Ill. L. Forum	= University of Illinois Law Forum
U. Toronto L. J.	= University of Toronto Law Journal
U. W. Austl. Ann. L. Rev.	= University of Western Australia Annual Law Review
VersR	= Versicherungsrecht
VersRAl	= Versicherungsrecht, Beilage Ausland
vgl.	= vergleiche
vol.	= volume
VRS	= Verkehrsrechts-Sammlung
VVG	= Gesetz über den Versicherungsvertrag
VW	= Versicherungswirtschaft
Yale L. J.	= Yale Law Journal
z. B.	= zum Beispiel
ZbJV	= Zeitschrift des bernischen Juristenvereins
ZHR	= Zeitschrift für das gesamte Handelsrecht
ZSR	= Zeitschrift für Schweizerisches Recht
ZStaatsw.	= Zeitschrift für die gesamte Staatswissenschaft
zust.	= zustimmend
ZVerkWiss.	= Zeitschrift für Verkehrswissenschaft
ZVersWiss	= Zeitschrift für die gesamte Versicherungs-Wissenschaft
ZVR	= Zeitschrift für Verkehrsrecht (Österreich)
ZZP	= Zeitschrift für Zivilprozeß

EINFÜHRUNG

Nach Berechnungen der UNO-Wirtschaftskommission für Europa/ECE in Genf hat sich in den europäischen Ländern und in den USA der Fahrzeugbestand von 1955 bis 1964 um 180 % und die Zahl der Todesopfer im Straßenverkehr um 49 % erhöht. 1964 kamen in diesen Ländern mehr als 100 000 Menschen durch Straßenverkehrsunfälle ums Leben; etwa 3,2 Millionen Personen wurden verletzt[1].

Allein in der Bundesrepublik Deutschland fielen dem Kraftverkehr in den letzten Jahren mehr als 15 000 Menschen pro Jahr zum Opfer (1964: 16 494; 1965: 15 753; 1966: 16 864)[2]. Die Zahl der Verletzten geht jährlich in die Hunderttausende (1966: 141 269 Schwer- und 315 313 Leichtverletzte)[2]. Die Sachschäden erreichen astronomische Ziffern[3].

Der Schadensausgleich bei Straßenverkehrsunfällen ist zu einem Weltproblem geworden, dessen Bedeutung bei der ständig wachsenden Dichte und internationalen Verflechtung des Verkehrs noch laufend zunimmt. Die Rechte der einzelnen Länder stehen hier vor einer der wichtigsten Ordnungsaufgaben unserer Zeit. Die überkommenen Regeln reichen nicht aus, um diese Aufgabe zu meistern.

Vor diesem Hintergrund verfolgt die vorliegende Arbeit unter Weiterführung früherer Studien[4] ein dreifaches Ziel:

Erstens will sie einen Reformplan für das deutsche Kraftfahrzeug-Haftpflichtrecht ausarbeiten. *Zweitens* will sie die internationale Vereinheit-

[1] Fischer Weltalmanach 1967 S. 342. Vgl. auch Statistisches Jahrbuch für die Bundesrepublik Deutschland 1967, 110* (internationale Übersicht); Bericht, Kfz-Unfälle im internationalen Vergleich, VW 1966, 1124.

[2] Statistisches Jahrbuch für die Bundesrepublik Deutschland 1967, 366. Zur Statistik im 1. Halbjahr 1967 siehe VW 1967, 1263; vgl. auch VW 1968, 443.

[3] Die Kraftverkehrsversicherer wenden allein für Reparaturen an Kraftfahrzeugen jährlich etwa 2 Mrd. DM auf (vgl. Brugger, VW 1967, 1346).

[4] Siehe zuletzt Eike von Hippel, Schadensausgleich bei Verkehrsunfällen, Umrisse eines neuen Systems, NJW 1967, 1729–1737. Der Norddeutsche Rundfunk hat in seiner Sendereihe „Nur für Verkehrsteilnehmer“ am 13. 12. 1967 ein Gespräch mit dem Verfasser über diesen Fragenkreis gebracht.

lichung dieses Rechtsgebiets vorbereiten helfen. Und *drittens* will sie an einem praktisch besonders wichtigen Beispiel eine Lösung erarbeiten, die als Modell für die Reform weiterer Zweige des Schadensrechts dienen, ja letztlich zu einem Umbau der gesamten überkommenen Schadensordnung führen könnte.

Dieser dreifachen Zielsetzung kann nur die rechtsvergleichende Methode gerecht werden. Die Zielsetzung bestimmt auch den Aufbau der Arbeit: Zunächst gilt es, die Mängel der überkommenen Regelungen aufzudecken (1. Teil). Sodann ist unter Berücksichtigung internationaler Entwicklungstendenzen ein Reformplan auszuarbeiten, der diese Mängel möglichst weitgehend beseitigt (2. Teil).

1. Teil

Mängel der bestehenden Regelungen

Die sich in den einzelnen Rechten – teils mehr, teils weniger ausgeprägt – findenden Mängel der überkommenen Regelungen betreffen hauptsächlich sechs Punkte:

Erstens bleiben schutzwürdige Opfer häufig ohne jeden oder ohne ausreichenden Entschädigungsanspruch (§ 1).

Zweitens ist die Realisierung gegebener Ersatzansprüche nicht immer ausreichend gesichert (§ 2).

Drittens wird dem Gedanken der individuellen Verantwortung motorisierter Schädiger nicht hinreichend Rechnung getragen (§ 3).

Viertens sind nichtmotorisierte Verkehrsteilnehmer sowie Personen, die für im Straßenverkehr durch Verrichtungsgehilfen, Unmündige oder Tiere verursachte Schäden einzustehen haben, einer zu scharfen Haftung unterworfen (§ 4).

Fünftens fehlt es weithin an einer befriedigenden Koordination des Haftpflichtrechts mit sonstigen Entschädigungsquellen (§ 5).

Sechstens ist die Abwicklung von Schadensfällen nach den überkommenen Regeln zu schwerfällig und zu kostspielig (§ 6).

§ 1 FEHLENDE ANSPRÜCHE

I. Common Law

1. Die durch das Fehlen von Ansprüchen bestehenden Schutzlücken sind besonders in den Rechten der *Common-Law-Staaten* spürbar. In diesen Staaten bestimmt sich die Kraftfahrhaftung bis heute nach den allgemei-

nen Regeln des Deliktrechts *(law of torts)*. Praktisch bedeutet dies, daß die Kraftfahrhaftung auf dem Deliktstatbestand der *negligence* beruht[1]. Dieser Tatbestand hat sich im Common Law, das im Gegensatz zur Einheitsmethode vieler Rechte[2] vom Enumerationsprinzip ausgeht, erst im letzten Jahrhundert herausgebildet und spielt in der Praxis heute weithin die Rolle einer Generalklausel: Wer einen anderen unter Verstoß gegen eine rechtlich anerkannte Sorgfaltspflicht *(duty to take care)* fahrlässig schädigt, ist ihm auf Grund des negligence-Tatbestands zum Schadensersatz verpflichtet[3].

Da den Kraftfahrer gegenüber anderen Verkehrsteilnehmern regelmäßig eine Pflicht zu verkehrsgerechtem Verhalten trifft, ergeben sich bezüglich der *duty to take care* nur selten Abgrenzungsschwierigkeiten. Als problematisch haben sich insoweit nur Fälle erwiesen, in denen jemand infolge eines Schocks an seiner Gesundheit Schaden nimmt[4].

Umkämpft ist hingegen häufig die Frage, ob der Schädiger sich im Einzelfall eines *breach of duty* schuldig gemacht, d. h. sich anders als ein vernünftiger Mensch (reasonable man) verhalten hat[5]. Der Richter entscheidet diese Frage unter Abwägung aller Umstände des einzelnen Falles. Hierbei kommt insbesondere dem Wahrscheinlichkeitsgrad und der Schwere drohender Schäden erhebliches Gewicht zu[6]. Die Darlegungs- und Beweislast für diejenigen Tatsachen, aus denen sich die Verletzung der Sorgfaltspflicht ergibt, trifft den Geschädigten[7].

---

[1] Vgl. FLEMING, Torts (1967) 175 f.; STREET (in: CONARD u. a.) 419; GRAY 127; ARTMAIER 1 ff.

[2] Vgl. etwa Art. 1382, 1383 des französischen Code civil sowie die Nachweise bei VON CAEMMERER 65.

[3] Vgl. hierzu WINFIELD u. a. 42 ff.; SALMOND/HEUSTON 266 ff.; PROSSER, 142 ff.; FLEMING (1965) 107 ff.; Restatement Torts 2d § 281; KESSLER, Die Fahrlässigkeit im nordamerikanischen Deliktsrecht unter vergleichender Berücksichtigung des englischen und des deutschen Rechts (1932). Daneben wird der Terminus *negligence* allerdings auch zur Kennzeichnung eines Schuldgrads (Fahrlässigkeit im Gegensatz zu *intention*) gebraucht: vgl. Restatement Torts 2d § 282.

[4] Vgl. hierzu WINFIELD u. a. 118 ff.; PROSSER 346 ff.; Restatement Torts 2d § 313; ARTMAIER 15 ff. (jeweils mit Nachweisen); Kaufman v. Miller, 414 S. W. 2d 164 (Texas 1967). Es handelt sich um Fälle, deren Lösung auch bei uns Schwierigkeiten macht: vgl. EIKE VON HIPPEL, Haftung für Schockschäden Dritter, NJW 1965, 1890 ff.

[5] Ebenso wie im deutschen Recht wird das Verhalten des Schädigers nach einem objektiven Maßstab beurteilt: vgl. WINFIELD u. a. 55 ff.; PROSSER 156, 573; Restatement Torts 2d § 283; ARTMAIER 19 ff.

[6] Vgl. WINFIELD u. a. 61 ff.; Restatement Torts 2d § 283, Comment c., d., e.; ARTMAIER 21.

[7] Vgl. WINFIELD u. a. 65; Restatement Torts 2d § 328 A; KEETON/O'CONNELL 15 ff.; ARTMAIER 25.

2. Obwohl die Gerichte – und, soweit vorhanden, die Jury [8] – im ganzen dazu neigen, dem Verkehrsopfer durch eine Überspannung der Sorgfaltsanforderungen zu helfen [9], bleiben die Geschädigten doch häufig ohne Ersatzanspruch:

Erstens trifft den Schädiger häufig kein Verschulden, so wenn er – ohne hiermit rechnen zu müssen – einen krankhaften Anfall (Herzinfarkt, Schlaganfall, epileptischen Anfall) erleidet oder in Ohnmacht fällt [10], oder der Unfall durch einen verborgenen Defekt seines Fahrzeugs verursacht wird [11] oder der Unfall allein auf das Verhalten eines Dritten oder des Verletzten zurückzuführen ist [12].

Zweitens läßt sich ein Verschulden, auch wenn es vorliegt, häufig nicht beweisen [13].

Drittens schließt ein Mitverschulden des Unfallopfers *(contributory negligence)* nach dem Common Law Ersatzansprüche in der Regel aus [14].

Und *viertens* bleiben Verkehrsopfer selbst dann, wenn sich ein Verschulden des Schädigers nachweisen läßt und ihnen kein Mitverschulden zur Last fällt, ohne Anspruch, falls der Schädiger sich auf gewisse Haftungsprivilegien *(immunities)* berufen kann, die nach dem Recht mancher Common-Law-Staaten bis heute zugunsten der öffentlichen Hand [15], be-

---

[8] Im Gegensatz zu den *USA* werden auf den „negligence"-Tatbestand gestützte Schadensersatzklagen in *England* grundsätzlich ohne Jury entschieden. Zwar kann das Gericht auf Antrag des Klägers die Verhandlung vor einer Jury zulassen; jedoch wird solchen Anträgen in Verkehrssachen praktisch nie entsprochen. Nach dem Urteil eines englischen Experten würden die Verkehrsopfer in England eine Verhandlung mit Jury an sich vorziehen (STREET, in: CONARD u. a. 421).

[9] Vgl. etwa LEFLAR 564 ff.; EHRENZWEIG, Calif. L. Rev. 43 (1955) 4 ff.; HARPER/JAMES II (1956) 889 f.; KEETON/O'CONNELL 23, 72 ff.; CASTLES 279 ff. (Australien).

[10] Nachweise der *englischen* Judikatur bei BINGHAM 14 ff., der *amerikanischen* Rechtsprechung bei PROSSER 143 f. und bei ARTMAIER 8. So hat z. B. das englische House of Lords die Klage eines Fußgängers abgewiesen, der auf dem Gehsteig angefahren worden war, weil der Fahrer die Kontrolle über sein Fahrzeug infolge eines Herzinfarkts verloren hatte (Waugh v. James K. Allan, Ltd., Law Journal 114 [1964] 397).

[11] Vgl. die Nachweise bei PROSSER 145 N. 31 und ARTMAIER 8 N. 5. Nach in den USA durchgeführten Untersuchungen waren bei 3,5 % unfallbeteiligter Fahrzeuge Defekte vorhanden; allerdings konnte nur bei 0,25 % unfallbeteiligter Fahrzeuge nachgewiesen werden, daß ein Defekt für den Unfall eine Rolle spielte (vgl. HARPER/JAMES II 735 f.).

[12] Vgl. PROSSER 144 (mit Nachweisen in N. 20, 21).

[13] In den USA kann laut EHRENZWEIG (Calif. L. Rev. 43 [1955] 4) ein Verschuldensnachweis in wenigstens einem Viertel der Fälle nicht einmal versucht werden.

[14] Vgl. WINFIELD u. a. 102 ff.; PROSSER 426 ff.; Restatement Torts 2d §§ 463 ff.; ARTMAIER 46 ff.

[15] Vgl. EHRENZWEIG, Calif. L. Rev. 43 (1955) 5 N. 14; PROSSER 996 ff.; KRAMER, The Governmental Tort Immunity Doctrine in the United States, U. Ill. L. Forum 1966, 795–827.

stimmter gemeinnütziger Institutionen (charities)[16], Familienangehöriger (Eltern, Kinder, Ehegatten)[17] und gefälliger Fahrer[18] bestehen.

3. Zwar macht sich bezüglich aller dieser Punkte die Tendenz bemerkbar, den Schutz des Unfallopfers zu verstärken:

Das *Erfordernis eines Verschuldens* wird durch eine Überspannung der Sorgfaltsanforderungen ausgehöhlt[19].

In diesem Zusammenhang ist auf die wichtige Rolle hinzuweisen, welche die Jury im amerikanischen Haftpflichtprozeß spielt[20]. In den USA werden fast alle auf Delikt gestützten Schadensersatzprozesse in erster Instanz vor einem verfassungsrechtlich garantierten Geschworenengericht ausgetragen. Die Aufgabe des Richters beschränkt sich in einem solchen Prozeß darauf, die Verhandlung zu leiten, darüber zu befinden, welche Behauptungen der Jury vorgetragen werden dürfen und welche Beweismittel zulässig sind, sowie die Geschworenen über die von ihnen anzuwendenden Rechtsregeln zu belehren. Die Würdigung der Beweise, die Subsumtion des Sachverhalts unter die vom Richter dargelegten Regeln – insbesondere die Qualifikation des Schädigerverhaltens – und die Entscheidung über die Höhe der Entschädigung sind allein Sache der Geschworenen. Nur ausnahmsweise darf der Richter die Geschworenen zum Erlaß eines bestimmten Urteils zwingen oder ein von der Jury bereits erlassenes Urteil nachträglich aufheben, nämlich dann, wenn die von den Parteien angetretenen Beweise schlechthin unzureichend sind, um die Klage oder eine Verteidigung zu stützen oder wenn das von der Jury erlassene Urteil mit dem Ergebnis der Beweisaufnahme in eklatantem Widerspruch steht. Da der Richter von dieser Befugnis aber seit langem immer seltener Gebrauch macht[21], werden die Prozesse praktisch von den Geschworenen entschieden.

Es liegt auf der Hand, daß Laienrichter im ganzen dazu neigen werden, den Geschädigten zu begünstigen, zumal wenn der Schädiger – wie dies für Kraftfahrer regelmäßig zutrifft – durch eine Haftpflichtversicherung gedeckt ist[22]. Die

[16] Vgl. PROSSER 1019 ff.; KEETON/O'CONNELL 26.

[17] Vgl. PROSSER 879 ff., 885 ff.; KEETON/O'CONNELL 26 N. 61.

[18] In den *USA* haben zahlreiche Einzelstaaten die Haftung des gefälligen Fahrers durch sog. „guest statutes" auf bestimmte Formen eines schweren Verschuldens beschränkt (vgl. PROSSER 190 f., 392 f.; EHRENZWEIG, Calif. L. Rev. 43 (1955) 6 N. 20; ARTMAIER 37 ff.) Entsprechendes gilt für *Kanada* (vgl. LINDEN 303 f.).

[19] Vgl. oben N. 9.

[20] Vgl. zum folgenden JAMES, Functions of Judge and Jury in Negligence Cases, Yale L. J. 58 (1948/49) 667–690; Restatement Torts 2d §§ 328 B, 328 C; HARPER/JAMES II 889 ff.; ZWEIGERT/KÖTZ 44 f., 51; ARTMAIER 3 ff.

[21] Vgl. PROSSER 572.

[22] Zwar dürfen die Geschworenen in den meisten Gliedstaaten der USA vom Kläger nicht darüber informiert werden, daß der Beklagte haftpflichtversichert ist. Aber abgesehen davon, daß die Versicherung von Kraftfahrern heute verkehrsüblich ist, kann das Informationsverbot auf verschiedenen Wegen umgangen werden, insbesondere dadurch, daß der Anwalt des Klägers die Geschworenen bei der Befangenheitsprüfung danach

klägerfreundliche Tendenz der Jury ist denn auch seit langem ein offenes Geheimnis[23]. Die überkommenen Rechtsregeln gewinnen dadurch, ohne formell geändert zu werden, materiell häufig einen neuen Inhalt. Die wichtigste Funktion der Jury – die als Institution umstritten ist[24] – wird in den USA heute gerade darin gesehen, daß sie durch ihre Praxis dazu beiträgt, das traditionelle Recht dem Wandel der Verhältnisse anzupassen[25].

Der *Beweisnotstand* der Unfallopfer ist in manchen Staaten durch eine Umkehr der Beweislast teilweise beseitigt[26] und im übrigen durch die sogenannte *doctrine of res ipsa loquitur* wenigstens abgemildert worden.

Ähnlich wie die deutsche Lehre vom prima-facie-Beweis[27] läßt diese Doktrin es genügen, wenn der Geschädigte Tatsachen beweist, die den Schluß auf ein Verschulden des Schädigers rechtfertigen[28]. Es ist dann Sache des Schädigers, diesen Schluß durch den Nachweis ihn entlastender Umstände zu erschüttern[29]. Obwohl die genannte Doktrin nach herrschender Auffassung nicht zur Umkehr der Beweislast führt[30], bedeutet sie für den Geschädigten doch oft eine wichtige Hilfe. Dies gilt insbesondere für die *USA*, wo der Richter bei Vorliegen eines *res ipsa loquitur*-Sachverhalts die Verschuldensfrage stets der dem Verletzten günstig gesinnten Jury vorzulegen hat[31].

Die harte *contributory negligence rule* ist durch die Gerichte in ihrem Anwendungsbereich eingeschränkt worden: Trotz eines Selbstverschuldens kann der Verletzte vollen Schadensersatz verlangen, wenn den Schädiger ein besonders schwerer Schuldvorwurf trifft[32] oder wenn er die letzte

---

fragt, ob einer von ihnen in Beziehungen zu einer Versicherungsgesellschaft steht (vgl. PROSSER 570 f.).

[23] Vgl. HARPER/JAMES II 892; PROSSER 570.

[24] Vgl. etwa WHAM, Civil Jury Backlogs: Should We Amend the Constitution?, A.B.A.J. 53 (1967) 643 ff.

[25] Vgl. MALONE 237 f.; HARPER/JAMES II 891 ff.

[26] So haben die meisten kanadischen Teilstaaten (Provinzen) gesetzlich bestimmt, gegenüber verletzten Fußgängern habe sich der Fahrer zu exkulpieren (vgl. WRIGHT, C.L.J. 1961, 55; Linden 303).

[27] Vgl. etwa JÜRGEN PRÖLSS, Beweiserleichterungen im Schadensersatzprozeß (1966), besprochen von HAUSS, NJW 1967, 969 f.; SANDEN, Der prima-facie-Beweis in der Verkehrsrechtsprechung des BGH und seine Ausstrahlung auf die Haftpflichtschäden, VersR 1966, 201.

[28] Vgl. WINFIELD u. a. 68 ff.; PROSSER 215 ff.; EISNER, ZZP 80 (1967) 78 (88 f.).

[29] Vgl. WINFIELD u. a. 72 ff.; PROSSER 232 ff.; Restatements Torts 2d § 328 D; ARTMAIER 26 ff.

[30] Vgl. PROSSER 232; WRIGHT, C.L.J. 1961, 44 (56); nur eine kleine Minderheit der amerikanischen Gerichte vertritt die entgegengesetzte Ansicht (PROSSER 234).

[31] Vgl. HARPER/JAMES II (1956) 1104; PROSSER 235; EISNER, ZZP 80 (1967) 78 (81 ff.); MARTIN, Wisconsin L. Rev. 1968, 527 (536 ff.).

[32] Vgl. PROSSER 436 f. (mit Nachweisen); Restatement Torts 2d § 482; ARTMAIER 55 f. Dies gilt freilich nicht, wenn den Verletzten ein entsprechend schwerer Vorwurf trifft.

klare Chance *(last clear chance)* hatte, den Schaden zu vermeiden[33]. Im übrigen wird die harte Regel durch die Praxis häufig gemildert. In den USA wird sie von der Jury offenbar weithin sabotiert; anstatt dem Verletzten bei einem Mitverschulden jeden Anspruch zu versagen, berücksichtigt die Jury das Mitverschulden in versteckter Form bei der Bemessung des Schadensersatzes oder läßt es bei Geringfügigkeit gänzlich unbeachtet[34]. Darüber hinaus haben zahlreiche Common-Law-Staaten (England, einige Staaten der USA, sämtliche kanadische Provinzen, fast alle Teilstaaten Australiens sowie Neuseeland) die harte rule durch Gesetz beseitigt und bestimmt, daß der Anspruch des Geschädigten sich entsprechend dem Grad seines Mitverschuldens mindert[35]. In *Illinois* (USA), wo eine solche Gesetzesreform lange Zeit am Widerstand der Versicherungswirtschaft scheiterte, ist dieser Grundsatz kürzlich durch Richterspruch durchgesetzt worden[35a].

Schließlich werden die überkommenen *Haftungsprivilegien (immunities)* teils durch Gesetzes-, teils durch Richterrecht zunehmend abgebaut[36]; dieser Prozeß wird durch den Versicherungsgedanken gefördert[37].

Aber trotz all dieser Bemühungen, den Schutz der Geschädigten zu verstärken, bleiben bisher zahlreiche Opfer von Kraftfahrzeugunfällen ohne oder doch ohne ausreichenden Ersatzanspruch.

---

[33] Vgl. PROSSER 436 ff.; Restatement Torts 2d §§ 479, 480; ARTMAIER 56 ff.

[34] Vgl. MALONE 237 f.; PROSSER 447; KEETON/O'CONNELL 253 f.; ARTMAIER 53.

[35] PROSSER 443 ff.; WINFIELD u. a. 105; ARTMAIER 62 ff. In *Neuseeland* hat die Einführung einer solchen Regelung zu einem wesentlichen Rückgang der Schadensprozesse in Verkehrssachen geführt (vgl. GRAY 137). Andererseits meint PARSONS (S. 234 f.), in *Westaustralien* habe sich das 1947 eingeführte Prinzip einer Schadensteilung bei Mitverschulden des Geschädigten in vielen Fällen für den Verletzten als nachteilig erwiesen.

[35a] Maki v. Frelk, 229 N.E. 2d 284 (Urteil des Appellate Court of Illinois vom 26. 7. 1967); vgl. SCARIANO, U. Ill. L. Forum 1967, 596 f.).

[36] Vgl. insoweit zur *governmental immunity Prosser* 1012 f. und *Alstyne*, Governmental Tort Liability: A Decade of Change, U. Ill. L. Forum 1966, 919–980; zur *charitable immunity Prosser* 1021 ff.; zur *interspousal immunity* PROSSER 879 ff., 884 f.; zur *immunity of parent and child:* PROSSER 885 ff., 887 f.; Comment, N.Y.L. Forum 13 (1967) 182 ff.; HINKLE, Ins. L. J. 1968, 133 ff. – In *England* ist die „interspousal immunity" im Jahre 1962 durch den Law Reform (Husband and Wife) Act abgeschafft worden (WINFIELD u. a. 726).

[37] Vgl. Dean v. Smith, 211 A. 2d 410, 413 (N. H. 1965); Briere v. Briere, 224 A. 2d 588 (N.H. 1966); Balts v. Balts, 142 N.W. 2d 66 (Minn. 1966); Myers v. Drozda, 141 N.W. 2d 852 (Nebr. 1966); PROSSER 888 ff. Im australischen Teilstaat *Südaustralien* ist die „interspousal immunity" formell beibehalten, dem durch Fahrlässigkeit seines Ehegatten Verletzten aber die Inanspruchnahme des Haftpflichtversicherers ermöglicht worden (vgl. FLEMING, Torts 1967, 11 f.).

In *Michigan* (USA) erhalten auf Grund des Kraftfahrhaftpflichtrechts nur 37 % der Verletzten eine – häufig unzureichende – Entschädigung[38], in *Ontario* (Kanada) nur 43 %[39], und in *England* sind von den erhobenen Schadensersatzklagen nur etwa 30 % erfolgreich[40].

II. Kontinentale Rechte

Weniger ausgeprägt als im Common Law sind die Schutzlücken in den *kontinentalen Rechten*[41]. Diese haben nämlich im Gegensatz zum Common Law für die Kraftfahrhaftung Sonderregeln geschaffen, die vom Verschuldensprinzip weitgehend abrücken. Die Entwicklung vollzog sich hierbei in fast allen Staaten vornehmlich durch Gesetzesrecht[41a]; doch spielte und spielt das Richterrecht in der Ausformung des Systems überall eine wichtige Rolle.

1. Im *deutschen*[41b] Recht äußert sich das Abrücken vom Verschuldensprinzip bekanntlich auf doppelte Weise: Einmal haftet der *Halter*[42] unbedingt für alle Unfälle, die durch einen Fehler in der Beschaffenheit des Fahrzeugs (z. B. durch Platzen eines schadhaften Reifens) oder durch ein Versagen seiner Verrichtungen (z. B. der Bremsen) verursacht werden[43]. Entsprechendes gilt nach der – zu billigenden – deutschen Rechtsprechung für Unfälle, die auf ein unverschuldetes Bewußtloswerden des Fahrers zu-

---

[38] Vgl. CONARD u. a. 132 f., 149. In der Gruppe der Schwerverletzten steigt der Prozentsatz allerdings auf 55 % (daselbst 188). Vgl. auch KEETON/O'CONNELL 43 ff. (mit Angaben über *Pennsylvania* auf S. 49 f.).

[39] Report of the Osgoode Hall Study on Compensation for Victims of Automobile Accidents (1965), angegeben bei LINDEN, Can. Bar. Rev. 44 (1966) 697 N. 6 (Besprechung des Buches von Keeton/O'Connell).

[40] Parker of Waddington 2.

[41] Zum Begriff der „kontinentalen Rechte" und zur Lehre von den Rechtskreisen siehe ZWEIGERT, in: Legal Essays in Honour of Hessel E. Yntema (1961) 42 ff.; WIEACKER 496 ff. (mit weiteren Nachweisen).

[41a] Vgl. RHEINSTEIN 81; DEAK, Minn. L. Rev. 21 (1936/37) 123 ff.; BOULANGER 457 ff. Zur Entwicklung in Deutschland siehe MÜLLER 121 ff.

[41b] Die folgenden Ausführungen beziehen sich nur auf das Recht der Bundesrepublik Deutschland. Jedoch gelten in der DDR im wesentlichen die gleichen Grundsätze, da dort das Kraftfahrzeuggesetz von 1909 in Kraft geblieben ist, auf dem auch unser Straßenverkehrsgesetz (1952) aufbaut.

[42] Halter ist, wer die tatsächliche Verfügungsgewalt über das Kraftfahrzeug besitzt und es für eigene Rechnung in Gebrauch hat (vgl. FLOEGEL/HARTUNG § 7 StVG Rdz. 10 ff.; WUSSOW Rdz. 698 ff., jeweils mit Nachweisen).

[43] Vgl. § 7 I, II 1 StVG und hierzu die Nachweise bei FLOEGEL/HARTUNG § 7 StVG Rdz. 32.

rückzuführen sind[44]. Zum anderen haftet der Halter auch sonst, wenn ihm nicht der Nachweis gelingt, daß der Unfall durch ein „unabwendbares Ereignis" verursacht worden ist[45]. Ein solcher Nachweis ist nicht leicht zu führen. Denn der Halter muß in jedem Falle – also auch dann, wenn der Unfall auf das Verhalten des Verletzten oder eines nicht bei dem Betrieb beschäftigten Dritten oder eines Tieres zurückzuführen ist – beweisen, daß er und der Fahrer jede nach den Umständen des Falles gebotene Sorgfalt beobachtet haben[46] und die Rechtsprechung stellt insoweit strenge Anforderungen: Die gebotene Sorgfalt gilt nämlich nur dann als beachtet, wenn der Fahrer eine über die gewöhnliche Sorgfalt hinausgehende, besonders überlegene Aufmerksamkeit, Geistesgegenwart und Umsicht gezeigt hat[47]. Die Rechtsprechung hat durch eine Überspannung der Anforderungen nicht selten eine absolute Gefährdungshaftung des Halters erreicht[48].

Im Gegensatz zum *Halter* eines Kraftfahrzeugs haftet der *Fahrer* zwar nur, wenn ihm ein Verschulden im Sinne des § 823 BGB trifft[49]; aber durch eine Umkehr der Beweislast ist auch die Haftung des Fahrers de facto wesentlich verschärft worden[50]. Freilich ist seine Haftung im Hinblick auf die weiterreichende Einstandspflicht des Halters in der Regel praktisch bedeutungslos[51].

Obwohl das Verschuldensprinzip in der deutschen Kraftfahrhaftung somit wesentlich eingeschränkt worden ist, ist es doch nicht völlig eliminiert: Es gibt nach wie vor Fälle, in denen dem Halter eine Entlastung gelingt[52], so z. B., wenn das Fahrzeug auf einer nicht erkennbaren Ölspur ins Rut-

---

[44] BGH 15. 1. 1957, BGHZ 23, 90.

[45] § 7 II StVG.

[46] Vgl. § 7 II 2 StVG.

[47] „Das Merkmal der Unabwendbarkeit ist schon dann nicht gegeben, wenn die Beobachtung jeder nach den konkreten Verkehrsumständen möglichen Sorgfalt eine an sich nicht voraussehbare Unfallursache unwirksam gemacht haben würde" (BGH 24. 3. 1964, VersR 1964, 777). Vgl. ferner etwa BGH 12. 5. 1959, VersR 1959, 789; BGH 7. 2. 1967, VersR 1967, 457. Weitere Nachweise bei FLOEGEL/HARTUNG, § 7 StVG Rdz. 30, 31, 34, 35.

[48] Vgl. etwa BGH 24. 3. 1964, VersR 1964, 777; OLG Koblenz 10. 2. 1955, VersR 1955, 237 (mit kritischer Anm. von VIEGENER); OLG Nürnberg 6. 2. 1962, VersR 1963, 759 (760 f.); LG München 4. 5. 1966, VersR 1967, 914.

[49] Der Verschuldensbegriff des § 18 I 2 StVG entspricht dem des § 823 BGB (vgl. BGH 14. 5. 1957, VersR 1957, 519).

[50] Vgl. § 18 I 2 StVG und hierzu FLOEGEL/HARTUNG § 7 Rdz. 2, § 18 Rdz. 2.

[51] Dies gilt insbesondere dann, wenn der Fahrer zugleich „Halter" des Fahrzeugs ist.

[52] Siehe die Nachweise bei FLOEGEL/HARTUNG § 7 StVG Rdz. 27 f. Zu weit geht deshalb die Behauptung von MÜNZEL (NJW 63, 1581), es sei im Hinblick auf die hochgeschraubten Anforderungen der Praxis kaum noch ein Unfall ohne jegliches Verschulden denkbar.

schen gerät[53] oder eine unvermutete Glatteisbildung auftritt[54] oder von einem Fahrzeug ein Stein hochgeschleudert wird[55] oder ein Reifen durch auf der Straße liegende Steinsplitter (Nägel) beschädigt wird[56] oder ein wartepflichtiger Kraftfahrer überraschend das Vorfahrtsrecht mißachtet[57] oder ein Radfahrer plötzlich nach links einbiegt[58] oder Fußgänger überraschend in die Fahrbahn laufen[59] oder ein Fußgänger auf dem Bürgersteig stürzt und dabei den Kotflügel eines vorbeifahrenden Kraftwagens berührt[60].

Ferner ist die Kraftfahrzeughaftung ausgeschlossen, wenn der Unfall durch ein langsames Fahrzeug verursacht wird[61] oder wenn der Verletzte bei dem Betrieb des Fahrzeugs tätig war[62].

Die Haftung des Halters entfällt auch, wenn das Fahrzeug ohne sein Wissen und Wollen von einem betriebsfremden Dritten benutzt wird und der Halter die unbefugte Benutzung nicht schuldhaft ermöglicht hat[63].

Schließlich ist die Kraftfahrhaftung gegenüber unentgeltlich oder zwar entgeltlich, aber nicht geschäftsmäßig beförderten Personen ausgeschlossen[64].

Die mit der Kraftfahrhaftung des StGV konkurrierende deliktische Verschuldenshaftung[65] bleibt in diesen Fällen jedoch bestehen. Unsere Rechtsprechung hat dafür gesorgt, daß insoweit keine weiteren Schutzlücken durch Haftungsprivi-

---

[53] LG Köln 9. 4. 1965, DAR 1965, 328.

[54] LG Bonn 19. 10. 1956, MDR 1957, 163; vgl. auch OLG Hamburg 25. 1. 1955, VersR 1956, 352.

[55] LG Osnabrück 19. 11. 1956, VersR 1957, 711; AG Husum 25. 5. 1956, VersR 1957, 812; AG Lahr 31. 3. 1960, VersR 1961, 334; LG Lüneburg 15. 6. 1961, MDR 1961, 1014.

[56] OLG Celle 13. 12. 1948, RdK 1950, 44 (mit zust. Anm. von Brüggemann).

[57] LG Frankenthal 27. 10. 1966, DAR 1967, 243; BGH 19. 5. 1967, VersR 1967, 779.

[58] Vgl. OLG Oldenburg 19. 6. 1956, DAR 1957, 99; andererseits aber auch BGH 2. 11. 1965, DAR 1966, 50 = VersR 1966, 64.

[59] BGH 22. 12. 1959, VersR 1960, 183; BGH 28. 11. 1961, VersR 1962, 164.

[60] LG Würzburg 11. 10. 1954, VersR 1955, 143.

[61] § 8 StVG. Der Referentenentwurf sieht hierzu einstweilen von Änderungsvorschlägen ab, obwohl er einräumt, daß auch Fahrzeuge der erwähnten Art (insbesondere Zugmaschinen) Unfälle verursachen, und zwar nicht zuletzt wegen eines Fehlers in der Beschaffenheit des Fahrzeuges oder eines Versagens seiner Verrichtungen (Referentenentwurf II 214).

[62] § 8 StVG.

[63] § 7 III StVG. Allerdings haftet in diesem Falle der Schwarzfahrer an Stelle des Halters; da bei uns auch der nichtberechtigte Fahrer in den Kreis der Pflichtversicherten einbezogen worden ist (vgl. unten § 2 N. 25), sind die Ersatzansprüche des Verletzten auch in diesem Falle gesichert. Vgl. im übrigen Eike von Hippel, Die Haftung bei Schwarzfahrten, VersR 1966, 507 f.

[64] § 8a Satz 1 StVG

[65] Vgl. § 16 StVG, §§ 823 ff. BGB.

legien gegenüber unentgeltlichen Fahrgästen[66], Freunden[67], Verwandten[68] und Gesellschaftern[69] entstanden oder bestehen blieben. Nur bezüglich der Haftung zwischen Ehegatten gehen die Gerichte bei uns (noch) davon aus, die Haftung werde durch § 1359 BGB (Haftung nur für diligentia quam in suis) gemildert[70]; diese Haltung erklärt sich offensichtlich dadurch, daß der Haftpflichtversicherungsschutz für Ersatzansprüche des Ehegatten durch § 11 Nr. 4 AKB regelmäßig ausgeschlossen ist[70a].

Weitere Schutzlücken ergeben sich daraus, daß ein Mitverschulden des Verletzten seine Ersatzansprüche mindert[71] und daß ein geschädigter Kraftfahrer die mitwirkende Betriebsgefahr seines Fahrzeugs regelmäßig als anspruchsmindernd gegen sich gelten lassen muß[72].

Nach der (fragwürdigen) Rechtsprechung ist die mitwirkende Betriebsgefahr selbst dann zu berücksichtigen, wenn der Schädiger nach §§ 823 ff. BGB haftet[73]. Bei einem schweren Verschulden des Schädigers neigen die Gerichte allerdings dazu, die Betriebsgefahr nicht zu veranschlagen[74].

Schließlich ist die Kraftfahrhaftung bei uns durch Höchstsummen begrenzt[75] und kennt keinen Anspruch auf den Ausgleich immaterieller Schäden (Schmerzensgeld).

Die Haftungshöchstbeträge des § 12 StVG sind durch Gesetz vom 15. 9. 1965 (BGBl. I 1362) zwar merklich erhöht worden – für Personenschaden von 50 000

---

66 Vgl. zuletzt Eike von Hippel, Die Haftung bei Gefälligkeitsfahrten, in: Festschrift für Fritz von Hippel (1967) 233 ff.

67 Vgl. etwa BGH 9. 6. 1967, VersR 1967, 882.

68 Vgl. etwa BGH 8. 1. 1965, NJW 1965, 907.

69 Vgl. BGH 20. 12. 1966, BGHZ 46, 313 = NJW 1967, 558 (unter Aufgabe der früher vertretenen Gegenansicht) und hierzu Hoffmann, NJW 1967, 1207; Deutsch, JuS 1967, 496 ff.

70 Siehe die Nachweise bei Kötz, NJW 1967, 1213 N. 1. Der BGH hat die Frage allerdings offengelassen (vgl. BGHZ 35, 317 = NJW 1961, 1966 = VersR 1961, 918).

70a Vgl. Eike von Hippel, VersR 1968, 231.

71 Vgl. § 9 StVG. Nach dem Referentenentwurf (1967) II 218 soll § 9 StVG im Hinblick auf die vorgesehene Neufassung des § 254 BGB gestrichen werden. Eine sachliche Änderung ist damit nicht beabsichtigt. – Haften dem Verletzten, den ein Mitverschulden trifft, mehrere Täter, so ist die Verteilung des Schadens nach der Praxis des BGH höchst kompliziert: Zunächst sind auf Grund einer Einzelabwägung die Haftungsquoten der einzelnen Täter zu ermitteln; sodann ist auf Grund einer Gesamtabwägung die Schadensquote zu ermitteln, die der Verletzte selber tragen muß. Kritisch hierzu Koch, Probleme der Schadensabwägung zwischen Nebentätern und einem mitschuldigen Verletzten, NJW 1967, 181 ff. (mit Nachweisen); Wussow Rdz. 1279 f.

72 Vgl. § 17 I 2 StVG.

73 Vgl. BGH 9. 6. 1952, BGHZ 6, 319 = NJW 1952, 1015; BGH 13. 4. 1956, BGHZ 20, 259 = NJW 1956, 1067; Floegel/Hartung § 17 StVG Rdz. 18 (mit weiteren Nachweisen).

74 Vgl. etwa BGH 28. 2. 1967, VersR 1967, 500.

75 Vgl. § 12 StVG.

bzw. 150 000 auf 250 000 DM und für Sachschäden von 10 000 auf 50 000 DM –, reichen aber bei schweren Unfällen mit mehreren Verletzten nicht immer zur Deckung des Schadens aus. Die Unfallopfer sind dann bezüglich des ungedeckten Schadens auf die konkurrierende, nicht durch Höchstsummen beschränkte deliktische Verschuldenshaftung angewiesen[76] und damit all den Fährnissen ausgesetzt, welche die Kraftfahrhaftung in den Common-Law-Rechten kennzeichnen[77]. Entsprechendes gilt bezüglich erlittener immaterieller Schäden[78]; allerdings will der Referentenentwurf hier Abhilfe schaffen, indem er den bisher auf die Verschuldenshaftung beschränkten Schmerzensgeldanspruch generell auf die Kraftfahrzeughaftung ausdehnt[79].

2. Ähnlich wie bei uns ist die Lage bezüglich der Haftungsgrundlagen im *französischen* Recht. Zwar fehlt es dort bis heute an einer besonderen gesetzlichen Regelung der Kraftverkehrshaftung. Doch hat die französische Praxis insoweit Regeln entwickelt, die dem deutschen Recht im wesentlichen entsprechen. Das heutige Haftungssystem, das auf Art. 1384 des Code civil gestützt wird, wurde im Jahre 1930 durch eine Plenarentscheidung der Cour de Cassation begründet[80]. Es gilt für alle Sachen, ist jedoch in erster Linie für Kraftfahrzeuge erdacht worden[81]. Der Halter *(gardien)*[82] haftet danach, falls er nicht nachweist, daß der Schaden allein durch das Verhalten des Verletzten – das nicht schuldhaft zu sein braucht – oder eines Dritten oder durch Zufall *(cas fortuit)* bzw. höhere Gewalt *(force majeure)* entstanden ist[83]. Ebenso wie in Deutschland ist dieser Nachweis im Hinblick auf die von der Praxis gestellten scharfen Anforderungen nicht leicht zu erbringen[84]. Da unter „Zufall" ein unvorhersehbares und unabwendbares Ereignis verstanden wird, das seine Ursache *außerhalb* der schadenstiftenden Sache hat *(cause étrangère)*[85], haftet der Halter zu-

---

[76] Vgl. § 16 StVG, §§ 823 ff. BGB.

[77] Vgl. oben I. [78] Vgl. § 847 BGB.

[79] Vgl. Referentenentwurf (1967) II 219; kritisch hierzu SANDEN, VersR 1967, 413 ff.

[80] Jand'heur contre Les Galeries Belfortaises, Cour de Cassation (ch. réun.), D. P. 1930. 1. 57; S. 1930. 1. 121. Zur Entwicklung im einzelnen vgl. MAZEAUD/TUNC II (5. Aufl. 1958) 104 ff., 114 ff.; SCHERRER 3 ff., 16 ff.

[81] TUNC, Harv. L. Rev. 79 (1966) 1409 (1412).

[82] Der Begriff des „gardien" entspricht im wesentlichen dem des „Halters" im deutschen Recht (vgl. HAFFTER 109 ff.).

[83] Vgl. TUNC, Sécurité routière (1966) 11, 28; MAZEAUD/TUNC II Nr. 1429 ff., S. 419 ff.; SCHERRER 56 ff. Die Begriffe „cas fortuit" und „force majeure" werden in diesem Zusammenhang synonym gebraucht: vgl. MAZEAUD/TUNC II Nr. 1550 ff., S. 545.

[84] Vgl. TUNC 12; SCHERRER 58.

[85] Vgl. etwa Civ. 2. 7. 1946, D. 1946, 392, wonach erforderlich ist „que l'accident soit dû à une cause étrangère à la chose dommageable, imprévisible et irrésistible dans ses conséquences".

dem – ebenso wie im deutschen Recht – ohne Entlastungsmöglichkeit für alle Unfälle, die auf Mängel des Fahrzeuges[86] oder auf ein unverschuldetes Bewußtloswerden des Fahrers[87] zurückzuführen sind. Obwohl dadurch auch in Frankreich das Verschuldensprinzip weitgehend durch das Gefährdungsprinzip überspielt worden ist[88], bleiben doch auch hier – wie im deutschen Recht – Fälle übrig, in denen der Halter nicht haftet[89], so z. B., wenn eine Ölpfütze, auf der ein Auto ins Schleudern geraten ist, auch für einen aufmerksamen und vorsichtigen Fahrer nicht erkennbar war[90] oder eine unvermutete Glatteisbildung auftritt[91] oder überraschend ein Tier die Fahrbahn kreuzt[92] oder der Unfall allein durch den Verletzten verschuldet wird[93].

Ebenso wie bei uns entfällt eine Haftung des Halters für durch Schwarzfahrer verursachte Schäden, und zwar grundsätzlich sogar dann, wenn der Halter die Benutzung des Fahrzeugs schuldhaft ermöglicht hat[94].

Auch ist die Haftung aus Art. 1384 gegenüber nur aus Gefälligkeit unentgeltlich beförderten Personen nach der Rechtsprechung ausgeschlossen[95]. Allerdings neigt die französische Praxis neuerdings dazu, diesen Haftungsausschluß durch die Annahme eines Verschuldens, welches eine Haf-

[86] Z. B. auf ein Versagen der Brems- und Lenkvorrichtungen oder auf das Platzen eines Reifens: vgl. die Nachweise bei MAZEAUD/TUNC II Nr. 1600 f., S. 599 f.

[87] Vgl. Civ. 18. 12. 1964, D. 1965, 191; Durry, Rev. trim. dr. civ. 1967, 815 (828 f.).

[88] Im Gegensatz zum Fahrzeughalter haftet der Fahrzeugführer zwar nur nach § 1382 Code civil, also dann, wenn ihn ein Verschulden trifft (vgl. HAFFTER 66). Aber die Haftung des Fahrers ist im Hinblick auf die schärfere Halterhaftung praktisch bedeutungslos.

[89] Nach der Angabe von TUNC (S. 25) bleibt in Frankreich gegenwärtig etwa ein Viertel der Geschädigten ohne Ersatzanspruch (wobei freilich ein beachtlicher Prozentsatz auf das Konto „Eigenunfälle" gehen dürfte). Jedoch besteht über diesen Punkt offenbar keine Einigkeit (vgl. DUPEYROUX, Dr. soc. 1967, 68, 70 N. 9).

[90] Vgl. Civ. 28. 10. 1965, D. 1966, 137 (mit Anm. von TUNC): keine Haftung, falls der Wagen auf einer ölhaltigen Wasserlache ins Schleudern geraten ist.

[91] Vgl. Civ. 7. 3. 1957, D. 1957, 394; Civ. 29. 6. 1966, D. 1966, 645 (mit Anm. von TUNC).

[92] Vgl. Civ. 10. 4. 1964, D. 1965, 169 (mit Anm. von TUNC): keine Haftung, wenn der Fahrer auf einer Nachtfahrt versucht hat, einem plötzlich die Fahrbahn kreuzenden Hund auszuweichen. Siehe andererseits aber auch Civ. 24. 3. 1965, D. 1965, 405 (mit Anm. von TUNC) sowie Civ. 2. 3. 1966, D. 1966, 475

[93] Vgl. Civ. 23. 10. 1964, D. 1965, 169 (mit Anm. von TUNC): keine Haftung gegenüber einem Passanten, der überraschend (hinter einem am Straßenrand stehenden Bus hervor) in die Fahrbahn läuft. Im ganzen neigen die Gerichte allerdings dazu, Ansprüche der Verletzten in solchen Fällen nicht schlechthin auszuschließen, sondern nur zu kürzen: vgl. etwa Trib. grande inst. Lyon 23. 5. 1966, D. 1967, 287; MAZEAUD/TUNC II Nr. 1527, S. 512 ff.

[94] Vgl. Civ. 5. 4. 1965, D. 1965, 737 (mit Anm. von AZARD).

[95] Vgl. MAZEAUD/TUNC II Nr. 1273 ff., S. 285 ff.; STOLL 108 ff.

tung nach Art. 1382 Code civil begründet, gegenstandslos zu machen[96]. Kürzlich hat ein Untergericht den Haftungsausschluß sogar ausdrücklich für überholt erklärt[96a].

Ein Mitverschulden hat wie im deutschen Recht regelmäßig eine Anspruchsminderung zur Folge[97]. Hingegen kennt das französische Recht keinen Ausschluß der Kraftfahrzeughaftung bezüglich langsamer Fahrzeuge[98], keine Anspruchskürzung wegen einer mitwirkenden Betriebsgefahr[99], keine Begrenzung der Kraftfahrhaftung durch Höchstsummen und keine Beschränkung der Ersatzansprüche für immaterielle Schäden auf den Fall der *Verschuldens*haftung[100]. Die mit Art. 1384 konkurrierende Verschuldenshaftung des Art. 1382 Code civil[101] ist deshalb – außer in Fällen der Gefälligkeitsfahrt – praktisch bedeutungslos.

3. Auf der gleichen Linie wie die deutsche (gesetzlich geschaffene) und die französische (durch Richterspruch begründete) Regelung bewegt sich die Kraftfahrzeughaftung grundsätzlich auch in den anderen kontinentalen Rechten, mag es sich nun um solche des mitteleuropäischen, des romanischen, des nordischen oder des sozialistischen Rechtskreises handeln[102]. Zwar bestehen in manchen Einzelheiten Unterschiede.

---

[96] Siehe TUNC, D. 1965, 169, 170, 405; SAVATIER, D. 1968, 181 (183).

[96a] Paris 27. 6. 1967, Gaz. Pal. 1967, 2, 170; siehe hierzu DURRY, Rev. trim. dr. civ. 1968, 148 (152 ff.).

[97] TUNC 11 f.; MAZEAUD/TUNC II Nr. 1527, S. 512 ff. (mit Nachweisen); SCHERRER 59 ff.

[98] Es folgt dies daraus, daß Art. 1384 Code civil nach der Rechtsprechung für alle Sachen gilt; vgl. etwa ESMEIN, Liability in French Law for Damages Caused by Motor Vehicle Accidents, Am. J. Comp. L. 2 (1953) 156 (157 f.).

[99] Vgl. SAVATIER I Nr. 332 S. 430 f.; TUNC, Harv. L. Rev. 79 (1966) 1409 (1412); SCHNEIDER 27 f. Allerdings wird dies von der Lehre teilweise bemängelt (vgl. SAVATIER I Nr. 332, Nr. 509; BOULANGER 473).

[100] Vgl. SCHNEIDER 29.

[101] Vgl. HAFFTER 66; BORÉ, Le cumul de la responsabilité du fait personnel et de la responsabilité du fait des choses, J. C. P. 1965 I 1961.

[102] Jeweils mehrere Rechte behandeln: HAFFTER, Die Motorfahrzeugpflicht im schweizerischen, deutschen, italienischen und französischen Recht (1956); VOLKMANN, Die Haftung des Kraftfahrers in den Europäischen Staaten (1957 – manche der in diesem Sammelband enthaltenen Beiträge sind allerdings teilweise überholt); STARK, Die Haftpflicht aus Motorfahrzeugunfällen in rechtsvergleichender Sicht, SJZ 55 (1959) 338–344 (Deutschland, Österreich, Schweiz, Frankreich); DALCQ, L'article 1382 du Code civil et les accidents de la circulation, J. T. 80 (1965) 497 (500 f.: Italien, Deutschland, Schweiz, Niederlande, Spanien); JAUFFRET, La responsabilité civile en matière d'accidents automobiles. Étude comparée de droit espagnol, italien et français (1965). Hinweise für zahlreiche Rechte enthalten die Landesreferate in „Zweiter Weltkongreß für Versicherungsrecht", 3. Bd., Möglichkeiten der finanziellen Entlastung der Haftpflichtversicherung (hrsg. von H. Möller 1967). – An Darstellungen einzelner Rechte siehe im übrigen für

So läßt z. B. das *österreichische* Recht den Halter trotz Unabwendbarkeit eines Ereignisses ausnahmsweise auch dann haften, wenn der Unfall „unmittelbar auf die durch das Verhalten eines nicht beim Betrieb tätigen Dritten oder eines Tieres ausgelöste außergewöhnliche Betriebsgefahr zurückzuführen ist“.[103] Das *schweizerische* Recht schließt die Kraftfahrzeughaftung gegenüber gefälligkeitshalber mitgenommenen Fahrgästen nicht schlechthin aus, sondern überläßt die Schadensverteilung insoweit dem richterlichen Ermessen[104]. Das *sowjetische* Recht berücksichtigt ein mitwirkendes Verschulden des Geschädigten nur dann, wenn der Verletzte sich grob fahrlässig verhalten hat[105].

Umgekehrt geben andere Rechte der Kraftfahrhaftung einen engeren Anwendungsbereich als das deutsche und das französische Recht. So gilt in den *Nieder-*

Österreich: VEIT, Das Eisenbahn- und Kraftfahrzeug-Haftpflichtgesetz (2. Aufl. 1962);
Schweiz: OFTINGER, Schweizerisches Haftpflichtrecht II/2 (2. Aufl. 1962); BOSONNET, Haftpflicht- oder Unfallversicherung? (1965);
Italien: ALLWANG/SEEFELDER, Das Recht des Kraftfahrers in Italien (1962) 26 ff.; ROVELLI, Le responsabilità civili e penali per gli incidenti della strada (1965);
Spanien: BENITEZ DE LUGO Y REYMUNDO, El seguro obligatario de vehiculos a motor y su proyeccion indemnizatoria (1965); DALCQ, J. T. 80 (1965) 497 (501); MOURENZA, Landesreferat Spanien, in: Zweiter Weltkongreß für Versicherungsrecht, 3. Bd. (1967) 179 ff.
Belgien: DABIN/LAGASSE, La responsabilité délictuelle et quasi délictuelle, Rev. crit. belge 17 (1963) 257 ff., 295 ff.; DE PAGE, Traité élémentaire de droit civil belge II (3. Aufl. 1964) 1036 ff.
Niederlande: SCHUT, Rechtelijke verandwoordelijkheid en wettelijke aansprakelijkheid (1963) 210 ff.; E. M. MEIJERS, Ontwerp voor een Nieuw Burgerlijk Wetboek, Tekst (Boek 6, 1961) Abschnitt 6.3, Art. 14 mit Erläuterungen auf S. 691 ff.
Skandinavien: HELLNER, Développement et rôle de la responsabilité civile délictuelle dans les pays scandinaves, Rev. int. dr. comp. 19 (1967) 789 f. (für Finnland siehe jedoch unten § 9 V);
Sowjetunion: BARRY, The Motor-Car in Soviet Criminal and Civil Law, I.C.L.Q. 16 (1967) 56 ff. (72–85);
Polen: SZPUNAR, The Law of Tort in the Polish Civil Code, I.C.L.Q. 16 (1967) 86 ff. (92–95);
Ungarn: EÖRSI, Die zivilrechtliche Verantwortlichkeit im ungarischen Gesetzbuch, in: Das ungarische Zivilgesetzbuch in fünf Studien (Verlag der Ungarischen Akademie der Wissenschaften, Budapest 1963), 261 ff. (293–295);
Tschechoslowakei: STEPINA, Die Neuregelung des Schadensersatzes im Bürgerlichen Gesetzbuch der CSSR, VersR 1966, 318 (320 ff.);
Jugoslawien: NIKOLIĆ, Landesreferat Jugoslawien, in: Zweiter Weltkongreß für Versicherungsrecht, 3. Bd. (1967) 113 ff.;
Türkei: SARILAR, Der Schutz der Unfallgeschädigten nach dem türkischen Straßenverkehrsgesetz, Diss. Köln (1966);
Japan: KIMURA, L'assicurazione obbligatoria di responsabilità civile automobilistica, Rapporto sul Giappone, Assicurazioni XXXIV (1967) 315 (316 f.).

[103] § 9 des österreichischen EKHG. Der deutsche Referentenentwurf spricht sich gegen eine Übernahme dieser Bestimmung in das deutsche Recht aus (vgl. Referentenentwurf II 215).

[104] Vgl. Art. 59 III SVG und hierzu OFTINGER II/2 S. 638 f.

[105] Vgl. BARRY 81.

landen die Kraftfahrhaftung bisher nicht gegenüber anderen motorisierten Verkehrsteilnehmern und den von solchen beförderten Personen und Sachen[106].

Aber diese Abweichungen in Einzelpunkten fallen gegenüber der übereinstimmenden Grundstruktur der Kraftfahrhaftung in den kontinentalen Rechten nicht wesentlich ins Gewicht:

Erstens besteht heute nach wohl allen diesen Rechten eine absolute Haftung für Unfälle, die durch Defekte des Fahrzeugs verursacht werden[107]. Fast allgemein wird eine entsprechende Haftung auch für Unfälle bejaht, die auf ein unverschuldetes Bewußtloswerden des Fahrers zurückzuführen sind[108].

Zweitens haftet die für verantwortlich erklärte Person fast überall, falls sie nicht nachweist, daß der Unfall auf ein unabwendbares Ereignis (Zufall, höhere Gewalt) zurückzuführen ist[109].

Drittens wird überall ein Mitverschulden des Verletzten als grundsätzlich anspruchsmindernd berücksichtigt[110].

[106] Nach Art. 31 VI des Wegenverkeerswet vom 13. 9. 1935 sind insoweit die allgemeinen Haftpflichtregeln anwendbar. Der Entwurf eines neuen Bürgerlichen Gesetzbuches will die Kraftfahrhaftung allerdings auch auf diese Fälle erstrecken: vgl. Meijers, Ontwerp voor een Nieuw Burgerlijk Wetboek, Tekst (Boek 6, 1961) Abschnitt 6. 3, Art. 14 Nr. 1 sowie die Erläuterungen daselbst, S. 691 ff.

[107] Vgl. für *Deutschland:* § 7 StVG; *Österreich:* § 9 EKHG; *Schweiz:* Artt. 58, 59 SVG; *Frankreich:* Mazeaud/Tunc II (5. Aufl. 1958) Nr. 1600 f., S. 599 f.; *Belgien:* Dabin/Lagasse 296 ff. sowie de Page 1036 ff.; *Italien:* Art. 2054 Codice civile; *Spanien:* Art. 39 des Gesetzes über die obligatorische Haftpflichtversicherung (in Kraft seit dem 1. 6. 1965); *Polen:* Szpunar, I.C.L.Q. 16 (1967) 86 (95 N. 24). – Für die *Niederlande* gilt dies bisher allerdings nicht, soweit die Haftung gegenüber anderen motorisierten Verkehrsteilnehmern und den von diesen beförderten Personen und Sachen in Frage steht; jedoch gibt der Reformentwurf diese Einschränkung auf (vgl. Meijers, Ontwerp 692).

[108] Vgl. für *Deutschland:* BGH 15. 1. 1957, BGHZ 23, 90; *Österreich:* OGH 21. 10. 1959, ZVR 1959, Nr. 266 S. 233; *Schweiz:* Oftinger II/2 (2. Aufl. 1962) 557 f.; *Frankreich:* Civ. 18. 2. 1964, D. 1965, 191. – Gegenteilig ist allerdings die Auffassung in *Belgien:* vgl. Cour d'Appell Brüssel 31. 3. 1965, VersRAl 1967, 97.

[109] Vgl. die Nachweise in N. 102. Nur in *Belgien* muß das Unfallopfer grundsätzlich ein Verschulden des Schädigers nachweisen. Anders als in Frankreich hat die Rechtsprechung in Belgien die strikte Haftung des Art. 1384 nämlich auf Fälle beschränkt, in denen der Schaden durch einen Defekt (vice) des Fahrzeugs verursacht worden ist (vgl. de Page II 1036 ff.). Doch wird in Belgien nun unter Hinweis auf die Regelung in den anderen westeuropäischen Ländern eine Reform gefordert (vgl. Dalcq 502 f.).

[110] In der *Sowjetunion* allerdings nur bei grober Fahrlässigkeit des Verletzten (vgl. oben N. 105).

III. Zusammenfassung und Würdigung

Zusammenfassend ist festzustellen, daß nach den überkommenen Haftpflichtregeln sowohl in den Rechten des *Common Law* als auch nach den *kontinentalen Rechten* schutzwürdige Verkehrsopfer häufig ohne jeden oder ohne ausreichenden Ersatzanspruch bleiben:

Nach fast allen Rechten hat das Unfallopfer keinen Ersatzanspruch, wenn der Unfall durch ein externes unabwendbares Ereignis (höhere Gewalt) verursacht worden ist[111]. Und fast überall bewirkt ein Selbstverschulden des Verletzten grundsätzlich (zumindest) eine Reduktion seines Ersatzanspruches[112].

Die Rechte des *Common Law* versagen dem Geschädigten darüber hinaus regelmäßig jeden Anspruch, wenn er nicht ein Verschulden des Schädigers nachweist.

Nach manchen Rechten ist zudem der Anspruch bestimmter Personen (Familienangehöriger, aus Gefälligkeit mitgenommener Fahrgäste) ausgeschlossen oder doch nur unter erschwerten Voraussetzungen zugelassen.

Da die überkommenen Regeln auf dem Gedanken der Haftpflicht aufbauen, bleibt schließlich der Fahrer eines Kraftfahrzeugs ohne Anspruch, wenn der Unfall sich ohne Zutun einer anderen Person ereignet (z. B. infolge einer Windbö, eines die Straße überquerenden wilden Tieres oder einer Fehlleistung des Fahrers) oder wenn zwar eine andere Person im Spiel ist, diese aber – wie z. B. ein nicht deliktsfähiges Kind – keine Haftpflicht trifft.

Zwar werden die Härten, die sich infolge der Schutzlücken des Haftpflichtrechts ergeben, in vielen Fällen dadurch gemildert, daß zugunsten der Verkehrsopfer Systeme öffentlicher oder privater Daseinsvorsorge eingreifen[113]. Aber obwohl dieser Umstand die vorhandenen Schutzlücken weniger unerträglich erscheinen lassen mag, kann er die bestehenden Regelungen doch nicht rechtfertigen: Einmal greifen die Systeme der Daseinsvorsorge nicht in allen Fällen ein; zweitens gewähren sie dem Verkehrsopfer regelmäßig keinen vollen Schadensersatz; und schließlich werden

---

[111] Eine Ausnahme bilden die Rechte, die den Schadensersatzanspruch bei Verkehrsunfällen in grundsätzlicher Weise neu geordnet haben (*Saskatchewan, Polen, Finnland*); diese Rechte nehmen auch bezüglich der folgenden Punkte eine Sonderstellung ein (siehe im einzelnen unten § 9).

[112] In der *Sowjetunion* allerdings nur bei grober Fahrlässigkeit des Verletzten (vgl. oben N. 105).

[113] Vgl. unten § 5.

diese Systeme nicht – wie die Kraftfahrhaftpflichtversicherung – durch die Kraftfahrer finanziert, in deren Sphäre das Verkehrsunfallrisiko doch grundsätzlich gehört[114].

§ 2 FEHLENDE ANSPRUCHSSICHERUNG

Auch wenn ein Unfallopfer nach den dargestellten Haftpflichtregeln der einzelnen Rechte einen Ersatzanspruch hat, ist damit die (volle) Realisierung des Anspruchs noch keineswegs immer gewährleistet: Einmal kann der Haftpflichtige wenig kapitalkräftig sein, so daß sein Vermögen nicht ausreicht, um den Anspruch zu befriedigen. Zum anderen gibt es Fälle, in denen der Haftpflichtige unbekannt bleibt (Fahrerflucht).

In den meisten Staaten hat man sich bemüht, das Unfallopfer gegen die insoweit bestehenden Gefahren abzusichern.

I. Dem Risiko einer mangelnden Solvenz des Haftpflichtigen suchten die meisten Staaten durch die Einführung einer obligatorischen Haftpflichtversicherung zu begegnen[1]. Eine Pionierleistung ist Art. 11 des von der Mehrzahl der *schweizerischen Kantone* geschlossenen Konkordats über eine einheitliche Verordnung betreffend den Verkehr mit Motorfahrzeugen und Fahrrädern vom 7. 4. 1914[2]. Pionierarbeit leisteten auch die *nordischen Staaten,* die – im Zusammenhang mit einer Verschärfung der Kraftfahrzeughaftung – bereits früh zum System der Zwangsversicherung übergingen[3]. Die Zwangsversicherung hat seitdem ihren Siegeszug um die Welt angetreten[4]. Sie hat auch Staaten erobert, die sich bisher nicht

---

[114] Vgl. unten §§ 11, 12, aber auch § 21 II.

[1] Vgl. Bott 21 ff., der zunächst (S. 3 ff.) darstellt, auf welchem Wege vorher die Leistungen freiwillig abgeschlossener Versicherungen dem Zugriff sonstiger Gläubiger des Haftpflichtigen entzogen und dem Schutz des Unfallopfers dienstbar gemacht worden waren (vgl. hierzu auch Hellner 152). – Allgemein zur Entwicklung, Bedeutung und Wandlung der Haftpflichtversicherung: Sieg, Ausstrahlungen der Haftpflichtversicherung (1952); Möller, ZVersWiss 52 (1963) 409 ff.

[2] Vgl. Cassani 5; Bott 21.

[3] *Norwegen* 1912, *Dänemark* 1918, *Finnland* 1925, *Schweden* (das die Kraftfahrzeughaftung schon 1916 verschärft hatte) 1929; vgl. Deak, Minn. L. Rev. 21 (1936/37) 123 (126); Ussing, Am. J. Comp. L. 1 (1952) 359 (363).

[4] Siehe die Länderberichte in der Zeitschrift *Assicurazioni* XXXIV (1967) 302–364 betreffend *Belgien, Brasilien, Frankreich, Deutschland, Japan, Großbritannien, Israel, Italien, Jugoslawien, Norwegen, die Niederlande, Polen, die USA, Schweden* und *die Schweiz.* Die Angaben zur Haftpflichtversicherung bei Volkmann, Die Haftung des

zu einer Reform des Kraftfahr-Haftpflichtrechts bereitgefunden haben, so *Neuseeland* (1928)[5], *England* (1930)[6], sämtliche Gliedstaaten *Australiens* (1934 bis 1943)[7] und *Israel* (1947)[8].

In den *USA* ist ihr Erfolg bislang allerdings bescheiden geblieben. Bisher haben nämlich nur drei Gliedstaaten (*Massachusetts* 1927, *New York* 1956 und *North Carolina* 1957) eine allgemeine Zwangsversicherung eingeführt[9]. Versuche der anderen Teilstaaten, die Unfallopfer durch verschiedene andere Maßnahmen gegen das Risiko mangelnder Solvenz des Schädigers zu schützen, haben sich als unzulänglich erwiesen[10].

Interessant ist die Haltung der *Sowjetunion:* Sie hat bisher nicht nur von der Einführung einer Pflichtversicherung abgesehen, sondern läßt – unter Berufung auf den Gedanken der Schadensprophylaxe – einstweilen nicht einmal eine freiwillige Kraftfahrhaftpflichtversicherung zu[11]. Die zunehmende Verbreitung des Automobils, das in der Sowjetunion bisher nur wenigen wohlhabenden – und damit solventen – Personen vorbehalten ist, wird jedoch zwangsläufig zu einer Revision dieser Haltung führen. Namhafte sowjetische Juristen treten schon heute für die Zulassung der freiwilligen Versicherung ein[12]. Nach neuesten Berichten wird inzwischen sogar die Einführung der Pflichtversicherung für Kraftfahrer geplant[12a]. In anderen sozialistischen Staaten – z. B. in *Polen*[13], *Ungarn*[14], der *Tschechoslowakei*[15] und *Jugoslawien*[16] – hat sich die Pflichtversicherung bereits durchgesetzt.

II. Die Versicherungspflicht ist in den meisten Ländern dem Eigentümer des Kraftfahrzeugs auferlegt[17]. Ihre Erfüllung wird regelmäßig dadurch

---

Kraftfahrers in den europäischen Staaten (1957), sind inzwischen teilweise überholt. Hinweise für viele Rechte enthalten auch die Landesreferate in „Zweiter Weltkongreß für Versicherungsrecht", 3. Bd. (hrsg. von H. Möller 1967).

[5] Castles 257 ff. [6] Street (in Conard u. a.) 421.

[7] Castles 261. [8] Yadin 278.

[9] Vgl. Keeton/O'Connell 76 ff.; Köhler, VW 1966, 907 (909). Für Fahrzeuge, die dem öffentlichen Verkehr dienen, besteht allerdings in den meisten Staaten Versicherungszwang.

[10] Vgl. Prosser 582 ff.; Keeton/O'Connell 102 ff.; Köhler VW 1966, 909 f.

[11] Vgl. Barry, The Motor-Car in Soviet Criminal and Civil Law, I.C.L.Q. 16 (1967) 56 (74 mit N. 8).

[12] Vgl. Barry 74 f.; Schütte 318; Rudden 625.

[12a] Vgl. VW 1968, 791. [13] Vgl. unten § 9 IV. [14] Vgl. Eörsi 19.

[15] Vgl. Feyock/Kvapil, Zur gesetzlichen Kraftfahrzeug-Haftpflichtversicherung in der Tschechoslowakei, VW 1966, 159 f.

[16] Vgl. Gesetz vom 4. 4. 1965, abgedruckt in VersR 1967, 643 ff.

[17] Deak, Minn. L. Rev. 21 (1937) 123 (136). Bei uns trifft die Versicherungspflicht allerdings den *Halter* des Kraftfahrzeugs (§ 1 PflVersG). Die Regierung und sonstige öffentliche Körperschaften sind regelmäßig von der Versicherungspflicht ausgenommen (vgl. Deak 136; Bott 22) – anders aber z. B. die Regelung in *Neuseeland* (vgl. Castles 257 N. 5).

gesichert, daß die Zulassung des Kraftfahrzeugs vom Nachweis der Versicherung abhängig gemacht wird und daß der Versicherer das Ablaufen oder Aussetzen der Versicherung der zuständigen Behörde zu melden hat. Außerdem sind bei Verstoß gegen die Versicherungspflicht regelmäßig strafrechtliche Sanktionen vorgesehen[18].

Damit die Haftpflichtversicherung dem Dritten einen verläßlichen Schutz bietet, darf sie nur bei einem staatlich zugelassenen Versicherer genommen werden[19]. Der Versicherungspflicht der Kraftfahrzeugeigner entspricht in der Regel ein Kontrahierungszwang der Versicherer[20]. Manche Staaten geben den Versicherern jedoch die Möglichkeit, sich gegen zu riskante Geschäfte zu wehren. Interessant ist insoweit die Regelung in *Neuseeland:* Der Fahrzeugeigentümer zahlt die Versicherungsprämie zusammen mit der Gebühr für die Zulassung des Fahrzeugs an die staatliche Zulassungsbehörde, und zwar unter Angabe der Versicherungsgesellschaft, mit der er kontrahieren will. Mit der Zahlung der Prämie gilt der Vertrag als abgeschlossen. Doch kann der Versicherer, falls er den Vertrag mit einer bestimmten Person als zu riskant betrachtet, den Antrag stellen, daß der betreffenden Person die Fahrerlaubnis entzogen wird[21].

III. In den meisten Staaten ist die Haftpflichtversicherung immer stärker zugunsten des Unfallopfers ausgestaltet worden[22]. Die Tendenz geht dahin, die Durchsetzbarkeit gegebener Ansprüche möglichst umfassend zu sichern[23].

Diese Tendenz äußert sich einmal durch eine weite Fassung des Deckungsbereichs: In wohl allen Staaten muß die Versicherung nicht nur die Haftpflicht des Fahrzeugeigentümers bzw. Halters decken, sondern auch die des berechtigten Fahrers[24]. Manche Länder haben darüber hinaus auch die Haftpflicht des nichtberechtigten Fahrers in den Deckungsbereich ein-

---

[18] Vgl. DEAK 140; BOTT 24 ff.; CLAEYS 186 ff.

[19] Vgl. DEAK 137; BOTT 26. Freilich garantiert diese Vorschrift nur dann einen effektiven Schutz, wenn die Versicherungsaufsicht streng genug ist. Wo es an dieser Voraussetzung fehlt – wie in vielen Einzelstaaten der *USA* –, kommt es immer wieder zum Zusammenbruch nicht hinreichend solider Versicherungsunternehmen (vgl. VW 1967, 225 f., 674).

[20] Vgl. DEAK 141; BOTT 27.

[21] Vgl. CASTLES 258 f.

[22] Vgl. SIEG, Ausstrahlungen der Haftpflichtversicherung (1952) 61 ff.

[23] BOTT 28 ff.

[24] Vgl. BOTT 29; CLAEYS 191 ff. Um Schäden, die der Fahrer verursacht, in den Deckungsschutz der vom Eigentümer genommenen Police einzubeziehen, haben manche Rechte grundsätzlich den Eigentümer selbst für alle durch den Betrieb seines Fahrzeugs angerichteten Schäden haftbar gemacht, so z. B. sämtliche Teilstaaten *Kanadas* (vgl. WRIGHT, C. L. J. 1961, 56) und manche Staaten der *USA* (vgl. ARTMAIER 2).

bezogen[25]. Regelmäßig ist die Deckung von Ansprüchen sowohl für Personen- als auch für Sachschäden vorgeschrieben[26].

Zum anderen kommt die Schutztendenz zugunsten des Unfallopfers darin zum Ausdruck, daß Einwendungen, die dem Versicherer gegen den Versicherungsnehmer zustehen, dem Drittgeschädigten häufig nicht entgegengehalten werden können[27]; der Versicherer muß das Opfer entschädigen, kann dann freilich gegen den Versicherungsnehmer bzw. den Versicherten Regreß nehmen. In zahlreichen Rechten hat diese Entwicklung folgerichtig dazu geführt, daß dem Unfallopfer ein unmittelbarer Anspruch (action directe) gegen den Haftpflichtversicherer unter Ausschluß von Einwendungen aus dem Versicherungsvertrag eingeräumt worden ist[28]. Im Einklang mit diesem Entwicklungstrend sieht das *Europäische Übereinkommen über die obligatorische Haftpflichtversicherung für Kraftfahrzeuge* vom 20. 4. 1959 einen Direktanspruch des Drittgeschädigten gegen den Haftpflichtversicherer vor[29].

Die Bundesrepublik Deutschland hat dieses Übereinkommen trotz der von Möller[30] geäußerten Bedenken ratifiziert[31], ohne bezüglich der action directe Vorbehalte zu machen. Inzwischen ist dem Verletzten durch Art. 1 § 3 des *Gesetzes zur Änderung von Vorschriften über die Pflichtversicherung für Kraftfahrzeughalter* vom 5. 4. 1965[32] eine action directe gegen den Versicherer eingeräumt worden[33].

IV. Trotz dieser Entwicklung verbürgt die Pflichtversicherung auch heute noch keineswegs immer eine (vollständige) Anspruchssicherung: Abgesehen

---

[25] So schon früh *Neuseeland* (vgl. Castles 257 f.) und einige *australische* Teilstaaten (Castles 272). Ebenso neuerdings die *deutsche* Regelung (§ 1 PflVersG in der Fassung vom 5. 4. 1965, BGBl. I 213 – vgl. hierzu die Begründung Bundestagsdrucksache IV/2252 S. 11, 13); die Versicherer gewährten hier schon vorher (seit dem 1. 1. 1962) von sich aus Versicherungsschutz (vgl. Brugger, VersR 1962, 1).

[26] Vgl. Bott 30; Claeys 194. Zu Ausnahmen vgl. unten N. 42.

[27] Vgl. Möller, ZVersWiss. 1963, 424 ff.; Bott 35 ff.; Claeys 198 ff.; Hellner 153 ff.; Deak 139.

[28] Vgl. Bott 37 ff.; Ehrenzweig, Calif. L. Rev. 43 (1955) 21; Claeys 195 ff.; Pfennigstorf 438 ff.

[29] „La personne lésée possède un droit propre contre l'assureur" (Art. 6 Ziff. 1 Annexe I). Zur Vorgeschichte des Übereinkommens vgl. Möller, ZVersWiss. 52 (1963) 409 (439 ff.).

[30] Möller, ZVersWiss. 52 (1963) 409 ff.

[31] Durch Gesetz vom 1. 4. 1965 (BGBl. II 281).

[32] BGBl. 1965 I 213 ff., in Kraft getreten am 1. 10. 1965.

[33] Siehe im einzelnen Prölss, NJW 1965, 1737 ff.; Sieg, ZVersWiss. 1965, 357 ff.; Deiters, VW 1965, 1100 ff.; Müller-Stüler, Der Direktanspruch gegen den Haftpflichtversicherer (1966) 140 ff.

davon, daß die Versicherungspflicht sich nach manchen Rechten nicht auf den Gebrauch relativ ungefährlicher Fahrzeuge erstreckt[34], ist sie in der Regel summenmäßig begrenzt (1); gewisse Ansprüche sind von der Dekkungspflicht ausgenommen (2); und ihr Schutz versagt in einer Reihe von Fällen aus rechtlichen oder aus tatsächlichen Gründen (3).

1. Die meisten Länder schreiben eine Versicherung nur bis zu einer – teilweise sehr bescheiden – Mindestgrenze vor[35]. Die Mindestversicherungssummen sind besonders in den wenigen Teilstaaten der *USA*, die eine generelle Kraftfahr-Pflichtversicherung eingeführt haben, sehr niedrig[36]. Obwohl bei uns die Mindestsummen unlängst merklich erhöht worden sind[37], muß bezweifelt werden, daß unser Versicherungsschutz in allen Fällen ausreicht, um einen vollen Schadensausgleich bei Verkehrsunfällen zu gewährleisten. Dies gilt vor allem dann, wenn durch einen Unfall mehrere Personen geschädigt werden.

In manchen Staaten können Unfallopfer, deren Ansprüche durch den Haftpflichtigen oder durch seine Versicherung nicht oder nicht voll entschädigt werden, die Deckung durch einen Hilfsfonds beanspruchen. Dies gilt z. B. bezüglich des französischen *Fonds de Garantie*[38].

2. Von der Deckungspflicht ausgenommen sind teils Ansprüche *bestimmter Personen*, bei denen wegen ihrer Sonderbeziehung zum Haftpflichtigen Kollusionen befürchtet werden[39] oder die durch die soziale Unfallversicherung geschützt sind[40], teils Ansprüche, die auf den Ersatz *bestimmter Sachschäden* gerichtet sind[41]. Manche Rechte beschränken die Deckungs-

---

[34] So besteht in *Deutschland* keine Versicherungspflicht für Kraftfahrzeuge, deren Höchstgeschwindigkeit sechs Kilometer je Stunde nicht übersteigt, für nicht zulassungspflichtige selbstfahrende Arbeitsmaschinen mit bis zu 20 km/h Höchstgeschwindigkeit und für nicht zulassungspflichtige Anhänger (§ 2 Ziff. 6 PflVersG in der Fassung vom 5. 4. 1965, BGBl. I 213 f.).

[35] Vgl. Deak 137; Bott 31 f.; Dalcq 501 (Spanien); Parsons 223 (Westaustralien).

[36] Vgl. Keeton/O'Connell 84.

[37] Nämlich für Personenschäden von 50 000 bzw. 150 000 auf 250 000 DM und für Sachschäden von 10 000 auf 50 000 DM (Gesetz vom 15. 9. 1965 – BGBl. II 1362 –, in Kraft getreten am 1. 10. 1965).

[38] Vgl. Suzanne Tunc, Establishment of „Fonds de Garantie“ to Compensate Victims of Motor Vehicle Accidents, Am J. Comp. L. 2 (1953) 232 f.; Schneider 171.

[39] Vgl. Bott 29 f.; Castles 259 (Neuseeland) und 262 ff. (Australien). Bei uns sind Haftpflichtansprüche gegen Mitversicherte und Haftpflichtansprüche von Angehörigen des Versicherungsnehmers, denen er auf Grund gesetzlicher Verpflichtung zur Zeit des Versicherungsfalles Unterhalt gewährt, von der Versicherung ausgeschlossen (vgl. § 11 Ziff. 3, 4 AKB und hierzu Stiefel/Wussow, § 11 AKB Bem. 4 ff.).

[40] Vgl. Bott 30.

[41] Vgl. Bott 30 f.

pflicht von vornherein auf Personenschäden[42]. Teilweise besteht ein Versicherungszwang nur für Unfälle auf „öffentlichen" Wegen und Straßen[43].

3. Der Schutz der Haftpflichtversicherung versagt aus *rechtlichen* Gründen, soweit der Haftpflichtanspruch nicht in ihren Deckungsbereich fällt – dies trifft z. B. in vielen Staaten für Ansprüche gegen Schwarzfahrer zu – oder Einwendungen auch dem Dritten gegenüber zulässig sind; und er entfällt aus *tatsächlichen* Gründen, wenn der Haftpflichtige (und damit auch sein Versicherer) unbekannt bleiben, der Versicherer zahlungsunfähig ist oder pflichtwidrig überhaupt keine Versicherung abgeschlossen worden ist[44].

Allerdings sind die insoweit bestehenden Schutzlücken in einer wachsenden Zahl von Staaten durch verschiedene Hilfseinrichtungen weithin geschlossen worden[45].

In *Deutschland* sorgten zunächst freiwillig von den Kraftfahrzeugversicherern geschaffene Institutionen – zuletzt der Verein *Verkehrsopfer e.V.*[46] – für den Schutz von Unfallopfern, die durch ein unbekanntes oder nicht versichertes Fahrzeug geschädigt worden waren[47]. Inzwischen hat die Bundesrepublik in Erfüllung des von ihr ratifizierten *Europäischen Übereinkommens über die obligatorische Haftpflichtversicherung für Kraftfahrzeuge* vom 20. 4. 1959 den Verkehrsopfern in diesen Fällen einen gesetzlichen Anspruch auf Schadensersatz im Rahmen der Mindestversicherungssummen gegen einen *Entschädigungsfonds für Schäden aus Kraftfahrzeugunfällen* eingeräumt[48].

Zusammenfassend ist festzustellen, daß die obligatorische Haftpflichtversicherung in ihrer modernen Ausgestaltung bestehende Ansprüche von Unfallopfern zwar weithin sichert, daß aber in allen Rechten erhebliche Lücken im Versicherungsschutz offen bleiben. In den Staaten, die bisher keine Pflichtversicherung eingeführt haben, fehlt es grundsätzlich an einer effektiven Sicherung gegebener Ansprüche, wenn der Schädiger nicht durch eine freiwillig abgeschlossene Haftpflichtversicherung gedeckt ist.

---

[42] So z. B. *England,* wo sich die meisten Autofahrer insoweit aber freiwillig versichern (Street [in Conard u. a.] 421 f., 432), *Neuseeland* (Castles 259), die meisten Staaten *Australiens* (Castles 262) und *Israel* (Yadin 279 N. 9).

[43] So z. B. in *Israel* (Yadin 281).

[44] Vgl. Bott 113.

[45] Vgl. Bott 113 ff.; Schneider 60, 116 ff.; Claeys 201 ff.; Keeton/O'Connell 194 ff.; Deak 140.

[46] Vgl. hierzu VersR 1963, 1010 ff.

[47] Vgl. Bott 124 ff.

[48] Vgl. §§ 12 bis 14 PflVersG in der Fassung vom 5. 4. 1965 (BGBl. I 213 ff.) und hierzu Prölss, VVG (16. Aufl. 1967) 619 ff., sowie – zu den verfahrensrechtlichen Fragen – Sieg, VersR 1967, 324 ff.

§ 3 MANGELNDE BERÜCKSICHTIGUNG DES GEDANKENS INDIVIDUELLER VERANTWORTUNG MOTORISIERTER SCHÄDIGER

I. Die geltenden Rechte tragen dem Gedanken der individuellen Verantwortung motorisierter Schädiger nicht hinreichend Rechnung. Dieser Mißstand ist darauf zurückzuführen, daß die überkommenen Haftpflichtnormen und die Regeln der Haftpflichtversicherung mangels einer klaren Gesamtkonzeption bisher nicht zu einem wirklichen „System" integriert worden sind.

II. Ein historischer Rückblick ergibt Folgendes:

Das im liberalen 19. Jahrhundert allenthalben auf den Schild gehobene Verschuldensprinzip zog seine Überzeugungskraft aus dem Gedanken der individuellen Verantwortung[1]: Das Delikt erschien als „Freiheitsmißbrauch"[2], der aus ethischen wie aus generalpräventiven Gründen die Sanktion der Schadensersatzpflicht forderte oder doch rechtfertigte.

Von hier aus wurde die Zulässigkeit einer Haftpflichtversicherung, die den Schädiger vor den Folgen seines Fehlverhaltens schützt, zunächst in Frage gestellt[3]. Aber die Haftpflichtversicherung hat sich fast überall schnell durchgesetzt[4]. Das nimmt nicht weiter Wunder. Denn die Versicherung entwickelte sich im Hinblick auf zuvor unbekannte Haftungsrisiken, die sich aus der Technisierung von Wirtschaft und Verkehr ergaben[5], und man erkannte bald, daß den Haftpflichtigen – z. B. den Kraftfahrer, dem ein verzeihlicher Fehler unterläuft – hier häufig kein moralischer Vorwurf trifft[6]. Zudem entspricht die Haftpflichtversicherung

[1] Vgl. HEDEMANN 83 ff.; ESSER 50 ff.; WILLIAMS 140 ff.; PARSONS 202 f.; HARPER/JAMES II 744 ff.; PROSSER 16 ff.; CONARD, Mich. L. Rev. 63 (1964/65) 316 mit N. 124; FLEMING, Law of Torts (1965) 8 f.

[2] ESSER 51.

[3] Vgl. EHRENZWEIG, Calif. L. Rev. 43 (1955) 14 (mit Nachweisen in N. 58); KOENIG 426; CLAEYS 7 ff.; JAUFFRET 250 ff.

[4] Bezüglich der *Sowjetunion* vgl. jedoch oben § 2 N. 11 ff. sowie EÖRSI 19 ff.

[5] Vgl. SIEG, Ausstrahlungen 41 ff. Auf die Wechselwirkung zwischen Haftung und Versicherung ist oftmals hingewiesen worden: vgl. etwa JAMES, Yale L. J. 57 (1947/48) 549 ff.; SAVATIER I 426; JAUFFRET 247 ff.; OFTINGER I 32; KOENIG 424 ff.

[6] Vgl. EHRENZWEIG, Calif. L. Rev. 43 (1955) 14. Die Theorie des „Freiheitsmißbrauchs" wurde schon durch den objektiven Verschuldensbegriff, der sich auch im Common Law durchsetzte (vgl. oben § 1 N. 5), in Frage gestellt. Daß im heutigen Massen-

den Interessen des Geschädigten. Viele Staaten haben sie deshalb für bestimmte Fälle – insbesondere für die Kraftfahrhaftung – sogar gesetzlich vorgeschrieben[7].

Nun ist zwar grundsätzlich nichts dagegen einzuwenden, daß der Haftpflichtige sich durch Abschluß einer Versicherung gegen seine Haftungsrisiken schützt. Aber es sollte doch zugleich dafür gesorgt werden, daß die Haftpflichtversicherung nicht zu einem Freibrief für verantwortungsloses Verhalten wird. Die meisten Rechte haben diese Aufgabe vernachlässigt. Zwar ist man sich international darüber einig, daß ein Schädiger nicht durch die Versicherung geschützt wird, wenn er vorsätzlich Schaden verursacht[8]. Aber ansonsten wird der Haftpflichtige nach den meisten Rechten grundsätzlich auch bei gröbster Fahrlässigkeit von seinem Versicherer voll entlastet[9]. Nach der *deutschen* Praxis gilt dies – im Gegensatz zur Regelung wohl fast aller anderen Staaten – sogar bei einem so verantwortungslosen Verhalten wie Trunkenheit am Steuer[10].

III. Manche Rechte suchen freilich den Gedanken der individuellen Verantwortung im Schadensrecht grundsätzlich aufrecht zu erhalten. So kann der Haftpflichtversicherer, der das Unfallopfer entschädigt hat, in

---

verkehr jedem Kraftfahrer Fehler unterlaufen, ist mehr als einmal betont worden: vgl. etwa KOENIGS, IntArchVerkW 1951, 394 (395); TUNC 34 f.

[7] Vgl. oben § 2.

[8] Für *Deutschland* und *Österreich* vgl. § 152 VVG, für die *Schweiz* Art. 14 VVG, für *Frankreich* JAUFFRET 252, für *Schweden* HELLNER 154, für *England* Tinline v. White Cross Insurance Association [1921] 3 K. B. 327 (332) und für die *USA* Sheenan v. Goriansky, 72 N. E. 2 d 538, 541 (Mass. 1947).

[9] So z. B. in *Deutschland* und *Österreich* (vgl. § 152 VVG) – wo die Rechtsprechung den Versicherungsschutz allerdings in bestimmten Fällen über §§ 23 ff. („Gefahrenerhöhung") ausgeschlossen hat (vgl. EIKE VON HIPPEL, NJW 1966, 129 ff.) –, sowie in *Frankreich* (JAUFFRET 252) und *England* (vgl. COHN, New L. J. 116 [1965/66] 1179).

[10] Vgl. BGH 18. 10. 1952, BGHZ 7, 311 = NJW 1952, 1291 = VersR 1952, 387 sowie die Nachweise bei PRÖLSS § 23 VVG Bem. 2 e. Kritisch hierzu EIKE VON HIPPEL, NJW 1966, 133 mit N. 42, 43.

Anders hingegen etwa die Regelungen in *Frankreich* (vgl. BESSON 72–76), *Belgien* (vgl. Cour d'Appel Brüssel 15. 12. 1961 sowie 21. 12. 1962, VersRAl 1964, 1 f.), *Schweden* (HELLNER 154 f.) *Polen* (vgl. WARKALLO 349), der *Tschechoslowakei* (vgl. FEYOCK, VW 1966, 159, 160) und *Ungarn* (EÖRSI 19). – Während die Haftpflichtversicherer in diesen Ländern gegen den Trunkenheitsfahrer vollen Regreß nehmen können (in *Frankreich* allerdings nur unter der Voraussetzung, daß der Fahrer wegen Trunkenheit am Steuer strafrechtlich verurteilt worden ist), wird der Deckungsanspruch des Trunkenheitsfahrers in der *Schweiz* gemäß § 14 II VVG nach dem Grad des ihn treffenden Verschuldens gekürzt (vgl. BG 18. 3. 1965, BGE 91 II 226; BOSONNET 33 f., 42 f.). Ebenso ist die *dänische* Regelung (vgl. VersRAl 1967, 99). In *Österreich* muß der Trunkenheitsfahrer den angerichteten Schaden bis zu einem Betrag von 25 000 S selber tragen (siehe unten § 17 N. 19).

Ungarn gegen den haftpflichtversicherten Schädiger nicht nur bei Vorsatz, sondern auch bei grober Fahrlässigkeit Rückgriff nehmen[11]. Und in der *Schweiz* kann der Deckungsanspruch des Versicherten bei grober Fahrlässigkeit nach dem Grad seines Verschuldens gekürzt werden[12]. Faktisch stehen diese Vorschriften jedoch weithin auf dem Papier: Nach Angabe von Eörsi beschränkt sich der Regreß des Versicherers in Ungarn in der Praxis nämlich auf Fälle der Trunkenheit und des Fahrens ohne Führerschein[13]; nicht anders steht es offenbar in der Schweiz, wo laut Leuenberger 99 % der Regresse Trunkenheitsfälle betreffen[14].

Von der naheliegenden Möglichkeit, die Haftung des Kraftfahrers dadurch bis zu einem gewissen Grad lebendig zu erhalten, daß man seinen Haftpflichtversicherungsschutz generell erst von einem bestimmten Betrag ab (z. B. ab 100 DM) eingreifen läßt, ist offenbar nur selten Gebrauch gemacht worden[15]. In *Deutschland* ist der Versuch einer solchen Regelung seinerzeit gescheitert: Eine 1937 eingeführte Selbstbeteiligung wurde nach heftiger Kritik durch die Öffentlichkeit wieder beseitigt[16].

Zusammenfassend ist festzustellen, daß die geltenden Rechtssysteme dem Gedanken der individuellen Verantwortung motorisierter Schädiger nicht hinreichend Rechnung tragen.

§ 4 ZU SCHARFE HAFTUNG NICHTMOTORISIERTER VERKEHRSTEILNEHMER UND MITTELBAR HAFTPFLICHTIGER

I. Nach den überkommenen Regelungen sind die nichtmotorisierten Verkehrsteilnehmer einer zu scharfen Haftung unterworfen: Sie haften zwar nur, dafür aber auch stets – und zwar für alle Schadensfolgen einschließlich Schmerzensgeld –, wenn sie ein Verschulden trifft, mag es sich hierbei auch nur um leichte Fahrlässigkeit handeln[1]. Diese Regelung be-

[11] Vgl. Eörsi, Rev. Contemp. L. 10 (1963 No. 2) 19.

[12] Vgl. Art. 14 II des schweizerischen VVG und hierzu Schuppisser, Die grobfahrlässige Herbeiführung des Versicherungsfalles nach Art. 14 Abs. 2 VVG (1964).

[13] Eörsi 19.

[14] Leuenberger, Der Regreß in der Haftpflichtversicherung, Diss. Bern 1955, S. 69 (zitiert bei Bosonnet 34 N. 82). Offenbar suchen die Versicherer aber neuerdings die Regreßmöglichkeit stärker zu nutzen; das Schweizer Bundesgericht hat kürzlich den partiellen Rückgriff des Versicherers gegen einen Kraftfahrer zugelassen, der zu schnell in eine Kurve gefahren war (vgl. BGE 92 II 250 und hierzu Merz, ZbJV 1968, 49, 57 f.).

[15] Siehe Courgenay u. a. 7 f.

[16] Vgl. Braun, VW 1967, 227 (228).

[1] In manchen Staaten sind Radfahrer sogar den Kraftfahrern gleichgestellt, unter-

deutet, daß ein alter Fußgänger, der ein wenig döst, oder ein landwirtschaftlicher Hilfsarbeiter, der seine Kühe abends ohne Beleuchtung über die Straße treibt, oder ein Radler, der eine Richtungsänderung zu spät anzeigt, bei einem Unfall mit tödlichem Ausgang den Hinterbliebenen des Opfers eine lebenslängliche Rente zahlen müssen [2].

Auch die Haftung für Schäden, die im Straßenverkehr durch Verrichtungsgehilfen, Unmündige oder Tiere verursacht werden, ist infolge der Entwicklung des modernen Verkehrs zu hart geworden [3].

II. Zwar fehlt es nicht an Versuchen, die Haftungsrisiken in solchen Fällen abzumildern.

So weist z. B. das *schweizerische* Recht den Richter an, bei der Schadensersatzbemessung *„sowohl die Umstände als die Größe des Verschuldens zu würdigen“* [4]. Zudem begünstigt das schweizerische Recht nichtmotorisierte Verkehrsteilnehmer und mittelbar Haftpflichtige in Fällen, in denen sie neben einem Kraftfahrzeughalter für einen Unfall verantwortlich sind. Art. 60 III SVG bestimmt nämlich: *„Hat neben Haltern ein nur für Verschulden Haftpflichtiger für den Schaden einzustehen, so haftet dieser nur für seinen Anteil, den der Richter unter Würdigung aller Umstände bestimmt. Wenn ihn nur ein leichtes Verschulden trifft und die Umstände es rechtfertigen, kann ihn der Richter von der Haftpflicht befreien.“* Bei der Schaffung dieser Vorschrift dachte man in erster Linie an Fußgänger, Radfahrer und Führer von Handwagen. Ihre Privilegierung hielt man für angemessen, weil ihr Verursachungsanteil bei Verkehrsunfällen in Fällen eines leichten Verschuldens gegenüber der Betriebsgefahr eines Kraftfahrzeugs in der Regel gering erscheint und sie im Gegensatz zum Kraftfahrzeughalter meistens nicht oder doch nicht ausreichend haftpflichtversichert sind [5]. Die Hauptbedeutung der zitierten Vorschrift liegt darin, daß sie den

---

liegen also wie diese einer verschärften Haftung, so z. B. in *Frankreich* (vgl. MAZEAUD/TUNC II Nr. 1265) und in *Italien* (vgl. Art. 2054 Codice civile; OFTINGER II/2 S. 459).

[2] Vgl. SCHEFFEN, in: Verhandlungen des 43. DJT Bd. II (1962) C 101; BGH 13. 6. 1967, VersR 1967, 903 sowie die in VW 1967, 1440 mitgeteilten alarmierenden Fälle.

[3] In VW 1967, 1440 wird u. a. von einem Fall berichtet, in dem ein Kraftfahrer tödlich verunglückte, weil er einem 7jährigen, seinem Ball nachlaufenden Mädchen ausgewichen war. Der Vater des Kindes rechnet nach seiner Angabe mit einer Pfändung seines Gehaltes von netto 1500 DM monatlich bis auf einen Rest von 470 DM, und zwar auf die Dauer von mindestens 15 Jahren. Vgl. ferner etwa BGH 10. 10. 1967, NJW 1968, 249.

[4] Art. 43 OR und hierzu OFTINGER I 80ff., 232ff. (246ff.).

[5] Vgl. OFTINGER II/2 S. 662 f. Für eine Abschaffung der Privilegierung allerdings STARK, ZSR 1967 II 36 f., 46 ff. Radfahrer müssen jetzt in der Schweiz eine Haftpflichtversicherung abschließen (Art. 18 I, 70 SVG; OFTINGER II/2 S. 478 f.).

Regreß des Halters gegen aus Verschulden für einen Unfall Mitverantwortliche einschränkt[6].

In *Ungarn* kann der Richter unter Berücksichtigung der Umstände des Falles den Verantwortlichen teilweise von seiner Haftung freistellen[7]. Auch in den *Niederlanden* und in der *Bundesrepublik* soll der Richter dazu ermächtigt werden, den Umfang der Ersatzpflicht in Härtefällen herabzusetzen[8]. Der deutsche Entwurf begründet die vorgesehene richterliche Ermächtigung ausdrücklich damit, das überkommene Prinzip der Totalreparation werde den vielfältigen und verwickelten Schadensfällen des modernen Verkehrs und der modernen Wirtschaft nicht immer gerecht[9].

In *Dänemark* ist der Richter im Jahre 1930 ermächtigt worden, bei Bestehen einer *Schadens*versicherung die *Verschuldens*haftung (und damit mittelbar den Regreß des Versicherers) voll oder teilweise auszuschließen, wenn dem Schädiger kein schweres Verschulden zur Last fällt oder wenn es sich um die Haftung für einen Verrichtungsgehilfen handelt. Auf Grund dieser Ermächtigung wurde z. B. eine Radlerin, durch deren Verschulden ein kaskoversichertes Automobil beschädigt worden war, von ihrer Haftung freigestellt[10]. Ebenso wurde ein Bäcker entlastet, dessen Laufbursche beim Radeln in einer engen Gasse fahrlässig eine versicherte Schaufensterscheibe zerstört hatte[10].

Auf einem anderen rechtstechnischen Weg kommen die sonstigen *nordischen* Staaten zu ähnlichen Ergebnissen: sie haben bei Vorliegen einer Schadensversicherung unter entsprechenden Voraussetzungen nicht die Haftpflicht des Schädigers, sondern den Regreß des Versicherers gegen den Schädiger eingeschränkt[11].

---

[6] Oftinger II/2 S. 663.

[7] Vgl. Eörsi 22 N. 20; Tunc, Rev. int. dr. comp. 1967, 776.

[8] Vgl. Referentenentwurf (1967) I 2 und II 13 f., 29 ff.; Angaben zum holländischen Reformentwurf daselbst 37 ff.

[9] Referentenentwurf II 13. Allerdings wird der Ersatzpflichtige sich nach Ansicht des Entwurfs „unter Gesichtspunkten der Billigkeit regelmäßig nicht auf seine mangelnde Leistungsfähigkeit berufen können, wenn er unterlassen hat, sich gegen das Haftungsrisiko durch eine nach den Verhältnissen übliche und hinsichtlich der Kosten zumutbare Haftpflichtversicherung zu decken" (S. 51). Der Bundesjustizminister hat am 4. 10. 1967 auf die Frage von Abgeordneten des Bundestages, ob es möglich sei, Radfahrer und Fußgänger zum Abschluß einer Privat-Haftpflichtversicherung anzuhalten, unter Hinweis auf diesen Passus des Entwurfs erklärt, die Jahresprämie für eine Privat-Haftpflichtversicherung werde, da sie nur 20 bis 30 DM betrage, regelmäßig erschwinglich sein (vgl. VW 1967, 1376).

[10] Vgl. Ussing, Am. J. Comp. L. 1 (1952) 366 f.; ders., Rev. int. dr. comp. 7 (1955) 490 f.

[11] Vgl. Ussing, Rev. int. dr. comp. 7 (1955) 485 (490, 492); Strahl 207 ff.; Hellner 140 f.; Karrer 69 f.; Fleming, Calif. L. Rev. 54 (1966) 1538 N. 242, 1539 N. 246.

Aber obwohl solche und ähnliche Vorschriften in Einzelfällen zu befriedigenden Ergebnissen führen mögen, reichen sie nicht aus, um das eigentliche Problem zu lösen, nämlich die zu hart gewordene Haftung nichtmotorisierter Verkehrsteilnehmer und mittelbar (für im Straßenverkehr angerichtete Schäden) Haftpflichtiger generell auf ein angemessenes Maß zu reduzieren.

§ 5 MANGELNDE KOORDINATION DES HAFTPFLICHTRECHTS MIT SONSTIGEN ENTSCHÄDIGUNGSQUELLEN

I. Entstehung öffentlicher und privater Versorgungssysteme

1. Die entwickelten Staaten haben zunehmend dafür gesorgt, daß Opfer von Verkehrsunfällen ohne Rücksicht darauf, ob ihnen private Haftpflichtansprüche gegen den Schädiger zustehen, durch öffentliche Systeme sozialer Sicherheit sofort die notwendigste Versorgung erhalten.

Beamte, die einen Verkehrsunfall erleiden, werden regelmäßig vom Staat versorgt.

Zugunsten *sozialversicherter Personen*, die im Rahmen ihres Arbeitsverhältnisses einem Verkehrsunfall zum Opfer fallen, greifen in allen Staaten die Sondersysteme ein, die den Schadensausgleich bei Arbeitsunfällen regeln (soziale Unfallversicherung, Workmen's Compensation)[1].

Viele Staaten haben Unfälle, die dem Sozialversicherten auf dem Wege von und nach der Arbeitsstätte zustoßen („*Wegeunfälle*"), generell in den Schutz dieser Regeln einbezogen, so z.B. *Deutschland*[2], *Österreich*[3], *Frankreich*[4], *Belgien*[5] und *Israel*[6].

---

[1] Vgl. hierzu unten § 8.

[2] Durch das Zweite Gesetz über Änderungen in der Unfallversicherung vom 14. 7. 1925 (RGBl. 1925 I 97; vgl. Rein 63, 88).

[3] Bernstein 15 N. 15.

[4] Vgl. Riesenfeld 549 N. 116 sowie die folgende Anmerkung.

[5] Vgl. Europäische Wirtschaftsgemeinschaft, Kommission, Vergleichende Darstellung der Systeme der sozialen Sicherheit in den Mitgliedstaaten der europäischen Gemeinschaften (4. Aufl. 1966), 1. Allgemeines System, S. 54 f.

[6] Report of Committee, Israel L. Rev. 1 (1966) 636 (637 f.). Nach Schätzungen dieser Kommission werden dadurch in Israel etwa ein Drittel aller Verkehrsopfer erfaßt. Da in der Bundesrepublik ca. 45 % der Bevölkerung der sozialen Unfallversicherung unterstehen (vgl. v. Bethusy-Huc 6; Wannagat 36), dürfte dadurch auch bei uns ein großer Teil der Verkehrsopfer erfaßt werden.

Die *Schweiz* hat Wegeunfälle zwar nicht in die von den Arbeitgebern finanzierte Betriebsunfallversicherung eingezogen[7], aber durch Schaffung einer besonderen Versicherung gegen Nichtbetriebsunfälle (d. h. Unfälle außerhalb der beruflichen Tätigkeit) für einen umfassenden Schutz sozialversicherter Verkehrsopfer gesorgt. Allerdings müssen die Versicherten die Kosten dieser Versicherung bis auf $^1/_8$, das der Bund zuschießt, selber tragen[8].

Gegen Unfallgefahren außerhalb der beruflichen Tätigkeit und des Arbeitsweges sind sozialversicherte Personen regelmäßig durch andere kollektive Systeme sozialer Sicherheit gedeckt, so in *Deutschland* durch die gesetzliche Krankenversicherung, die etwa 87,5 % der Bevölkerung erfaßt[9], und durch die Invaliditätsversicherung[10].

In *England* sind Opfer von Verkehrsunfällen ganz allgemein geschützt, soweit die Kosten einer ärztlichen Behandlung und eines Krankenhausaufenthaltes in Frage stehen. Diese Kosten werden nämlich für jedermann durch den staatlich finanzierten *National Health Service* gedeckt[11]. Hingegen fehlt es an einem entsprechenden Schutz bezüglich des durch den Verdienstausfall entstehenden Schadens. Die Leistungen des durch Beiträge aller Versicherten finanzierten Systems nationaler Versicherung *(national insurance)* beschränken sich nämlich auf bescheidene Krankengelder und Zahlungen an die Hinterbliebenen[12]. Auch die durch Beiträge der Arbeitgeber, Arbeitnehmer und des Staates finanzierte soziale Unfallversicherung bietet nur einen beschränkten Schutz: einmal greift sie nur zugunsten von Arbeitnehmern ein, die im Rahmen ihrer beruflichen Tätigkeit verletzt werden, so daß Wegeunfälle nicht gedeckt sind; zum anderen garantieren ihre Leistungen nicht mehr als ein Existenzminimum[13].

---

[7] Eine Ausnahme gilt nur für die landwirtschaftliche Unfallversicherung (vgl. BERNSTEIN 22).

[8] Vgl. BERNSTEIN 14 ff.; GYSIN 38 ff.

[9] Vgl. Bundesministerium für Arbeit und Sozialordnung, Übersicht über die soziale Sicherung in Deutschland (6. Aufl. 1967) 80 f. Die durch Beiträge der Versicherten und ihrer Arbeitgeber finanzierte Krankenversicherung vergütet nur einen Teil des Verdienstausfalls. Während der ersten sechs Wochen muß der Arbeitgeber dem Arbeitsunfähigen die Differenz zu 100 % des Arbeitsentgelts zahlen.

[10] Vgl. WANNAGAT 37, 68 f. Die durch Beiträge der Arbeitgeber, Arbeitnehmer und Bundeszuschüsse finanzierte Versicherung vergütet nur einen Teil des Verdienstausfalls. – Einen vergleichenden Überblick über die Kranken- und Invaliditätsversicherung in den EWG-Staaten gibt die oben (N. 5) zitierte Darstellung auf S. 26 ff., 39 ff.

[11] Vgl. STREET (in Conard u. a.) 422 ff.

[12] Vgl. PHILIP S. JAMES, Introduction to English Law (6. Aufl. 1966) 227 ff.

[13] STREET (in Conard u. a.) 428 f. Die Versicherung wird zu je $^5/_{12}$ von den Arbeitgebern und den Arbeitnehmern finanziert; das restliche Sechstel schießt der Staat zu (FLEMING, Calif. L. Rev. 54 [1966] 1515).

In den *USA* hat sich die öffentliche Daseinsvorsorge zwar relativ langsam entwickelt; jedoch bestehen heute auch dort bedeutende kollektive Versorgungssysteme[14].

Am wichtigsten ist die als Teil des federal social security system betriebene Alters-, Hinterbliebenen- und Invaliditätsversicherung, die durch Beiträge der Arbeitgeber und Arbeitnehmer finanziert wird[15]. Abgesehen von der hier nicht weiter interessierenden Altersversorgung sieht diese Versicherung Leistungen beim Tod oder bei Invalidität eines Arbeitnehmers vor: Durch eine Rente, die den Hinterbliebenen eines verstorbenen Arbeitnehmers zusteht, werden etwa 80 % der amerikanischen Familien beim Tode ihres Ernährers geschützt[16]. Seit 1956 erhalten auch arbeitsunfähig gewordene Arbeitnehmer eine Rente; die zunächst bestehende Beschränkung auf Personen über 50 Jahre ist im November 1960 aufgehoben worden[17]. Allerdings besteht nur dann ein Anspruch auf Invalidenrente, wenn der Arbeitnehmer mindestens während fünf der letzten dem Unfall vorausgehenden zehn Jahre sozialversichert gewesen ist[18].

Daneben haben einige Einzelstaaten öffentlich verwaltete Fonds errichtet, die durch Beiträge der Arbeitgeber und Arbeitnehmer finanziert werden und aus denen vorübergehend arbeitsunfähige Arbeitnehmer Zahlungen (Krankengeld) erhalten[19].

In *Schweden* werden die Opfer von Verkehrsunfällen – und darüberhinaus die Opfer sonstiger Unfälle – durch ein umfassendes System sozialer Sicherheit vor Not geschützt[20]. Eine *„Allgemeine Versicherung"*, die durch öffentliche Mittel sowie durch Beiträge der Arbeitgeber und der Versicherten finanziert wird[21], sorgt für eine nahezu vollständige Deckung von Arzt- und Krankenhauskosten sowie für eine – wenn auch bescheidene – Entschädigung für Verdienstausfall. Die neben der „Allgemeinen Versicherung" bestehende *Arbeitsunfallversicherung*, die ausschließlich durch Beiträge der Arbeitgeber finanziert wird, sieht ähnliche, teilweise jedoch erweiterte Leistungen zugunsten des Verletzten vor[22].

---

[14] Vgl. zum folgenden Conard, Mich. L. Rev. 63 (1964/65) 279 (286 ff.); Fleming, Calif. L. Rev. 54 (1966) 1478 ff.

[15] Conard u. a. 36; Riesenfeld, Aktuelle Strömungen und Bestrebungen in der Sozialgesetzgebung der USA (1965) 6 ff.

[16] Vgl. Conard 287; Conard u. a. 37.

[17] Conard 287; Conard u. a. 37; Fleming 1479 N. 1.

[18] Vgl. Conard u. a. 37, nach dessen Angabe zwei Drittel der Arbeitnehmer potentiell anspruchsberechtigt sind.

[19] Conard u. a. 35; Fleming 1479 N. 1.

[20] Hellner (in Conard u. a.) 438 ff.; Keeton/O'Connell 213 ff.

[21] Hellner 445. [22] Vgl. Hellner 446 f.

In der *Sowjetunion* greift zugunsten der meisten Verkehrsopfer die Sozialversicherung ein, die durch Beiträge der Arbeitgeber und durch öffentliche Zuschüsse finanziert wird[23]. Sie sorgt für die Heilung der Unfallopfer, zahlt eine Entschädigung für zeitweiligen Verdienstausfall und gewährt bei Dauerschädigung oder Tod des Unfallopfers eine Invaliden- oder Hinterbliebenenrente. Je nachdem ob der Unfall sich bei der Arbeit ereignet hat oder nicht, sind die Leistungen höher oder niedriger; die Renten garantieren im ganzen aber nur ein bescheidenes Existenzminimum.

2. Neben den Institutionen der öffentlichen Daseinsvorsorge spielen überall die der *privaten* Daseinsvorsorge eine wichtige Rolle. Die Privatversicherung hat allenthalben eine immer größere Bedeutung gewonnen. Es gilt dies insbesondere für Staaten, in denen sich die öffentliche Daseinsvorsorge langsam entwickelt hat. So sind z. B. in den USA etwa 70 % der Bevölkerung durch private Lebens- und Krankenversicherungen geschützt[24].

II. Das Problem der Koordination

Die Entwicklung öffentlicher und privater Versorgungssysteme hat zu einer Pluralität von Entschädigungsquellen geführt. Die Rechtsordnungen sehen sich deshalb vor die Aufgabe gestellt, das Kraftfahrhaftpflichtrecht und die sonstigen Entschädigungsquellen optimal zu koordinieren[24a]. Diese Aufgabe ist bisher weithin unbewältigt geblieben.

1. Dies gilt zwar nicht oder doch nur in geringem Maße für Entschädigungsleistungen, die sich der Geschädigte durch eigene Leistung (private Versicherung) erkauft hat[25].

a) Hier ist man sich international zu Recht darüber einig, daß der Verletzte sich solche Leistungen nicht anrechnen lassen muß, falls er sie für erlittene *Personen*schäden erhält[26].

---

[23] Vgl. Rudden, Soviet Tort Law, N.Y.U.L.Rev. 42 (1967) 583 (612 ff.). Die Sozialversicherung erfaßt allerdings weder Kinder noch Hausfrauen.

[24] Vgl. Conard 287; Conard u. a. 33 ff., 42; Fleming 1479 f.; Ghiardi 458 f.

[24a] Allgemein zu dem Problem der Koordination zwischen Haftpflichtrecht und sonstigen Entschädigungsquellen: Selb, Individualschaden und soziale Sicherung, Karlsruher Forum 1964, 3 ff. Vgl. auch Marschall v. Bieberstein, Reflexschäden und Regreßrechte (1967).

[25] Hierher gehören auch die von einem Dritten (meistens dem Arbeitgeber) bezahlten Versicherungen, falls der Dritte dem Geschädigten zur Prämienzahlung verpflichtet ist. Besonders in den *USA* spielt diese als *contractual social security* bezeichnete Form der Daseinsvorsorge eine wichtige Rolle: vgl. Riesenfeld (oben N. 15) 4, 27.

[26] Vgl. für *Deutschland:* Geigel, Haftpflichtprozeß (13. Aufl. 1967), 3. Kapitel Rdz.

b) Auch im Hinblick auf Leistungen, die der Geschädigte auf Grund einer privaten Schadensversicherung für erlittene *Sach*schäden erhält, besteht weitgehend Einigkeit. Nach einem internationalen Grundsatz gilt für die Schadensversicherung – anders als für die Personenversicherung – das Prinzip des *Bereicherungsverbots:* Der Verletzte darf danach seinen Schaden nicht doppelt (einmal vom Versicherer, zum anderen vom Schädiger) liquidieren[27].

Das Bereicherungsverbot der Schadensversicherung wird damit begründet, es solle jede Spekulation mit der Versicherung und jeden Anreiz zur vorsätzlichen Herbeiführung des Schadensfalles ausschließen. (In der Personenversicherung werden diese Gefahren als geringfügig angesehen, da die natürliche Hemmung vor einer Selbstverletzung ein ausreichendes Gegengewicht bilde). Ob diese Begründung ein allgemeines Bereicherungsverbot rechtfertigen kann, erscheint allerdings fraglich[28].

Da bisher die Auffassung vorherrscht, eine private Schadensversicherung des Geschädigten dürfe dem Schädiger nicht zugute kommen, lassen die meisten Rechte die Ersatzansprüche kraft Gesetzes (cessio legis) auf den Versicherer übergehen[29]. Die *nordischen* Staaten haben den Rückgriff des Schadensversicherers gegen den Schädiger zwar bezüglich der *Verschuldenshaftung* eingeschränkt[30], es jedoch abgelehnt, auf diese Weise eine aus *Gefährdung* haftende Person (also auch Kraftfahrzeughalter) zu entlasten[31]. Es erschien ihnen angemessen, daß der Nutznießer eines gefährlichen Betriebes die aus der Betriebsgefahr resultierenden Gefahren selber

---

31 f.; PALANDT-DANCKELMANN, BGB (27. Aufl. 1968) Vorbem. vor § 249, 7 c (jeweils mit Nachweisen); die *Schweiz:* Art. 96 VVG (und hierzu OFTINGER I 354 ff.); *Frankreich:* MAZEAUD/TUNC I (6. Aufl. 1965) Nrn. 247 ff. (S. 303 ff.), Nrn. 262 ff. (S. 322 f.); KARRER 43; *Belgien:* KARRER 52; *England:* FLEMING, Calif. L. Rev. 54 (1966) 1501 N. 85; die *USA:* Note, Harv. L. Rev. 63 (1949/50) 330 ff.; CONARD, Mich. L. Rev. 63 (1964/65) 308 ff.; FLEMING, Calif. L. Rev. 54 (1966) 1499, 1501 mit N. 85; *Skandinavien:* USSING, Rev. int. dr. comp. 7 (1955) 485 (490); STRAHL 207 f.; HELLNER in Conard u. a.) 450.

[27] Vgl. etwa KARRER, Der Regreß des Versicherers gegen Dritthaftpflichtige, Rechtsvergleichung und internationales Privatrecht (1965) 7 ff.

[28] Vgl. KARRER 8 f.

[29] Vgl. für *Deutschland* und *Österreich:* § 67 VVG (und hierzu EHRENZWEIG, Deutsches [österreichisches] Versicherungsvertragsrecht, 1952, § 85 S. 285 ff.); die *Schweiz:* Art. 72 VVG (und hierzu OFTINGER I 337 ff.); *Frankreich:* MAZEAUD/TUNC I (6. Aufl. 1965) Nr. 247 S. 304; KARRER 44 ff.; *Belgien:* KARRER 52; *Italien:* KARRER 65 f.; die *USA:* CONARD, Mich. L. Rev. 63 (1964/65) 310; FLEMING, Calif. L. Rev. 54 (1966) 1499.

[30] Vgl. oben § 4, S. 29.

[31] Vgl. STRAHL 208 f.; KARRER 69 f.; HELLNER, Rev. int. dr. comp. 19 (1967) 792 f.

trägt[32]. Hingegen ist in der *Schweiz* der Rückgriff des Schadensversicherers gerade gegenüber den aus Gefährdung haftenden Personen ausgeschlossen[33].

2. Sehr viel weniger Übereinstimmung als bezüglich der Koordination von Kraftfahrhaftpflichtrecht und *privaten* Entschädigungsquellen besteht bezüglich der Koordination von Kraftfahrhaftpflichtrecht und *öffentlichen* Entschädigungsleistungen.

a) Die meisten Rechte gehen hier von der Ansicht aus, die durch die Allgemeinheit oder ein Kollektiv finanzierten Leistungen dürften weder den Verletzten bereichern (also keine mehrfache Schadensliquidation) noch den Schädiger entlasten. Um dieses Doppelziel zu erreichen, lassen die betreffenden Rechte entweder die Ansprüche des Verletzten gegen den Schädiger kraft Gesetzes (cessio legis) auf den Versorgungsträger übergehen, soweit dieser an den Verletzten Leistungen erbringt oder zu solchen verpflichtet ist[34]; oder sie entbinden den Versorgungsträger von seiner Leistungspflicht, soweit der Verletzte vom Schädiger entschädigt worden ist, und verpflichten den Verletzten, erhaltene öffentliche Leistungen zurückzuerstatten, soweit er später vom Schädiger entschädigt wird[35].

Manche Rechte lassen hingegen die öffentlichen Leistungen entweder dem Verletzten (neben seinen Deliktsansprüchen) zugute kommen oder dem Schädiger.

b) Eine weitgehende *Begünstigung des Geschädigten* besteht in den *USA*. Diese lassen – abgesehen von den Sonderregelungen für Arbeitsunfälle *(Workmen's Compensation)*, die regelmäßig eine cessio legis vorsehen[36] –

---

[32] Vgl. Ussing, Am. J. Comp. L. 1 (1952) 367 f. sowie Rev. int. dr. comp. 7 (1955) 485 (492).

[33] Art. 72 I des schweizerischen VVG sieht eine cessio legis vor für Ansprüche des versicherten Geschädigten aus „unerlaubter Handlung". Die Rechtsprechung hat diese Vorschrift einschränkend dahin ausgelegt, daß nur Ansprüche aus *schuldhafter* unerlaubter Handlung übergehen. Anders als in den nordischen Staaten kommt eine Schadensversicherung des Geschädigten also dem aus Gefährdung haftenden Kraftfahrzeughalter zugute (vgl. Oftinger I 342 f.; Karrer 27 f.).

[34] Dies ist der übliche Weg, den u. a. das *deutsche, österreichische, schweizerische, französische, israelische* und *russische* Recht gewählt haben: vgl. Marschall v. Bieberstein, Reflexschäden und Regreßrechte (1967) 188 (Deutschland, Österreich, Schweiz, Frankreich); Fleming, Calif. L. Rev. 54 (1966) 1514 ff. (Deutschland, Frankreich, Sowjetunion); Gysin, SZS 1967, 40 (Schweiz); Rudden, N.Y.U.L.Rev. 42 (1967) 621 f. (Sowjetunion); Report of Committee, Israel L. Rev. 1 (1966) 638 (Israel).

[35] So z. B. die Regelung des *neuseeländischen* Social Security Act: vgl. Fleming, Calif. L. Rev. 54 (1966) 1528 (mit weiteren Angaben), 1532 N. 224.

[36] Vgl. Fleming, Calif. L. Rev. 54 (1966) 1505.

bei den Leistungen von Versorgungsträgern eine Anspruchskumulation zugunsten des Geschädigten zu[37].

c) Für eine weitgehende *Entlastung des Schädigers* hat sich hingegen *Schweden* entschieden. Dort steht bislang zwar der Arbeitsunfallversicherung ein Regreßrecht gegen Kraftfahrzeughalter zu (gegen sonstige Schädiger nur bei Vorsatz oder grober Fahrlässigkeit), nicht jedoch der „*Allgemeinen Versicherung*" und den öffentlichen Krankenhäusern[38]. Das Regreßrecht der Allgemeinen Krankenversicherung , die 1962 in der „*Allgemeinen Versicherung*" aufging, wurde nämlich im Jahre 1962 beseitigt. Auf Grund dieser Entwicklung sind Experten der Ansicht, daß auch das bisher noch bestehende Regreßrecht der Arbeitsunfallversicherung in absehbarer Zeit beseitigt werden wird[39].

d) Einen Mittelweg hat der englische Gesetzgeber gewählt.

Der englische *National Health Service* hat gegen den Schädiger grundsätzlich keinen Regreßanspruch wegen der an den Verletzten erbrachten Leistungen. Da dem Verletzten bezüglich dieser kostenlos erhaltenen Leistungen kein Ersatzanspruch gegen den Schädiger zusteht, kommen diese Leistungen praktisch also dem Schädiger zugute[40]. Für Kraftfahrzeugunfälle gelten allerdings Sonderregeln: Hier können die öffentlichen Krankenhäuser von dem Kraftfahrer des schädigenden Fahrzeugs bzw. seinem Haftpflichtversicherer Ersatz der Behandlungskosten bis zu bestimmten Höchstbeträgen verlangen. Die Höchstbeträge sind jedoch so niedrig, daß sie die tatsächlichen Aufwendungen bei weitem nicht decken[41]. Praktisch werden die Kraftfahrer durch die Leistungen des National Health Service also partiell entlastet.

Auf einem anderen Wege wirken sich in England auch die Leistungen der *Sozialversicherung* partiell zugunsten der Kraftfahrer – und darüber hinaus zugunsten aller sonstiger Schädiger – aus: Der Sozialversicherung steht kein Regreßrecht gegen den Schädiger zu. Da der Geschädigte sich gegenüber dem Schädiger bei der Berechnung seines unfallbedingten Verdienstausfalls die Hälfte der Versicherungsleistungen während der ersten

---

[37] Vgl. CONARD, Mich. L. Rev. 63 (1964/65) 308 f.; FLEMING 1515 f., 1482 f. (mit kritischer Stellungnahme auf S. 1544 ff.); MARSCHALL V. BIEBERSTEIN 117 ff. Allerdings ist zu beachten, daß die Geschädigten zur Finanzierung des Fonds beitragen, aus dem diese Leistungen erbracht werden (vgl. oben Text zu N. 15 und zu N. 19).

[38] HELLNER (in Conard u. a.) 447; FLEMING, Calif. L. Rev. 54 (1966) 1538 f.

[39] Vgl. FLEMING 1539. Nach einer persönlichen Mitteilung von Professor HELLNER (Stockholm) liegt jetzt ein Vorschlag vor, das Regreßrecht der Arbeitsunfallversicherung ab 1. 1. 1969 abzuschaffen.

[40] Vgl. STREET (in Conard u. a.) 423.

[41] Vgl. STREET (in Conard u. a.) 423 ff.

fünf Jahre nach dem Unfall lassen muß[42], kommen die Leistungen der Sozialversicherung mittelbar praktisch zur Hälfte dem Schädiger – den sie insoweit entlasten – zugute.

III. Kritik

Wie dieser Überblick zeigt, ist die Aufgabe einer optimalen Koordination von Kraftfahrhaftpflichtrecht und öffentlichen Entschädigungsquellen bisher ungelöst geblieben.

Das Versagen der Rechtsordnungen vor dieser Aufgabe tritt am meisten da hervor, wo die mangelnde Koordination – wie weithin in *England* und in *Schweden* – zu einer unangemessenen Risikoverlagerung führt. Das mit dem Kraftfahrbetrieb verbundene Schadensrisiko gehört in die Sphäre der den Betrieb nutzenden Kraftfahrer[43]. Das ist auch in England und Schweden nicht verkannt worden.

Für *England* ist daran zu erinnern, daß die öffentlichen Krankenhäuser, denen grundsätzlich kein Regreßanspruch gegen den Schädiger zusteht, ausnahmsweise von Kraftfahrern bzw. ihren Haftpflichtversicherern Ersatz für die an den Verletzten erbrachten Leistungen (bis zu bestimmten Höchstbeträgen) verlangen können[44]. Auf Grund der gleichen Erwägung hat es *Schweden* – ebenso wie die anderen nordischen Staaten – seinerzeit abgelehnt, die in der *privaten Schadensversicherung* eingeführte Regreßbeschränkung auch den Kraftfahrern zugute kommen zu lassen[45].

Wenn sich der Gesetzgeber in diesen Ländern gleichwohl dazu entschloß, den Regreß öffentlicher Versorgungsträger auch gegenüber Kraftfahrern weithin zu beschränken oder gar auszuschließen, so geschah dies aus der Erwägung, der zur Durchführung der Regresse erforderliche Aufwand stehe zu den erreichten Ergebnissen in keinem Verhältnis. Die sich zu Lasten der Allgemeinheit bzw. eines Kollektivs ergebenden Risikoverlagerung nahm man in Kauf und tröstete sich insoweit durch die Überlegung, die öffentlichen Versorgungssysteme würden ja auch durch die Kraftfahrer mitfinanziert[46].

---

[42] Vgl. STREET (in Conard u. a.) 431; FLEMING, Calif. L. Rev. 54 (1966) 1539 f. Daß sich der Geschädigte die öffentlichen Entschädigungsleistungen nur zur Hälfte anrechnen lassen muß, erklärt sich dadurch, daß die Sozialversicherung zu 5/12 durch Beiträge der Arbeitnehmer finanziert wird (FLEMING 1515).

[43] Vgl. unten §§ 13, 14.

[44] Vgl. oben S. 36.

[45] Vgl. oben N. 30, 31.

[46] Vgl. für *England* FLEMING, Calif. L. Rev. 54 (1966) 1515, 1540, für *Schweden* HELLNER (in Conard u. a.) 446 sowie FLEMING 1538 f.

In der Tat sind die zur Durchführung der Regresse erforderlichen Kosten so hoch[47], daß der bisher von den meisten Staaten gewählte Weg – Regreß der Versorgungsträger gegen den Schädiger – nicht als eine befriedigende Lösung des Koordinationsproblems betrachtet werden kann[48]. Freilich ist das kein Grund, den Regreß ersatzlos zu streichen und den Kraftfahrern damit Risiken abzunehmen, die in ihre Sphäre gehören. Wenn man schon – wie dies in *England* und *Schweden* weithin geschehen ist – öffentlichen Versorgungsträgern den Regreß gegen schadensverursachende Kraftfahrer (d. h. praktisch: gegen deren Versicherer) versagt, so muß man dafür sorgen, daß die Entlastung, die sich dadurch für die Kraftfahrer ergibt, auf andere Weise ausgeglichen wird. Ein solcher Ausgleich ließe sich im Rahmen der überkommenen Systeme entweder durch periodische Pauschalzahlungen der Haftpflichtversicherer an die Versorgungsträger erreichen[49] oder durch Einführung einer (direkten oder indirekten) Kraftfahrzeugsteuer, deren Aufkommen den Versorgungsträgern zuzuleiten wäre[50]. Abzulehnen ist hingegen die Lösung des *amerikanischen* Rechts, nach welcher der Verletzte grundsätzlich ungeachtet ihm zuteil werdender öffentlicher Versorgungsleistungen den Schädiger voll in Anspruch nehmen kann[51]. Eine Anspruchskumulation zugunsten des Verletzten läßt sich allenfalls in dem Ausmaß rechtfertigen, in dem der Verletzte zur Finanzierung der öffentlichen Versorgungsträger beigetragen hat[52].

Zusammenfassend ist festzustellen, daß das Problem einer Koordination zwischen Haftpflichtrecht und sonstigen Entschädigungssystemen bezüglich *öffentlicher* Entschädigungsquellen bisher nicht befriedigend gelöst ist.

---

[47] Vgl. CONARD, Mich. L. Rev. 63 (1964/65) 311 f.; STREET (in Conard u. a.) 425 f.; FLEMING, Calif. L. Rev. 54 (1966) 1536 f. Auch bei uns wird über das „Geld-Karussell" der Regresse Klage geführt (vgl. VW 1967, 339, 341).

[48] Zu den Komplikationen der *deutschen* Regelung vgl. etwa SCHOPP, Rpfleger 1967, 303–313, zum *französischen* Recht TUNC 16 f.

[49] Vgl. STREET (in Conard u. a.) 425 f. In *Österreich* wird eine solche Lösung von den Versicherern angestrebt (vgl. VW 1968, 747).

[50] Vgl. CONARD, Mich. L. Rev. 63 (1964/65) 313.

[51] Vgl. oben S. 35 f.

[52] Vgl. die *englische* Regelung der Sozialversicherung (oben N. 42).

§ 6 SCHWERFÄLLIGKEIT UND KOSTSPIELIGKEIT

Die Regulierung der Schadensfälle nach den überkommenen Regeln ist schwerfällig und kostspielig.

I. Dies gilt insbesondere für die *Common-Law-Staaten.* Wie oben[1] dargelegt, setzt die Kraftfahrhaftung im Common Law ein vom Verletzten zu beweisendes Verschulden des Schädigers voraus. Daneben kommt auch der Frage eines Mitverschuldens des Opfers Bedeutung zu. Da beide Fragen häufig umstritten und oft nur schwer zu klären sind, ist die Abwicklung vieler Fälle langwierig und kostspielig.

In den *USA* werden prompte Zahlungen bei Personenschäden als ungewöhnlich bezeichnet. Die Schadensabwicklung erfordert vielfach Jahre, besonders in städtischen Gebieten. Die Zahl der Prozesse ist hoch; die Gerichte sind mit solchen Prozessen überflutet, die sich häufig unerfreulich lange hinziehen[2]. Die sich ergebende Kostenlast ist gewaltig, nicht zuletzt wegen exorbitanter Anwaltskosten[3].

Dem Unfallopfer kommt im Ergebnis weniger als die Hälfte des Prämienaufkommens zugute[4]. Im Hinblick auf die Prozeßrisiken und die Gefahr einer übermäßig verzögerten Schadensregulierung sehen sich Unfallopfer häufig dazu gedrängt, ungünstige (unfaire) Vergleiche zu akzeptieren[5]; eine wachsende Unzufriedenheit unter den Betroffenen ist die Folge[6].

Ähnliche Mißstände werden auch aus anderen Common-Law-Staaten gemeldet, so z. B. aus *England*[7] und aus *Israel*[8].

---

[1] § 1 I.

[2] Vgl. Prosser 580; Keeton/O'Connell 1 f., 14, 46 f.; dieselben, U. Ill. L. Forum 1967, 401; O'Connell, La. L. Rev. 27 (1967) 647; weitere Nachweise bei Conard, Mich. L. Rev. 63 (1964/65) 279 N. 2.

[3] Vgl. Prosser 580 f.; Conard, Mich. L. Rev. 63 (1964/65) 289 f.; Keeton/O'Connell 2 f., 69 f. Die Anwälte nehmen in der Regel ein Erfolgshonorar von einem Drittel (Prosser 581). Näheres hierzu bei Franklin/Chanin/Mark, Accidents, Money and the Law: A Study of the Economies of Personal Injury Litigation, Col. L. Rev. 61 (1961) 1 (20–30).

[4] Conard u. a. 8, 59; Conard, UCLA L. Rev. 13 (1966) 1432 (1438); Conard/Jacobs, A.B.A.J. 52 (1966) 533 (536); Keeton/O'Connell 69 f.

[5] Vgl. Keeton/O'Connell 46 f.

[6] Conard u. a. 8 f.; Bericht, VW 1968, 942.

[7] Vgl. Parker 2 und 5; Street (in Conard u. a.) 432.

[8] Vgl. Yadin 280 f., 287 N. 34; Report of Committee, Israel L. Rev. 1 (1966) 636 (642, 654).

II. Aber auch in den *kontinentalen Staaten* – insbesondere in *Frankreich* – wird über Mißstände dieser Art Klage geführt, mögen diese auch vielfach weniger kraß in Erscheinung treten als im Common Law[9].

Für den *deutschen* Bereich ist bisher weithin ungeklärt, wie lange die Unfallopfer auf eine Entschädigung durch die Haftpflichtversicherer warten müssen, wie oft sie Rechtsanwälte mit der Schadensregulierung beauftragen, wie häufig Prozesse geführt werden und wieviel Prozent des Prämienaufkommens den Verkehrsopfern letztlich zugute kommen.

Immerhin steht aber fest, daß auch bei uns vieles im argen liegt[10]. Anscheinend müssen Unfallopfer nicht selten ungebührlich lange auf Zahlungen des Versicherers warten[11]. Die Beiziehung eines Rechtsanwaltes durch den Geschädigten ist bei uns offenbar zur Regel geworden[12].

Die Rechtsprechung hat diese Entwicklung gefördert, indem sie die so entstehenden zusätzlichen Kosten der Schadensregulierung dem Schädiger auferlegt hat mit der Begründung, der Verletzte könne regelmäßig nicht darauf verwiesen werden, sich mit den Spezialisten der Versicherer ohne rechts- und sachkundigen Beistand auseinanderzusetzen[13].

Die Zahl der zivilrechtlichen Verkehrsprozesse ist bei uns im Verhältnis zu den Schadensfällen zwar offenbar gering – sie wird mit nur etwa 4 pro Mille angegeben[14] –, bedeutet aber für die Gerichte doch eine spürbare Belastung[15].

Wie hoch die Kosten des jetzigen Systems sind, ergibt sich daraus, daß den Unfallopfern bei uns letztlich weniger als 70 % des Prämienaufkommens zugute kommt[16].

Leider ist es mir nicht gelungen, bezüglich der vorgehenden Punkte einen zuverlässigen Überblick zu gewinnen. Ein Appell an „alle zuständigen Stellen, der

---

[9] Vgl. für *Frankreich:* TUNC 18 ff., 25; GIVORD, Dr. soc. 1967, 96 (98); LEBRET, Dr. soc. 1967, 131 (137); für *Belgien:* DALCQ, J.T. 1965, 497, 503; für *Schweden:* HELLNER 136; DERS. (in Conard u. a.) 452.

[10] Vgl. HAUSS, ZVersWiss. 1967, 151 (156).

[11] Vgl. HINZE, Schnellere Regulierung von Verkehrsunfallschäden, in: 5. Deutscher Verkehrsgerichtstag 1967 (hrsg. vom Deutschen Verkehrswissenschaftlichen Seminar e.V., Hamburg) 241 (243).

[12] Vgl. RUHKOPF, VersR 1968, 21 f.

[13] Vgl. BGH 30. 11. 1959, VersR 1960, 176 (177); LG Berlin 1. 3. 1967, VersR 1967, 889 (L); AG Köln 1. 3. 1967, VersR 1967, 964 (L); RUHKOPF, VersR 1968, 21 f.

[14] So M. FRIEDRICH 67 und SANDEN, VersR 1967, 413 (417); nach ROTH (S. 10 f.) beträgt das Verhältnis 5 pro Mille.

[15] Nach Angabe von SANDEN (VersR 1967, 417) betreffen von den anhängig gewordenen Zivilprozessen allerdings nur 1 % die Kraftfahrhaftung.

[16] Vgl. unten § 22 II.

Öffentlichkeit möglichst umfassende statistische Unterlagen vorzulegen"[17], hat bisher keine Resonanz gefunden. Zwar hatte sich der Verband der Haftpflicht-, Unfall- und Kraftverkehrsversicherer e. V. (HUK-Verband, Hamburg) auf wiederholte Anfragen freundlicherweise bereit erklärt, sich um eine Klärung der genannten Punkte zu bemühen. Diese Bemühungen blieben aber ohne eigentlichen Erfolg. Am 10. 7. 1968 teilte mir der Verband folgendes mit: „Mit unserem Schreiben vom 7. 12. 1967 hatten wir Sie davon unterrichtet, daß wir versuchen wollten, das für die Klärung der von Ihnen aufgeworfenen Fragen notwendige statistische Material zu beschaffen und zusammenzustellen. Wir hatten zu diesem Zweck auch Verbindung mit den ausländischen Büros aufgenommen, um das entsprechende Material im Ausland zu erhalten. Es hat sich gezeigt, daß das uns zur Verfügung gestellte Material zum Teil sehr unvollständig ist und daß eine statistische Zusammenstellung nicht ohne weiteres möglich ist. ..."

Man kann nur hoffen, daß die hier bestehenden Informationslücken baldmöglichst geschlossen werden. Am besten würde dies durch ein unabhängiges und objektives Dokumentationszentrum geschehen. Im Verlaufe der gegenwärtigen Diskussion über die Frage einer erweiterten Gefährdungshaftung haben die Versicherer sich kürzlich selbst für die Errichtung einer solchen Dokumentationsstelle ausgesprochen und sich sogar bereiterklärt, sie finanziell zu fördern; nach den Vorstellungen der Versicherer soll die betreffende Stelle allerdings offenbar nur untersuchen, in welchen schweren Schadensfällen dem Verletzten bisher ein sozialpolitisch unzumutbarer Schaden verbleibt[18]. Wenn aber schon einmal ein objektives Dokumentationszentrum geschaffen wird, warum dann diese Beschränkung seines Aufgabenbereichs?

---

[17] Eike von Hippel, NJW 1967, 1729 (1736).
[18] Vgl. Bericht, VW 1968, 912.

2. Teil

Reformvorschläge

§ 7 ZIELE UND MÖGLICHE WEGE EINER REFORM

I. Die Gesamtbilanz der überkommenen Regelungen kann nicht befriedigen: Die geltenden Systeme lassen manches schutzwürdige Verkehrsopfer ohne jeden oder ohne ausreichenden Ersatzanspruch, sorgen nicht immer für eine Sicherung gegebener Ansprüche, vernachlässigen den Gedanken der individuellen Verantwortung motorisierter Schädiger im Straßenverkehr, unterwerfen die nichtmotorisierten Verkehrsteilnehmer und Personen, die für im Straßenverkehr durch Verrichtungsgehilfen, Unmündige oder Tiere verursachte Schäden einzustehen haben, einer zu strengen Haftung, lassen weithin eine befriedigende Koordination des Kraftfahrhaftpflichtrechts mit sonstigen Entschädigungsquellen vermissen und sind zu schwerfällig und kostspielig.

Es überrascht deshalb nicht, daß sowohl im Bereich des Common Law als auch in den kontinentalen Rechten die Kritik an den überkommenen Systemen und der Ruf nach Reformen immer lauter geworden ist.

Die Kritik und Reformdiskussion hat sich insbesondere in den *USA* entwikkelt[1]. Sie hat von dort aus nicht nur auf andere Common-Law-Staaten über-

[1] Vgl. insbesondere CARMAN, Is a Motor Vehicle Accident Compensation Act Advisable? Minn. L. Rev. 4 (1919) 1 ff.; Columbia Report (1932 – siehe unten § 9 II); EHRENZWEIG, „Full Aid" Insurance for the Traffic Victim – A Voluntary Compensation Plan, Calif. L. Rev. 43 (1955) 1 ff.; GREEN, Traffic Victims – Tort Law and Insurance (1958); CONARD/MORGAN/PRATT/VOLTZ/BOMBAUGH, Automobile Accident Costs and Payments (1964); CONARD, The Economic Treatment of Automobile Injuries, Mich. L. Rev. 63 (1964/65) 279 ff.; BLUM/KALVEN, Public Law Perspectives on a Private Law Problem, Auto Compensation Plans (1965); KEETON/O'CONNELL, Basic Protection for the Traffic Victim. A Blueprint for Reforming Automobile Insurance, 1965 (mit Bibliographie

gegriffen – so auf *England*[2], *Kanada*[3], *Australien*[4], *Neuseeland*[5], *Südafrika*[6] und *Israel*[7] – sondern auch die Diskussion in den kontinentalen Rechten befruchtet. So wird eine Reform des überkommenen Systems unter anderem in *Dänemark*[8], *Schweden*[9], *Frankreich*[10], *Belgien*[11] und den *Niederlanden*[12] erwogen. Die Reformvorschläge reichen hierbei von der Änderung einzelner, nicht allzu erheblicher Punkte bis zum völligen Umbau des überkommenen Systems.

II. Die Ziele einer Reform, die eine internationale Regelung erstrebt, folgen ohne weiteres aus den dargestellten Mängeln der jetzigen Systeme: Es gilt eine Regelung zu schaffen, die einen umfassenden Schutz der Verkehrsopfer garantiert, die Durchsetzung ihrer Ansprüche in allen Fällen sichert, den Gedanken der individuellen Verantwortung gebührend be-

---

S. 543 bis 566) und hierzu die Stellungnahme verschiedener Autoren in U. Ill. L. Forum 1967, 361–633. Einen guten ersten Überblick gibt PROSSER, Handbook of the Law of Torts (3. Aufl. 1964) 577 ff.

[2] Vgl. PAYNE, Compensating the Accident Victim, Curr. Leg. Probl. 13 (1960) 85 (90 ff.); GRAY, Liability for Highway Accidents, Curr. Leg. Probl. 17 (1964) 127 (133 ff.); PARKER OF WADDINGTON, Compensation for Accidents on the Road, Curr. Leg. Probl. 18 (1965) 1 ff.; STREET, S.A.L.J. LXXXV (1968) 49–64; KÄMMER, VersR 1967, 12 ff.

[3] Vgl. KEETON/O'CONNELL 152 ff.; LINDEN, Automobile Accident Compensation in Ontario – A System in Transition, Am. J. Comp. L. 15 (1966/67) 301 ff.

[4] Vgl. PARSONS, Death and Injury on the Roads – The Compensation of Victims in Western Australia, U. W. Austl. Ann. L. Rev. 3 (1954/56) 201 ff.; BARRY, Compensation without Litigation, Austl. L. J. 37 (1964) 339 ff.

[5] Vgl. New Zealand Report of Committee on Absolute Liability, 1963 (ein komprimierter Bericht über diesen Report findet sich in der New Zealand U. L. Rev. 1 (1963) 151–152 und bei HARRIS, New Law Journal 116 [1966] 439 ff., 477 ff.); DERHAM/DA COSTA, New Zealand U. L. Rev. 1 (1963) 37 ff. (59 ff.)

[6] SUZMAN, S.A.L.J. 72 (1955) 374 ff.

[7] Vgl. YADIN, Outline of an Automobile Compensation Plan for Israel, Am. J. Comp. L. 13 (1964) 276 ff. und siehe unten § 9 VI.

[8] Vgl. USSING, The Scandinavian Law of Torts – Impact of Insurance on Tort Law, Am. J. Comp. L. 1 (1952) 359 (370 ff.); DERS., Évolution et transformation du droit de la responsabilité civile, Rev. int. dr. comp. 7 (1955) 485 (489 ff.).

[9] Vgl. STRAHL, Tort Liability and Insurance, Scandinavian Studies in Law 3 (1959) 199 (218 ff.); HELLNER, Tort Liability and Liability Insurance, Scandinavian Studies in Law 6 (1962) 129 ff. (138).

[10] Vgl. insbesondere TUNC, La sécurité routière. Esquisse d'une loi sur les accidents de la circulation (1966); DERS., Traffic Accident Compensation in France – the Present Law and a Controversial Proposal, Harv. L. Rev. 79 (1966) 1409 ff.; DERS., Un bilan provisoire, Droit social 1967, 71 ff. (mit anschließender Stellungnahme verschiedener Autoren zum „Projet Tunc"); DERS., Sur un projet de loi en matière d'accident de la circulation, Rev. trim. dr. civ. 1967, 82 ff.; BEDOUR, Pour un droit spécial aux accidents de la circulation (1968).

[11] Vgl. SCHUERMANS, Rechtskundig Weekblad (Belgien) 30 (1966/67) 1354 ff.

[12] Vgl. BLOEMBERGEN, in: Handelingen der Nederlandse Juristen-Vereniging I (1967) 1–145; DERS., Auf dem Wege zur Abschaffung der Haftpflicht bei Verkehrsunfällen, DRiZ 1968, 34–38.

achtet, die nichtmotorisierten Verkehrsteilnehmer und mittelbar Haftpflichtige vor einer zu strengen Haftung bewahrt, die verschiedenen Entschädigungsnormen optimal koordiniert und eine rasche und kostensparende Regulierung der Schadensfälle gewährleistet.

III. Diese Ziele kann man auf verschiedenen Wegen zu erreichen suchen: entweder durch eine Reform des Haftpflichtrechts oder dadurch, daß man die Kraftfahrhaftung abschafft und durch eine Unfall- und Sachversicherung zugunsten der Verkehrsopfer ersetzt.

Bisherige Reformen sind fast ausschließlich auf dem ersten Weg (Reform des Haftpflichtrechts) erfolgt, haben freilich immer nur einzelne Mängel beseitigt[13]. Neuerdings macht sich jedoch ein internationaler Trend zugunsten des zweiten Weges (Ersetzung der Kraftfahrhaftung durch eine Verkehrsunfallversicherung) bemerkbar. Diesen Weg haben bisher zwar nur relativ wenige Staaten beschritten – so *Saskatchewan*[14], *Polen*[15] und *Finnland*[16] –, die ihn zudem nicht konsequent zu Ende gegangen sind. Er wird aber zunehmend auch in anderen Ländern befürwortet, so seit langem in den *USA*[17] und in *Skandinavien*[18], neuerdings auch in *England*[19] *Kanada*[20], *Australien*[21], *Südafrika*[22], *Israel*[23], *Frankreich*[24] und *Belgien*[25]. Bei uns haben HANS MÖLLER und KARL SIEG schon früh auf diese Mög-

---

[13] So hat z. B. *Norwegen* bereits im Jahre 1912 den Schritt zur objektiven Einstandspflicht vollzogen (vgl. RIKHEIM 137; HELLNER, Rev. int. dr. comp. 19 [1967] 789). Die *Sowjetunion* hat die selbstschädigende Wirkung eines Eigenverschuldens eingeschränkt (vgl. oben § 1 N. 105). In manchen Rechten ist die Haftung nichtmotorisierter Verkehrsteilnehmer für bestimmte Fälle gemildert worden (vgl. oben § 4 II).

[14] Vgl. unten § 9 III. [15] Vgl. unten § 9 IV.

[16] Vgl. unten § 9 V.

[17] Vgl. insbesondere CARMAN, Is a Motor Vehicle Accident Compensation Act Advisible? Minn. L. Rev. 4 (1919) 1 (4 ff.); EHRENZWEIG, Calif. L. Rev. 43 (1955) 1 (24 ff.); GREEN, Traffic Victims – Tort Law and Insurance (1958) 87 ff.; KEETON/O'CONNELL, Basic Protection for the Traffic Victim (1965) 5 ff. Weitere Nachweise bei PROSSER 581 ff. und bei KEETON/O'CONNELL 148 ff. Nach den meisten Vorschlägen soll sich der Versicherungsschutz allerdings auf *Personen*schäden beschränken.

[18] Vgl. USSING, Am. J. Comp. L. 1 (1952) 359 (370); STRAHL (oben N. 9) 218 ff.

[19] Vgl. PAYNE (oben N. 2) 104 ff.; GRAY (oben N. 2) 141 ff. KÄMMER, VersR 1967, 12 ff.

[20] Vgl. die Nachweise oben N. 3.

[21] Vgl. PARSONS (oben N. 4) 271 ff.

[22] Vgl. SUZMAN (oben N. 6) 374 ff.

[23] Vgl. YADIN (oben N. 7) 282 ff. und siehe unten § 9 VI.

[24] Vgl. TUNC, Sécurité routière (1966) 40, 69 f.; DERS., Harv. L. Rev. 79 (1966) 1409 (1418 ff.) und Dr. soc. 1967, 71 (76 ff.); BEDOUR, Pour un droit spécial aux accidents de la circulation (1968).

[25] Vgl. SCHUERMANS (oben N. 11) 1363 ff.

lichkeit hingewiesen[26], die sich der Gesetzgeber für den Schadensausgleich bei Luftfahrtunfällen bereits weithin zunutze gemacht hat[26a].

In der Tat erscheint es sinnvoller, den zweiten Weg (Ersetzung der Kraftfahrhaftung durch eine Verkehrsunfallversicherung) zu wählen. Er ermöglicht es, generell auch den Fahrer in den Versicherungsschutz einzubeziehen[27], und ist zudem durch die moderne Entwicklung der Kraftfahrzeug-Haftpflichtversicherung bereits vorgezeichnet.

Nicht zu empfehlen ist hingegen ein dritter Lösungsweg, für den insbesondere der Holländer BLOEMBERGEN eintritt. Er schlägt vor, die Kraftfahrhaftung zu streichen, ohne an ihre Stelle eine besondere Versicherung zugunsten der Verkehrsopfer zu setzen: Die Schaffung einer solchen Verkehrsversicherung sei in den Niederlanden nicht nötig, da die weitaus meisten Verkehrsopfer dort durch die Sozialversicherung und durch eigene Vorsorge ausreichend geschützt seien; eine besondere Verkehrsversicherung bedeute nicht nur eine unberechtigte Bevorzugung von Verkehrsopfern gegenüber sonstigen Geschädigten, sondern verbiete sich allein schon wegen ihrer hohen Kosten[28].

Soweit das Unfallrisiko in die Sphäre der Kraftfahrer gehört, will BLOEMBERGEN diese über eine Sondersteuer zur Kostentragung heranziehen. Die aufgebrachten Mittel sollen einem besonderen Verkehrsunfallfonds zufließen und dann teils an Institutionen verteilt werden, die Leistungen an Verkehrsopfer erbringen (Sozialversicherer, möglicherweise auch Privatversicherer), teils zur Unfallverhütung und zur Finanzierung eines „Notfonds" verwendet werden[29].

BLOEMBERGENS Vorschläge sind schon deshalb nicht akzeptabel, weil sie die Verkehrsopfer nicht ausreichend schützen: Da die Sozialversicherung nicht alle Personen erfaßt und ihre Leistungen zudem begrenzt sind, ergeben sich erhebliche Schutzlücken[30]. Die Vorschläge eignen sich zudem – wie BLOEMBERGEN selbst

---

[26] MÖLLER, Die Überwindung der Haftpflichtversicherung, JW 1934, 1076 (1080); DERS., DAR 1962, 313 (320 f.); SIEG, Haftungsersetzung durch Versicherungsschutz?, ZHR 113 (1950) 95 (101 ff.). Kritisch hierzu allerdings BOETTINGER, Überwindung der Haftpflichtversicherung?, VersR 1952, 306 ff.

[26a] Bei uns wurde 1943 dem Luftfahrtunternehmer der Abschluß einer Unfallversicherung zugunsten von Fluggästen und Flugschülern zur Pflicht gemacht mit der Folge, daß seine Haftung gegenüber Flugschülern vollständig, gegenüber Fluggästen soweit entfällt, als der Schaden durch die Unfallversicherung gedeckt wird (vgl. SIEG, aaO 101, 105; LARENZ, Schuldrecht II § 71 V. S. 498 f.). Zu entsprechenden Regelungen im Ausland und in den Geschäftsbedingungen mancher Fluggesellschaften siehe SAUVEPLANNE 623 f.

[27] Vgl. unten § 15.

[28] Vgl. BLOEMBERGEN (oben N. 12) 90 ff.; DERS., DRiZ 1968, 34 (36).

[29] Vgl. BLOEMBERGEN 101, 105 ff.; DERS., DRiZ 1968, 36 f.

[30] Vgl. hierzu BLOEMBERGEN selbst (S. 125 ff.) sowie die kritische Stellungnahme von TUNC (Dr. soc. 1967, 86 N. 101) zu entsprechenden Reformvorschlägen in Frankreich. BLOEMBERGENS Vorschläge sind denn auch in den Niederlanden auf fast einhellige Ablehnung gestoßen: Auf der Tagung der Niederländischen Juristenvereinigung im Juni

sieht[31] – nicht für eine internationale Regelung, denn die Sozialversicherung ist in den einzelnen Staaten unterschiedlich entwickelt. Man kann deshalb die Kraftfahrhaftung nicht ersatzlos streichen, sondern muß sie durch eine Verkehrsunfallversicherung ersetzen. Die Kosten einer solchen Versicherung brauchen keineswegs so hoch zu sein, wie BLOEMBERGEN[32] annimmt, insbesondere dann nicht, wenn man – wie BLOEMBERGEN – bereit ist, die Privatversicherer auszumanövrieren[33].

Die Pflichtversicherung, welche die Ersatzansprüche der Verkehrsopfer heute in den meisten Staaten sichert, ist zwar – rechtstechnisch gesehen – keine Versicherung zugunsten des Unfallopfers. Indes wird heute allgemein und offiziell anerkannt, daß sie rechtspolitisch weniger den Schutz des Haftpflichtigen als den des Unfallopfers bezweckt: Der Versicherungszwang, die action directe des Unfallopfers gegen den Versicherer unter Ausschluß von Einreden aus dem Versicherungsvertrag und die Errichtung eines (die restlichen Lücken im Versicherungsschutz schließenden) Entschädigungsfonds (Fonds de Garantie) dienen sämtlich diesem Anliegen[34]. Funktionell gesehen ist die Kraftfahrzeug-Haftpflichtversicherung also zu einer Versicherung zugunsten des Verkehrsopfers („Versicherung für fremde Rechnung") geworden[35].

Allerdings hat sich die Versicherung bisher nicht von der überkommenen Haftungsordnung gelöst; der Versicherer ersetzt nur das, was nach der Haftungsordnung an sich der Schädiger zu leisten hätte[36]. Hierin liegt das Dilemma der gegenwärtigen Regelung: Die überkommenen Haftpflichtnormen basieren auf der Vorstellung einer Schadensverteilung zwischen Individuen. Da heute aber der Abschluß einer Haftpflichtversicherung üblich und in den meisten Ländern sogar gesetzlich vorgeschrieben ist, ist diese Vorstellung nicht mehr zeitgemäß: Die Schadensverteilung zwischen Individuen ist durch eine kollektive Risikoverteilung verdrängt worden. Die eigentliche Frage lautet heute: Unter welchen Umständen und bis zu welchem Ausmaß sollen Verkehrsopfer aus einem durch Prä-

---

1967 stimmten von den mehr als 250 versammelten Juristen nur 7 für seinen Plan, hingegen 50 für eine Verkehrsunfallversicherung (DRiZ 1968, 38 N. 34).

[31] Vgl. BLOEMBERGEN 108. [32] Vgl. BLOEMBERGEN 94 f.

[33] Vgl. hierzu im einzelnen unten § 22.

[34] Vgl. im einzelnen oben § 2.

[35] Vgl. PRÖLSS, Karlsruher Forum 1962, S. 25.

[36] Es handelt sich also, um mit SIEG zu sprechen, nur um eine akzessorische, nicht um eine verdrängende Haftungsersetzung (vgl. SIEG, Haftungsersetzung durch Versicherungsschutz, ZHR 113 [1950] 95, 101 f.). In der Praxis erscheint der Versicherungsschutz freilich nicht als bloßer Annex der Haftungsordnung, sondern als ein die Haftung begünstigendes Element (vgl. EIKE VON HIPPEL, Der Versicherungsgedanke im Schadensrecht, VersR 1968, 231 f.).

mien der Kraftfahrer finanzierten Fonds entschädigt werden?[37]. Da man diese Frage am besten unmittelbar im Rahmen einer Verkehrsunfallversicherung beantwortet, besteht kein Anlaß, die überkommene „Zwischenschaltung" der Haftpflichtnormen beizubehalten.

Im übrigen handelt es sich bei der Frage nach dem Weg der Reform um ein Problem von sekundärer, da nur rechtstechnischer Bedeutung. Zwar mag zunächst der erste Weg (Änderung der Haftpflichtregeln) konventionell, der zweite (Ersetzung des Haftpflichtrechts durch Versicherungsschutz) hingegen revolutionär erscheinen. Doch wird bei näherem Zusehen deutlich, daß die Ergebnisse durch die Wahl des Weges nicht präjudiziert werden. Koppelt man nämlich – wie dies heute in den meisten Staaten geschehen ist – das Haftpflichtrecht mit einer Pflichtversicherung und gibt dem Geschädigten einen Direktanspruch gegen den Versicherer, so lassen sich auf dem ersten Weg weithin die gleichen Resultate erreichen wie auf dem zweiten. Es wird dies unter anderem durch die in allen modernen Staaten geschaffenen – rechtstechnisch verschieden gestalteten – Sondersysteme demonstriert, die den Schadensausgleich bei Arbeitsunfällen regeln (soziale Unfallversicherung, Workmen's Compensation)[38].

Mit der Entscheidung zugunsten einer Verkehrsunfallversicherung sind freilich die eigentlichen Probleme noch keineswegs gelöst. Vielmehr stellen sich nun folgende Fragen:

1. Welchen Geltungsbereich soll die neue Versicherung haben? (§ 10).
2. Sollen für bestimmte Fälle Risikoausschlüsse festgelegt werden? (§ 11).
3. Soll ein Verschulden des Unfallopfers zu seinen Lasten berücksichtigt werden? (§ 12).
4. Soll das Entschädigungsrecht ein- oder zweispurig angelegt werden? (§ 13).
5. Für welche Schäden soll Ersatz geleistet werden und in welchem Umfang? (§ 14).
6. Sollen der Fahrer und seine Angehörigen in den Schutz der Versicherung einbezogen werden? (§ 15).
7. Sollen Unfallhelfer einbezogen werden? (§ 16).
8. Inwieweit und gegebenenfalls wie soll dem Gedanken einer individuellen Verantwortung motorisierter Schädiger Rechnung getragen werden? (§ 17).
9. Wie sollen nichtmotorisierte Schädiger behandelt werden? (§ 18).

---

[37] Vgl. etwa EHRENZWEIG, Calif. L. Rev. 43 (1955) 19; STRAHL 218 ff.; OFTINGER I 32; TUNC 14; KEETON/O'CONNELL 256.

[38] Vgl. § 8 II.

10. Wie soll das Verhältnis der Versicherung zu anderen Entschädigungsquellen geregelt werden? (§ 19).
11. Wie hoch sind die Kosten der Reform? (§ 20).
12. Wie soll die Versicherung finanziert werden? (§ 21).
13. Wie soll sie organisiert werden? (§ 22).

Bevor diese Fragen behandelt werden, empfiehlt sich ein Blick auf das Modell der sozialen Unfallversicherung (§ 8). Denn dieses Modell hat nicht nur die Reformdiskussion maßgeblich beeinflußt, sondern auch die in einzelnen Staaten bereits durchgeführten grundsätzlichen Reformen des Schadensausgleichs bei Verkehrsunfällen (§ 9).

§ 8 DAS MODELL DER SOZIALEN UNFALLVERSICHERUNG

I. Entstehung und Siegeszug der sozialen Unfallversicherung

Das durch die wirtschaftlichen, technischen und sozialen Wandlungen unserer Zeit entstandene Bedürfnis nach einer grundsätzlichen Neuordnung weiter Gebiete des Schadensrechts trat besonders früh und dringlich auf dem Gebiet der Arbeitsunfälle hervor. Infolge der Industrialisierung und Technisierung des Wirtschaftslebens nahmen Zahl und Schwere der Arbeitsunfälle erheblich zu. Die Opfer von Arbeitsunfällen blieben jedoch zunächst in allen Staaten weithin ungeschützt. Denn die Betriebshaftpflicht des Unternehmers baute ursprünglich überall auf dem Verschuldensprinzip auf[1]. Im Common Law öffnete zudem die „unholy trinity" der Einwände eines Mitverschuldens *(contributory negligence)*, einer Gefahrübernahme *(assumption of risk)* oder der schuldhaften Schädigung durch einen Arbeitskollegen *(fellow servant rule)* erhebliche weitere Schutzlücken[2]. Es ergaben sich deshalb ähnliche Mißstände wie heute bezüglich des Schadensausgleichs bei Verkehrsunfällen: Eine Überlastung der Gerichte durch zahlreiche Prozesse, schleppende Schadensabwicklung, übermäßige Kosten und damit hohe Haftpflichtversicherungsprämien, un-

---

[1] Vgl. BERNSTEIN, Schadensausgleich bei Arbeitsunfällen (1963); REIN, Der Verschuldensbegriff im Bereich der unfallversicherungsrechtlichen Unternehmerhaftung (Diss. Würzburg 1965) 53 ff.; PROSSER 545 ff.

[2] Vgl. PROSSER 549 ff.

faire Vergleiche zu Lasten der Unfallopfer und Unzufriedenheit unter den Betroffenen[3].

Diese Mißstände riefen früher oder später in allen Industriestaaten den Gesetzgeber auf den Plan. Während man ihnen zunächst durch eine Verschärfung der Unternehmerhaftpflicht abzuhelfen suchte[4], entschloß sich als erster der deutsche Gesetzgeber zu einer grundsätzlichen Neuordnung, indem er die Unternehmerhaftung für Betriebsunfälle im Jahre 1884 durch eine Unfallversicherung zugunsten der Arbeitnehmer ersetzte[5]. Seitdem hat die soziale Unfallversicherung ihren Siegeszug um die Welt angetreten[6]. Sie hat sich trotz vielfacher Widerstände auch in den *USA* allgemein durchgesetzt[7].

Da speziell die amerikanische Entwicklung lehrreich ist, soll sie im folgenden kurz skizziert werden: Aus an anderer Stelle dargelegten Gründen[8] waren die Widerstände gegen eine Grundsatzreform des Schadensausgleichs bei Arbeitsunfällen in den USA zunächst beträchtlich. Das Ringen zwischen fortschrittlichen und konservativen Kräften spiegelte sich in einem Urteil des obersten New Yorker Gerichts (Court of Appeals), das im Jahre 1911 das erste in den USA geschaffene einzelstaatliche workmen's compensation statute einstimmig für verfassungswidrig erklärte[9], und in der anschließenden öffentlichen Kritik dieser Entscheidung durch Roscoe Pound und 13 weitere amerikanische Juristen[10]. Zwei Jahre später wurde dann in New York die zunächst gescheiterte Reform durch eine Verfassungsänderung ermöglicht[11]. Seitdem setzte sich die Einsicht

---

[3] Vgl. Prosser 554; Friedman/Ladinsky, Social Change and the Law of Industrial Accidents, Col. L. Rev. 67 (1967) 50 (65 ff.).

[4] Vgl. Bernstein 1 f., 4 f.

[5] Das erste Unfallversicherungsgesetz vom 6. 7. 1884 (RGBl. 1884, 69) trat am 1. 10. 1885 in Kraft (vgl. Bernstein 43 f.; Rein 60 ff., 97 f.; Wannagat 66 ff.). Zur Reform durch das Unfallversicherungs-Neuregelungsgesetz vom 30. 4. 1963 (BGBl. I 241), das am 1. 7. 1963 in Kraft getreten ist, vgl. Wannagat 123 f.

[6] Vgl. Malone 233 mit N. 4; Europäische Wirtschaftsgemeinschaft, Kommission, Vergleichende Darstellung der Systeme der sozialen Sicherheit in den Mitgliedstaaten der europäischen Gemeinschaften (4. Aufl. 1966), 1. Allgemeines System, S. 53 ff. Bezüglich der Entwicklung in einzelnen Staaten vgl. etwa für die *Schweiz:* Bernstein 4 ff., 10 ff. und Gysin, SZS 1967, 38 ff.; für *Frankreich:* Marschall v. Bieberstein 102 f.; für *Skandinavien:* Hellner 142 ff.; Hinweise für zahlreiche Rechte enthalten die Landesreferate in „Zweiter Weltkongreß für Versicherungsrecht, 3. Bd. (hrsg. von H. Möller 1967).

[7] Vgl. Riesenfeld, Contemporary Trends in Compensation for Industrial Accidents Here and Abroad, Calif. L. Rev. 42 (1954) 531 ff.

[8] Vgl. Eike von Hippel, Die Kontrolle der Vertragsfreiheit nach anglo-amerikanischem Recht (1963) 23 ff.

[9] Ives v. South Buffalo Ry., 94 N. E. 431 (1911).

[10] Vgl. Friedman/Ladinsky, Col. L. Rev. 67 (1967) 68.

[11] Friedman/Ladinsky 75.

in die Notwendigkeit einer Reform zunehmend durch; sie wurde auf Seiten der Arbeitgeber nicht zuletzt gefördert durch die Erkenntnis, daß eine solche Reform auf weite Sicht weniger kostspielig sein würde als die Beibehaltung des überkommenen Systems. Inzwischen haben sämtliche Gliedstaaten der USA compensation laws eingeführt, als letzter Staat Mississippi im Jahre 1948 [12].

Die internationale Tendenz geht dahin, den Anwendungsbereich der sozialen Unfallversicherung immer weiter auszudehnen [13].

II. Charakteristika

Die in den einzelnen Staaten geschaffenen Sondersysteme, die den Schadensausgleich bei Arbeitsunfällen regeln, unterscheiden sich in manchen Punkten, nicht zuletzt in der rechtstechnischen Ausgestaltung.

So haben z. B. viele Gliedstaaten der USA im Gegensatz zur deutschen Lösung die Entschädigungspflicht nicht öffentlichen Körperschaften (Berufsgenossenschaften) auferlegt, sondern sie beim Arbeitgeber belassen, den nun eine strikte Haftung trifft [14]. Da der Arbeitgeber sich aber kraft Gesetzes gegen seine Haftpflicht versichern muß, erscheint es berechtigt, auch bei einer solchen rechtstechnischen Gestaltung von „Sozialversicherung" (social insurance) zu sprechen [15].

Trotz mancher Unterschiede im Detail sind die Systeme aber überall durch die gleichen Grundgedanken geprägt [16]: An die Stelle der Verschuldenshaftung des Arbeitgebers tritt die Pflicht zur Zahlung von Beiträgen in einen Fonds, aus dem die Opfer von Arbeitsunfällen entschädigt werden. Der Entschädigungsanspruch des Unfallopfers setzt nicht länger ein Verschulden des Arbeitgebers voraus und wird durch ein Selbstverschulden des Verletzten grundsätzlich nicht berührt. Andererseits erhält der Verletzte regelmäßig keinen vollen, sondern nur einen partiellen – im besten Falle einen nahezu vollständigen – Ersatz für seinen Verdienstausfall und keinen Ausgleich für immaterielle Schäden.

Die Entschädigung für den Verdienstausfall ist in den einzelnen Staaten verschieden hoch. Die meisten Rechte bemessen sie nach bestimmten Prozentsätzen des Verdienstausfalls und setzen zugleich absolute Höchstgrenzen fest [17]. *England* hat allerdings mit diesem Prinzip gebrochen und einheitliche Entschädi-

---

[12] FRIEDMAN/LADINSKY 69. f.
[13] Vgl. RIESENFELD, Calif. L. Rev. 42 (1954) 535 ff.
[14] Vgl. RIESENFELD 533 f. [15] RIESENFELD 532 N. 4
[16] Vgl. REIN 62, 97 f.; PROSSER 555, 582.
[17] Vgl. PROSSER 555 N. 7; GYSIN, SZS 1967, 39.

gungsleistungen eingeführt, die vom Verdienstausfall unabhängig sind, jedoch gesetzliche Unterhaltsverpflichtungen des Verletzten berücksichtigen[18].

Obwohl das Verschuldensprinzip damit seine beherrschende Rolle auf diesem Gebiet verloren hat, ist der in ihm enthaltene Gedanke individueller Verantwortung nicht schlechthin preisgegeben worden[19]. Verschuldenselemente bleiben vielmehr sowohl auf Seiten des Unternehmers bedeutsam (1) als auch auf Seiten des oder der Geschädigten (2).

1. Hat der Unternehmer den Arbeitsunfall *vorsätzlich* herbeigeführt, so bleibt er dem Verletzten persönlich auf vollen Ersatz des Schadens haftbar[20]. Nach manchen Rechten gilt dies auch dann, wenn dem Unternehmer *grobe Fahrlässigkeit* zur Last fällt[21]. Eine dritte Gruppe von Rechten hat die Deliktshaftung des Unternehmers sogar ganz allgemein bestehen lassen; nach diesen Rechten kann der Verletzte seinen durch die Unfallversicherung nicht gedeckten Schaden stets gegen den Unternehmer geltend machen, wenn diesen ein Verschulden trifft.

Eine solche Regelung gilt z. B. in *Italien*[22], den *Niederlanden*[22], *Schweden*[23], *Israel*[24] und der *Sowjetunion*[25]. Noch besser ist der verletzte Arbeitnehmer in *England* gestellt: Er braucht sich bei einer Deliktsklage gegen den Arbeitgeber die von der Sozialversicherung erhaltenen Leistungen nur zur Hälfte anrechnen zu lassen[26].

Rechte, welche die Haftung des Unternehmers gegenüber dem Verletzten auf den Fall vorsätzlicher Schädigung beschränken, sorgen häufig auf andere Weise dafür, daß der Verstoß gegen elementare Sorgfaltspflichten nicht ohne Sanktion bleibt: sie geben dem Sozialversicherer bei grober Fahrlässigkeit des Unternehmers gegen diesen ein Rückgriffsrecht. So können bei uns nach § 640 RVO[27] Sozialversicherungsträger gegen den Unter-

---

[18] Vgl. Payne, Curr. Leg. Probl. 10 (1957) 87 f. mit kritischer Stellungnahme auf S. 96 f.

[19] Vgl. Rein 98, 113 ff.

[20] Vgl. für unser Recht § 636 f. RVO und hierzu Rein 144 ff. Außerdem bleibt der Unternehmer bei uns auch dann haftbar, wenn der Arbeitsunfall sich bei der „Teilnahme am allgemeinen Verkehr" ereignet hat; zur Bedeutung und Rechtfertigung dieser Ausnahme vgl. Möller, DAR 1962, 313 (315); Rein 149 ff.; Neumann-Duesberg, VersR 1968, 1 (8 ff.).

[21] So z. B. die *Schweizer* Regelung (vgl. Bernstein 24 f.).

[22] Vgl. Europäische Wirtschaftsgemeinschaft, Kommission, 55.

[23] Vgl. Hellner 143.

[24] Vgl. Report of Committee, Israel L. Rev. 1 (1966) 647 f.

[25] Vgl. Rudden 618.

[26] Vgl. Payne, Curr. Leg. Probl. 10 (1957) 85 sowie oben § 5 N. 42.

[27] In der Fassung vom 30. 4. 1963 (BGBl. 1963 I 241, 262).

nehmer und gegen die ihm nach § 637 RVO gleichgestellten Personen Rückgriff nehmen, wenn der Arbeitsunfall vorsätzlich oder grob fahrlässig herbeigeführt worden ist[28]. In der *Sowjetunion* genügt sogar jedes Verschulden, um den Rückgriff des Sozialversicherers gegen den Arbeitgeber zu begründen[29].

2. Hat der Verletzte den Unfall vorsätzlich herbeigeführt, so stehen ihm keine Ansprüche zu[30]. Nach manchen Rechten mindern sich zudem die Ansprüche des Verletzten bei einem schweren Selbstverschulden, so z. B. in der *Schweiz* bei grober Fahrlässigkeit[31] und in *Frankreich* bei einer „faute inexcusable" des Unfallopfers[32].

Ein Selbstverschulden, das sich nicht auf die Entstehung des Unfalls, sondern auf die nachträgliche Vergrößerung des Unfallschadens bezieht, gehört grundsätzlich in die Risikosphäre des Verletzten[33].

III. Beurteilung

Die soziale Unfallversicherung wird allenthalben grundsätzlich positiv beurteilt[34]. Gelegentliche Kritiken richten sich weniger gegen das Modell als gegen die Regelung bestimmter Einzelpunkte[35]. So werden in zahlreichen Ländern die Entschädigungsleistungen als zu gering betrachtet[36]. Bei uns wird neuerdings auch der Ausschluß des Schmerzensgeldes gerügt[37].

---

[28] Ähnliches galt schon nach früheren Bestimmungen (vgl. BERNSTEIN 72 ff., 113 ff.; REIN 178 ff.; MARSCHALL V. BIEBERSTEIN, VersR 1968, 511 ff.).

[29] Vgl. RUDDEN 621 f.

[30] Vgl. Europäische Wirtschaftsgemeinschaft, Kommission S. 55; für das *deutsche* Recht vgl. § 553 RVO und hierzu REIN 230 ff.

[31] Vgl. Art. 98 III KUVG; BOSONNET 71.

[32] Vgl. DROUILLAT, Dr. soc. 1967, 93.

[33] Vgl. REIN 240 f. Nach § 624 RVO können einem Verletzten, der sich ohne triftigen Grund einer zumutbaren Maßnahme der Heilbehandlung, der Berufshilfe, einer Nachuntersuchung oder Beobachtung entzieht, die Leistungen nach vorherigem schriftlichem Hinweis ganz oder teilweise versagt werden.

[34] Vgl. SCHRAFT, Die deutsche soziale Unfallversicherung. Bewährung, Wandel und Ausblick, in: Beiträge zur Sozialversicherung, Festgabe für Krohn (1954) 269 ff. (290); GYSIN, SZS 1967, 38 ff.; PROSSER 555.

[35] Vgl. JAMES, Col. L. Rev. 59 (1959) 414 N. 33.

[36] Vgl. PAYNE, Curr. Leg. Probl. 13 (1960) 108 f. (England); RIESENFELD, Calif. L. Rev. 42 (1954) 578 (USA); Report of Committee, Israel L. Rev. 1 (1966) 648 f. (Israel).

[37] Vgl. REIN, BB 1968, 44 ff.

§ 9 DER EINFLUSS DES MODELLS DER SOZIALEN UNFALLVERSICHERUNG

Die Neuordnung des Schadensausgleichs bei Arbeitsunfällen gab den Anstoß zu Reformüberlegungen auch für den Schadensausgleich bei Verkehrsunfällen.

I. Deutschland

Schon früh wurde im deutschen Reichstag der Vorschlag eingebracht, die Halter von Kraftfahrzeugen in einer Zwangsgenossenschaft zusammenzuschließen[1]. Verkehrsopfer sollten gegen diese (durch Beiträge der „Betriebsunternehmer" finanzierte) Genossenschaft einen direkten Anspruch haben. Da der Direktanspruch aber nur gewährt werden sollte, soweit dem Verletzten Ansprüche gegen einen Kraftfahrzeughalter zustanden, war das Projekt weniger revolutionär als es zunächst den Anschein hat: Es diente lediglich der Durchsetzbarkeit bestehender Ansprüche, beseitigte also – im Gegensatz zur sozialen Unfallversicherung – keineswegs die Schutzlücken des überkommenen Haftpflichtrechts.

Anders steht es insoweit mit der von TRENDEL 1935 befürworteten Schaffung einer öffentlichen Reichskasse für Verkehrsunfälle[2]. Nach TRENDELS Vorschlag sollte diese durch Beiträge sämtlicher Verkehrsteilnehmer finanzierte Kasse Verkehrsopfern nämlich (mit Ausnahme von Schmerzensgeld) *stets* den gesamten Unfallschaden ersetzen[3]. Eventuelle Ansprüche des Verletzten gegen den Schädiger sollten auf die Kasse übergehen.

Unter Hinweis auf das „klassische Vorbild" der sozialen Unfallversicherung trat wenige Jahre später auch KOENIGS für eine grundsätzliche Reform des Schadensausgleichs bei Verkehrsunfällen ein[4]. Er plädierte einerseits für eine „reine Verursachungshaftung" und – ausgenommen bei Vorsatz – für den Verzicht auf den Einwand des mitwirkenden Verschuldens, andererseits für eine „scharfe Haftungsbegrenzung" durch die Ein-

[1] Vgl. TRENDEL, DAR 1935, 145.

[2] Vgl. TRENDEL, Gefährdungshaftung – Zwangshaftpflichtversicherung – Reichskasse für Verkehrsunfälle, DAR 1935, 145 f. Kritisch hierzu KOENIGS, ZVerkWiss. 16 (1939) 115 und IntArchVerkW 1951, 396.

[3] Ein Eigenverschulden des Unfallopfers sollte offenbar unberücksichtigt bleiben.

[4] KOENIGS, Die Haftung für Personenschäden im deutschen Privatrecht, ZVerkWiss. 16 (1939) 32 ff., 111 ff. (116 ff.); DERS., Zur Haftung der Eisenbahnen und des Kraftverkehrs für Personenschäden, IntArchVerkW 1951, 394 (396 ff.).

führung fester Sätze für Heilbehandlung, Verdienstausfall und Beerdigungskosten, durch die Festlegung von Rentenhöchstbeträgen sowie durch die Streichung des Anspruchs auf Schmerzensgeld und auf Ersatz für Erschwerung des Fortkommens. Über diese Grenzen hinaus sollten der Unternehmer (Halter) und der Kraftfahrzeugführer Unfallopfern nur bei *vorsätzlicher* Herbeiführung des Unfalls haften. Jedoch sollte der Versicherer gegen schuldige Fahrer Regreß nehmen können.

II. USA

Früher noch als in Deutschland wurden in den *USA* Stimmen laut, welche eine dem Schadensausgleich bei Arbeitsunfällen entsprechende Schadensregelung für Verkehrsunfälle forderten[5]. Der im Jahre 1932 erscheinende, von einer Kommission namhafter Juristen verfaßte *Columbia Report* machte sich diese Forderungen weithin zu eigen[6]. Er empfahl die Einführung einer strikten limitierten Haftung der Kraftfahrzeugeigner für Personenschäden in Verbindung mit einer Pflichtversicherung sowie den Ausschluß aller sonstigen Ersatzansprüche für Personenschäden[7]. Nicht ersetzt werden sollten nach dem Plan der Verdienstausfall für die erste Woche und immaterielle Schäden; zudem war bezüglich der Entschädigung für Verdienstausfall eine doppelte Begrenzung vorgesehen: Die Entschädigung betrug nur $^2/_3$ des entgangenen Verdienstes und durfte bestimmte Höchstsummen ncht übersteigen[8].

Obwohl der *Columbia Plan* allgemeines Aufsehen erregte und seine Annahme in einigen amerikanischen Gliedstaaten – unter anderem auch in New York – ernsthaft erwogen wurde, hat er sich in den USA bisher nirgends durchsetzen können. Jedoch hat er nicht nur die weitere Reformdiskussion in den USA belebt[9], sondern auch die bahnbrechende Neuordnung des Problems in der kanadischen Provinz *Saskatchewan* maßgeblich beeinflußt.

---

[5] Vgl. CARMAN, Is a Motor Vehicle Compensation Act Advisable? Minn. L. Rev. 4 (1919) 1 ff. sowie die Nachweise bei PROSSER 585 N. 41 und GREGORY/KALVEN 743 f.

[6] Vgl. Columbia University Council for Research in the Social Sciences, Report by the Committee to Study Compensation for Automobile Accidents (1932).

[7] Report 236 ff. Vgl. hierzu KEETON/O'CONNELL 125 ff.; GREGORY/KALVEN 744 ff.

[8] Vgl. SMITH, Col. L. Rev. 32 (1932) 785, 799 f. (auszugsweise abgedruckt in GREGORY/KALVEN 745 f.); KEETON/O'CONNELL 127 ff., 136 ff.

[9] Zur weiteren Entwicklung dieser Diskussion vgl. PROSSER 585 ff.; KEETON/O'CONNEL 148 ff.; JAMES, The Columbia Study of Compensation for Automobile Accidents: An Unanswered Challenge, Col. L. Rev. 59 (1959) 408 ff. sowie die Nachweise bei GREGORY/KALVEN 746 f.

III. Saskatchewan

Die kanadische Provinz *Saskatchewan* ist bisher die einzige Jurisdiktion des Common-Law-Rechtskreises, die den Schadensausgleich bei Verkehrsunfällen in grundsätzlicher Weise neu geordnet hat.

Der im Jahre 1946 erlassene, seitdem mehrfach geänderte *Automobile Accident Insurance Act*[10] sorgt dafür, daß grundsätzlich jedes Opfer eines Verkehrsunfalls ohne Rücksicht auf ein Verschulden des Schädigers oder ein Selbstverschulden eine Grundentschädigung erhält. Im Gegensatz zum *Columbia Plan*[11] wird grundsätzlich auch der ohne Zutun anderer verunglückende Fahrer entschädigt[12]. Ohne Ansprüche bleiben nur Unfallopfer, die sich vorsätzlich selbst schädigen oder die sich an ein Fahrzeug anhängen, sowie betrunkene, ohne Führerschein fahrende oder nichtversicherte Fahrer[13].

Die Grundentschädigung wird aus einem durch das Saskatchewan Government Insurance Office verwalteten staatlichen Fonds gezahlt. Dieser Fonds wird durch Prämien aller Fahrzeugeigentümer und Fahrer finanziert, die jedes Jahr bei der Erneuerung der Fahrzeugregistrierung und der Fahrerlaubnis zu entrichten sind. Registrierungsbescheinigung und Führerschein sind zugleich Versicherungspolice.

Die für *Personen*schäden gewährte Grundentschädigung ist standardisiert und limitiert; sie erstreckt sich zudem nicht auf immaterielle Schäden (also kein Schmerzensgeld)[14].

Bei unfallbedingter völliger Arbeitsunfähigkeit werden im Normalfall wöchentlich 25 $, bei partieller Arbeitsunfähigkeit 12,50 $ gezahlt, jedoch nicht länger als insgesamt 104 Wochen. Ergeben sich Dauerschäden, so erhält das Unfallopfer zusätzlich eine Pauschalvergütung bis 4000 $. Wird das Unfallopfer tödlich verletzt, so erhält der „primary dependant“ 5000 $ und jeder „secondary

---

[10] Jetzt in der Fassung vom 28. 3. 1963 mit Änderungen vom 17. 3. 1964 (abgedruckt in Revised Statutes of Saskatchewan 1965, ch. 409). Zur Darstellung und Erläuterung der Regelung vgl. im einzelnen: Saskatchewan Government Insurance Office, Saskatchewan's Automobile Accident Insurance Act Explained, rev. ed. 1965 (im folgenden zitiert: SGIO), sowie Report to the Royal Commission on Automobile Insurance and Related Matters British Columbia, 1967 (zitiert: SGIO, Report 1967). KEETON/O'CONNELL 140 ff.; SHUMIATCHER, Can. B. Rev. 39 (1961) 107 ff.; GREGORY/KALVEN 757 ff.; PAYNE 100 ff.; GRAD 320 ff.; MALONE 254 ff.

[11] Vgl. Columbia Report 140. [12] Vgl. KEETON/O'CONNELL 134 f.

[13] Rev. Stat. Sask. 1965, ch. 409, §§ 20, 32 Ziff. 1; KEETON/O'CONNELL 140 N. 2.

[14] Siehe im einzelnen Rev. Stat. Sask. 1965, ch. 409, §§ 21 ff.; SGIO 9 ff.; KEETON/O'CONNELL 141 f.

dependant" 1000 $; jedoch dürfen die Gesamtleistungen für einen Todesfall 10 000 $ nicht überschreiten[14].

*Sach*schäden werden – abzüglich eines Betrages von 200 $ – nur vergütet, wenn sie aus der Beschädigung oder dem Verlust eines Kraftfahrzeuges oder seiner Ausrüstung resultieren. Dafür geht der Versicherungsschutz hier über die Verkehrsgefahren hinaus: der Schaden braucht nicht durch einen Verkehrsunfall verursacht zu sein. Es werden also z. B. auch Verluste ausgeglichen, die durch Feuer oder Diebstahl entstanden sind[15].

Im Gegensatz zu der Empfehlung des Columbia Report hat Saskatchewan daneben die überkommene Deliktshaftung des Schädigers beibehalten: Falls sich ein Verschulden des Fahrers nachweisen läßt, kann das Unfallopfer seinen durch die Grundentschädigung nicht gedeckten Schaden gegen den Schädiger geltend machen[16]. Dieser wird bis zu einem Betrag von 35 000 $ durch den staatlichen Versicherungsfonds entlastet[17].

Gegen die darüber hinausgehenden Haftungsrisiken kann der Fahrer sich durch eine freiwillige Haftpflichtversicherung schützen. Das Government Insurance Office bietet hierfür eine Zusatzversicherung – die sog. Package Policy – an, die Haftungsrisiken bis zu einem Gesamtbetrag von 200 000 $ abdeckt[18]. Die Zusatzversicherung kann aber auch bei einem Privatversicherer genommen werden.

Der *Saskatchewan Plan* kombiniert also eine limitierte Unfall- und Sachversicherung, die jedem Unfallopfer eine Grundentschädigung garantiert, mit einer Haftpflichtversicherung, die schuldhaft geschädigten Verkehrsopfern die Liquidation von durch die Grundentschädigung nicht gedeckten Schäden ermöglicht.

Die Regelung scheint in Saskatchewan gut zu funktionieren: Die Betriebskosten machten 1965–66 einschließlich „adjustment expenses" nur 15,2 % der Prämieneinnahmen aus und sind für die Periode Mai bis Dezember 1966 sogar auf 12 % gesunken[19]. Die Prämien sind trotz periodischer Erhöhungen immer noch erstaunlich niedrig. 1965–66 betrugen sie für Personenwagen je nach Alter und Radstand des Wagens 10 bis 60 $

---

[15] Vgl. Rev. Stat. Sask. 1965, ch. 409, §§ 33–36; KEETON/O'CONNELL 141 N. 4.

[16] Rev. Stat. Sask. 1965, ch. 409, § 77; KEETON/O'CONNELL 143.

[17] Rev. Stat. Sask. 1965, ch. 409, § 39; KEETON/O'CONNELL 141. Bei der Berechnung dieser Höchstsumme werden die als Grundentschädigung an das oder die Unfallopfer gezahlten Beträge berücksichtigt.

[18] SGIO 42.

[19] Vgl. SGIO, Report 1967, Appendix 2 i. V. S. 22.

pro Jahr[20]. Die Schäden werden sehr zügig reguliert[21]. Die Einschaltung von Rechtsanwälten ist, soweit die Grundentschädigung in Frage steht, überaus selten[22]. Nur in relativ wenigen Fällen machen Unfallopfer über die Grundentschädigung hinausgehende Schäden auf Grund der Deliktshaftung geltend[23].

IV. Polen

Eine dem *Saskatchewan Plan* in der Struktur ähnliche Regelung findet der rechtsvergleichende Betrachter zu seiner Überraschung in einem sozialistischen Lande, nämlich in der Volksrepublik *Polen*[24]. Seit dem 1. 1. 1962 besteht dort zugunsten der Opfer des Kraftverkehrs eine obligatorische Doppelversicherung: Die *Kraftfahrhaftpflicht*versicherung, welche grundsätzlich einen vollen Schadensausgleich gewährt[25], wird ergänzt durch eine *Unfall*versicherung. Diese greift ein, wenn das Unfallopfer keinen Haftpflichtanspruch hat (so bei höherer Gewalt, ausschließlichem Selbstverschulden des Verletzten, ausschließlichem Verschulden eines Dritten, Eigenunfall des Fahrers) oder wenn der Schädiger unbekannt bleibt (Fahrerflucht); jedoch ist der Versicherungsschutz ausgeschlossen für Unfälle, die der Verletzte vorsätzlich oder infolge Ausführung (auch Versuch) eines Verbrechens oder Vergehens oder beim Fahren ohne Führerschein oder bei Trunkenheit am Steuer erleidet. Vom Unfallversicherungsschutz sind ferner Ausländer ausgeschlossen. Es wird dies damit begründet, daß außerhalb Polens kein vergleichbarer Versicherungsschutz bestehe, so daß auf einen internationalen Ausgleich der Leistungen nicht zu rechnen sei[26].

---

[20] SGIO 8. Hinzu kommt eine Führerscheingebühr von drei Dollar pro Jahr. Gegenüber Fahrern mit einem schlechten „driving record" kann die Prämie erhöht werden (vgl. SGIO 9, 28; KEETON/O'CONNELL 144 N. 11).

[21] „Red tape and delays are said to be practically nonexistent, with death claims settled generally within six weeks to two months after claim. With minor injuries, claims have been settled in less than two weeks." (GRAD, Col. L. Rev. 50 [1950] 323).

[22] Nach Schätzungen des Saskatchewan Government Insurance Office erfolgt sie insoweit nur in 2 % aller Fälle (KEETON/O'CONNELL 145).

[23] 1962–63 in 775 von 5526 Fällen (KEETON/O'CONNELL 147).

[24] Vgl. zum folgenden WARKALLO, Rapporto sulla Polonia, Assicurazioni XXXIV (1967) 346–350; DOMAGALA, Die Verkehrs-Pflichtversicherung in Polen, VW 1967, 363–370; Bericht, Der Schutz des Verkehrsopfers in der Volksrepublik Polen, VW 1967, 336–337.

[25] Von der Deckung ausgenommen sind aber Schäden naher Angehöriger des Halters, Schäden an entgeltlich beförderten Sachen und Schäden, die durch den Verlust von Geld und Kostbarkeiten entstehen. Außerdem kommt die Haftpflichtversicherung ganz allgemein nicht für die ersten 300 Zloty (etwa 50 DM) eines Schadens auf.

[26] Vgl. Bericht, VW 1967, 337.

Im Gegensatz zur Haftpflichtversicherung sind die Leistungen der Unfallversicherung begrenzt: Zwar deckt sie Krankenhaus- und Pflegekosten in voller Höhe; bei Tod oder Invalidität des Unfallopfers zahlt sie aber nur relativ bescheidene Pauschalsummen[27].

Beide Versicherungen werden durch Prämien der Kraftfahrzeughalter finanziert. Getragen werden sie von zwei staatlichen Anstalten, von denen die eine für die Versicherung der Deviseninländer, die andere für die der Devisenausländer zuständig ist. Die Verwaltungskosten sind niedrig: sie liegen unter 10 % des Prämienaufkommens[28]. Laut gesetzlicher Anordnung sind 10 % der Prämieneinnahmen für Maßnahmen der Unfallverhütung aufzuwenden. Etwa 80 % der Einnahmen werden als Versicherungsleistungen ausgeschüttet[28].

V. Finnland

Neben Saskatchewan und Polen hat auch *Finnland* den Schadensausgleich bei Verkehrsunfällen in grundsätzlicher Weise neu geordnet. Durch das *Verkehrsversicherungsgesetz* vom 26. 6. 1959 ist die Haftpflichtversicherung durch eine *Verkehrsversicherung* abgelöst worden[29]. Jeder Kraftfahrzeugeigentümer hat (bei einem Privatversicherer) eine Verkehrsversicherung abzuschließen, die den Schaden deckt, der durch die Verwendung seines Fahrzeugs im Verkehr verursacht wird. Die Leistungspflicht des Versicherers setzt grundsätzlich kein Verschulden des Schädigers voraus. Verletzungen unbeaufsichtigter Tiere und immaterielle Schäden (Schmerzensgeld) werden allerdings nur vergütet, wenn den Schädiger ein Verschulden trifft[30].

Hat der Geschädigte den Verkehrsunfall mit zu verantworten, so kann der Schadenersatz reduziert und in extremen Fällen ganz versagt werden. (Personenschäden sind jedoch voll zu vergüten, falls die Beteiligung des Verletzten gering war). Schäden, die ein unter Einwirkung von Alkohol oder Rauschgiften stehender Fahrer, ein Autodieb, ein das Auto für ver-

[27] Im Todesfall einer über 14 Jahre alten Person 15 000 Zloty (etwa 2 500 DM) an die Hinterbliebenen (für Personen zwischen 7 und 14 Jahren 10 000 und für solche unter 7 Jahre 7000 Zloty), bei Invalidität je nach dem Grad der körperlichen Beeinträchtigung bis zu 30 000 Zloty (etwa 5000 DM).

[28] WARKALLO, Assicurazioni XXXIV (1967) 348.

[29] Vgl. zum folgenden den Bericht von GRÖNQUIST, Svensk Juristtidning 45 (1960) 368 f. Das Gesetz ist am 1. 1. 1960 in Kraft getreten.

[30] Immaterielle Schäden werden selbst bei einem Verschulden des Schädigers nicht ersetzt, wenn die Verletzung geringfügig ist.

brecherische Zwecke Nutzender oder bösgläubiger Passagiere erlitten haben, werden nur ersetzt, wenn „besondere Gründe" dafür vorliegen.

Personenschäden werden ohne Begrenzung, Sachschäden hingegen nur bis zu bestimmten Höchstsummen ersetzt. Bei Unfällen, die sich ohne Beteiligung eines weiteren Kraftfahrzeugs ereignen, ist zudem der Ersatz für Schäden an Sachen ausgeschlossen, die im Kraftfahrzeug transportiert werden[30a] oder die dem Fahrzeugeigentümer oder Fahrer gehören. Personenschäden des Eigentümers und des Fahrers werden hingegen auch in solchen Fällen gedeckt, falls der Versicherungsschutz insoweit nicht (auf Antrag des Eigentümers) ausgeschlossen worden ist.

Ist ein zweites Fahrzeug an dem Unfall beteiligt, so kann dessen Versicherer für Schäden, die an dem ersten Fahrzeug, an von diesem transportierten Sachen oder Personen entstehen, nur in Anspruch genommen werden, wenn der Schaden durch ein Verschulden des Schädigers, einen Verstoß gegen Verkehrsvorschriften oder einen Defekt des Fahrzeugs verursacht worden ist.

Stehen einem Verkehrsgeschädigten gegen mehrere Versicherer Ansprüche zu, so haften die Versicherer ihm als Gesamtschuldner. Im Innenverhältnis tragen sie den Schaden dann in dem Verhältnis, das im Hinblick auf die schadensverursachenden Umstände als angemessen erscheint; ist der Schaden jedoch allein durch den Defekt eines Fahrzeugs oder durch das Verschulden eines Beteiligten verursacht worden, so hat letztlich ausschließlich der Versicherer des betreffenden Fahrzeugs für den entstandenen Schaden aufzukommen.

Ist ein Fahrzeug vorschriftswidrig nicht versichert oder bleibt ungeklärt, welches Fahrzeug den Schaden verursacht hat (Fahrerflucht), so wird der Ersatz von dem Verkehrsversicherungsverein geleistet, dem alle Verkehrsversicherer angehören. Dem Besitzer und dem bösgläubigen Fahrer eines nicht versicherten Fahrzeugs stehen jedoch keine Ansprüche gegen den Verkehrsversicherungsverein zu.

Der Versicherer kann gegen den Schädiger Rückgriff nehmen, wenn dieser den Schaden vorsätzlich oder grob fahrlässig oder mit einem entwendeten Fahrzeug verursacht hat, wenn er das Fahrzeug zur Begehung einer nicht geringfügigen Straftat verwendet hat oder wenn er es infolge Trunkenheit oder Einwirkung von Rauschgiften nicht sicher führen konnte.

Wer sein Fahrzeug unversichert gelassen hat, muß der Versicherung für die jeweilige Zeitspanne maximal die vierfache Prämie nachzahlen, wenn

---

[30a] Schäden an Kleidung oder persönlichen Gebrauchsgegenständen von Fahrgästen werden aber auch in solchen Fällen ersetzt.

inzwischen ein Versicherungsfall eingetreten ist sogar die zehnfache Prämie.

Eine ähnliche Reform wie in Finnland ist durch Gesetz vom 3. 2. 1961 auch in *Norwegen* durchgeführt worden[30b].

VI. Israel

Unter den zahlreichen Staaten, in denen eine grundsätzliche Neuordnung des Schadensausgleichs bei Verkehrsunfällen erwogen wird[31], verdient *Israel* besonders erwähnt zu werden. In Israel haben nämlich die ursprünglich durch das Modell der sozialen Unfallversicherung inspirierten Reformpläne[32] ihrerseits auf das System der Workmen's Compensation zurückgewirkt: Eine im Jahre 1964 vom Justiz- und Arbeitsminister ernannte Kommission hat 1966 einen Bericht vorgelegt, in dem eine einheitliche Regelung des Schadensausgleichs für Arbeits- und Verkehrsunfälle durch eine gemeinsame Unfallversicherung befürwortet wird[33]. In diesem Zusammenhang soll einerseits die bisherige Zweispurigkeit der Entschädigungsregeln bei Arbeitsunfällen durch Abschaffung der Deliktshaftung beseitigt und sollen andererseits die Entschädigungsleistungen gegenüber Opfern von Arbeitsunfällen erhöht werden[34].

Auch in der Reformdiskussion anderer Länder wird darauf hingewiesen, eine grundsätzliche Neuordnung des Schadensausgleichs bei Verkehrsunfällen habe zu beachten, daß Opfer von Arbeitsunfällen keinen geringeren Schutz verdienten als Opfer von Verkehrsunfällen[35].

§ 10 GELTUNGSBEREICH DER VERKEHRSUNFALLVERSICHERUNG

I. Da die neue Versicherung einen möglichst umfassenden Schutz der Verkehrsopfer bezweckt, sollte sie immer eingreifen, wenn ein Kraftfahrzeug einen Verkehrsunfall verursacht. Unter „*Kraftfahrzeug*" ist hierbei jedes Landfahrzeug – einschließlich Anhänger und Ladung – zu verstehen,

---

30b Siehe ANDRESEN 253 ff.

31 Vgl. oben § 7 N. 1 bis 12.

32 Vgl. YADIN, Outline of an Automobile Compensation Plan for Israel, Am. J. Comp. L. 13 (1964) 276 ff.

33 Vgl. Report of Committee, Israel L. Rev. 1 (1966) 636 (649 ff.).

34 Report, Israel L. Rev. 1 (1966) 649.

35 Vgl. Note, Absolute Liability – Report of Committee, New Zealand U. L. Rev. 1 (1963) 151 f.; HARRIS 478.

das durch mechanische Kraft bewegt wird, ohne an Bahngeleise gebunden zu sein[1].

II. Entgegen der jetzigen Regelung mancher Rechte sollten Fahrzeuge mit einer niedrigen Höchstgeschwindigkeit nicht ausgeschlossen werden[2]. Denn auch von solchen Fahrzeugen gehen Gefahren aus. Es genügt ein Blick auf die zahlreichen Entscheidungen der *deutschen* Judikatur bezüglich stehender Fahrzeuge, um sich hiervon zu überzeugen[3]. Der *Schweizer* Gesetzgeber hat deshalb die früheren Ausschlüsse langsamer Fahrzeuge im Jahre 1958 zu Recht beseitigt[4].

Ebensowenig sollten Fahrzeuge ausgeschlossen werden, die nicht zum Verkehr auf öffentlichen Straßen bestimmt sind, sondern nur dem internen Verkehr auf dem Areal eines Fabrik- oder Werksbetriebes dienen[5].

Entgegen der bisher in den nationalen Rechten vorherrschenden Tendenz[6] sollten auch auf Straßen fahrende Schienenfahrzeuge nicht ausgeschlossen werden[7]. Zwar mag es zutreffen, daß die Gefährlichkeit solcher Fahrzeuge durch die Fixierung ihrer Fahrbahn im Vergleich zu sonstigen Fahrzeugen verringert wird[8]. Aber eine möglicherweise bestehende Gefährlichkeitsdifferenz ist jedenfalls nicht groß genug, um einen Ausschluß der Schienenfahrzeuge zu rechtfertigen. Im deutschen Recht werden denn auch bereits heute Schienenfahrzeuge, soweit sie innerhalb des Verkehrsraumes einer öffentlichen Straße verkehren, bezüglich verursachter *Sach*schäden nicht anders behandelt als Kraftfahrzeuge[9]; daß die Gleichstellung nicht auch für *Personen*schäden gilt, beruht auf historischen Zufälligkeiten.

Bei *Personen*schäden, die durch am allgemeinen Verkehr teilnehmende Straßenbahnen verursacht werden, greift nämlich das Reichshaftpflichtgesetz ein. Der

[1] In diesem Sinne z. B. § 1 II des *deutschen* StVG, § 2 II des *österreichischen* EKHG (Veit 49), Art. 7 I des *schweizerischen* SVG (Oftinger II/2 S. 463) sowie der Entwurf des römischen Instituts, Avant-Projets (1940) 19; vgl. auch Tunc 69.

[2] Vgl. Avant-Projets 33.

[3] Vgl. die Nachweise bei Floegel/Hartung § 7 StVG Rdz. 4 ff.

[4] Vgl. Oftinger II/2 S. 463 mit N. 72, S. 465 mit N. 80. Hingegen sieht der deutsche Referentenentwurf insoweit einstweilen keine Änderung vor (vgl. Referentenentwurf II 214).

[5] Vgl. hierzu Oftinger II/2 S. 466 f.

[6] Vgl. Avant-Projets 33.

[7] Anders allerdings der Entwurf des römischen Instituts (vgl. nächste Anm.) und offenbar auch Tunc, der nur von „véhicule à moteur" spricht (Tunc 69).

[8] Mit dieser Begründung hält der Entwurf des römischen Instituts (Avant-Projets 33) am Ausschluß der Schienenfahrzeuge fest.

[9] Vgl. § 2 des Gesetzes über die Haftpflicht der Eisenbahnen und Straßenbahnen für Sachschäden vom 29. 4. 1940 (RGBl. I 691) i. d. F. des Gesetzes vom 16. 7. 1957 (BGBl. I 710). Der deutsche Referentenentwurf sieht insoweit keine Änderung vor (vgl. Referentenentwurf I 10 i. V. mit II 166).

Referentenentwurf will an dem überkommenen Rechtszustand festhalten mit der wenig überzeugenden Begründung, die unterschiedliche Behandlung von Personen- und Sachschäden habe „bisher nicht zu Schwierigkeiten geführt.“ [10]

III. Entgegen der bisher vorherrschenden Tendenz sollte man den Geltungsbereich der Sonderregelung auch weder durch ein restriktives räumliches noch durch ein restriktives sachliches Kriterium beschränken. Die sich in vielen Rechten findende Beschränkung auf Fälle, in denen das Fahrzeug auf *öffentlichen Straßen (Wegen)* verkehrt [11], sollte deshalb aufgegeben werden. Der Entwicklungstrend geht ohnehin in diese Richtung. So hat der BGH trotz der Vorschrift des § 1 I StVG das Straßenverkehrsgesetz auch dann für anwendbar erklärt, wenn ein Kraftfahrzeug nicht auf öffentlichen Wegen oder Plätzen, sondern auf privatem Gelände in Betrieb gesetzt wird [12]. Ebenso haben der *österreichische* OGH [13] und das *Schweizer* BG [14] entschieden.

Demgegenüber erscheint es antiquiert, wenn nach dem *holländischen* Entwurf die Kraftfahrhaftung auf Fälle beschränkt bleiben soll, in denen ein Fahrzeug auf einem dem öffentlichen Verkehr offenstehenden Weg verkehrt [15].

Desgleichen sollte man auf die restriktive Formel verzichten, daß der Schaden bei dem *„Betrieb“* [16] des Kraftfahrzeugs entstanden sein muß. Zwar hat die *deutsche* und *österreichische* Judikatur dem Begriff „Betrieb“ durch eine sehr weitherzige Auslegung seine beschränkende Wirkung praktisch genommen. Nach der von ihr vertretenen „verkehrstechnischen“ Auffassung befindet sich das Fahrzeug in „Betrieb“ von Beginn der Fahrt (Ingangsetzen des Motors) bis zu ihrem Abschluß oder bis zu einer längeren Unterbrechung [17]. Eine vorübergehende Unterbrechung der Fahrt führt also nicht zu einer Beendigung des Betriebs [18]. Nach neueren deutschen Ent-

---

[10] Referentenentwurf II 166.

[11] Vgl. Avant-Projets 32. Der Entwurf des römischen Instituts folgt dieser Tendenz, wenn er den Anwendungsbereich der Kraftfahrhaftung auf Fahrzeuge beschränkt, die „auf der Öffentlichkeit zugänglichen Wegen oder Plätzen“ (sur des voies ou terrains ouverts au public) verkehren (vgl. Avant-Projets 19, 32).

[12] Vgl. BGHZ 5, 318 (320); BGH 5. 4. 1960, VersR 1960, 635; FÜCHSEL, DAR 1967, 145 (147).

[13] Vgl. die Nachweise bei VEIT S. 14 N. 4.

[14] Vgl. BG 8. 2. 1952, BGE 77 II 58 (62 f.); OFTINGER II 466 N. 86.

[15] Vgl. Ontwerp Art. 14 I mit Erläuterungen S. 694.

[16] Vgl. z. B. § 7 StVG und § 1 EKHG.

[17] Vgl. für *Deutschland* die Nachweise bei FLOEGEL/HARTUNG § 7 StVG Rdz. 4, für *Österreich* die Nachweise bei VEIT 29 ff.

[18] Vgl. OGH 8. 9. 1954, VRS 8, 235. Nach einem Urteil des LG Konstanz vom 27. 5. 1966 (NJW 1967, 734) ist ein auf einem öffentlichen Parkplatz für die Dauer

scheidungen ist ein Fahrzeug selbst dann noch in „Betrieb", wenn es wegen eines Defekts oder Brennstoffmangels auf der Straße liegen bleibt; auf die Dauer der Bewegungsunfähigkeit soll es hierbei nicht ankommen [19].

Nach der von der *Schweizer* Rechtsprechung vertretenen „maschinentechnischen" Auffassung ist ein Schaden hingegen nur dann durch den „Betrieb" eines Kraftfahrzeugs entstanden, wenn er auf den Gebrauch der maschinellen Einrichtungen (Motor, Scheinwerfer usw.) zurückgeht [20]; von hier aus wird z. B. ein zu Kontrollzwecken vorübergehend angehaltenes Fahrzeug als nicht in „Betrieb" angesehen [21]. Allerdings hat der Schweizer Gesetzgeber, der die Rechtsprechung als zu engherzig empfand, durch das SVG vom 19. 12. 1958 die Haftung des Halters auch für Verkehrsunfälle verschärft, die durch ein *nicht in Betrieb befindliches* Fahrzeug verursacht werden: Der Halter haftet hier nicht nur, wenn ihn oder Personen, für die er verantwortlich ist, ein Verschulden trifft, sondern auch dann, wenn der Geschädigte beweist, daß eine fehlerhafte Beschaffenheit des Kraftfahrzeugs beim Unfall mitgewirkt hat [22]. Doch verstärkt diese Vorschrift den Schutz der Verkehrsopfer nur unwesentlich [23].

Da der Begriff „Betrieb" in den verschiedenen Rechten nicht einheitlich verstanden wird und zu Abgrenzungsschwierigkeiten geführt hat, sollte man diesen Begriff nicht länger beibehalten. Es liegt dies um so näher, als der Begriff seine restriktive Funktion im deutschen und österreichischen Recht bereits verloren hat. Die neue Regelung sollte – wie dies schon bei den Schweizer Reformarbeiten erwogen worden ist [24] – immer eingreifen, wenn ein Kraftfahrzeug einen Verkehrsunfall verursacht. Für diese Lösung hat sich – ohne nähere Erläuterungen – auch TUNC entschieden [25].

---

weniger Stunden abgestellter PKW noch „in Betrieb". Weitere Nachweise bei FLOEGEL/HARTUNG § 7 StVG Rdz. 5.

[19] Vgl. BGH 9. 1. 1959, BGHZ 29, 163 = NJW 1959, 627 = VersR 1959, 157; BGH 19. 9. 1960, VersR 1960, 1140 (m. Anm. von BÖHMER in VersR 1961, 322); BGH 20. 12. 1962, VersR 1963, 383.

[20] Vgl. BG 14. 1. 1956, BGE 82 II 43 (46 f.): keine Kraftfahrzeughaftung, wenn aus der Kiesladung eines Lastwagens getropftes und auf der Straße gefrorenes Wasser zum Sturz eines Motorradfahrers führt. Andererseits hat das Bundesgericht die Kraftfahrzeughaftung jedoch bejaht für den Fall, daß ein auf die Straße gefallener Teil des Anhängers den Sturz eines Motorradfahrers verursacht (BG 20. 12. 1955, BGE 81 II 554). Vgl. OFTINGER II/2 S. 532 ff. (mit N. 389), der sich gegen eine zu enge Fassung des Betriebsbegriffs ausspricht (aaO S. 534; vgl. auch S. 530).

[21] Vgl. BG 12. 7. 1952, BGE 78 II 161 (163 f.).

[22] Vgl. Art. 58 II SVG und hierzu OFTINGER II/2 S. 529 f., 545 ff.

[23] Vgl. OFTINGER II/2 S. 550.

[24] Vgl. OFTINGER II/2 S. 529.

[25] Vgl. TUNC 69.

§ 11 RISIKOAUSSCHLÜSSE

Nachdem so der grundsätzliche Geltungsbereich der Verkehrsunfallversicherung umrissen ist, stellt sich die Frage, ob und gegebenenfalls in welchen Fällen Ansprüche von Geschädigten ausgeschlossen werden sollen.

Wie bereits dargelegt, bleiben Verkehrsopfer nach den überkommenen Regeln fast aller Rechte in einer Reihe von Fällen ohne Ersatzanspruch [1]. Die Einschränkungen, welche die kontinentalen Rechte und stärker noch das Common Law bei der Entschädigung von Verkehrsopfern machen, sind jedoch nicht mehr zeitgemäß. Sie beruhen auf der überholten Vorstellung, es gehe beim Schadensausgleich für Verkehrsunfälle um eine Schadensverteilung zwischen Individuen. Da die Schadensverteilung zwischen Individuen aber durch eine kollektive Risikoverteilung verdrängt worden ist [1a], haben die meisten überkommenen Einschränkungen ihren Sinn verloren.

1. Dies gilt insbesondere für den Ausschluß der Kraftfahrhaftung bei Vorliegen eines *„unabwendbaren Ereignisses"*: Das Unfallrisiko gehört auch dann in die Sphäre der Kraftfahrzeughalter, wenn der Unfall durch einen unerwarteten Zustand der Fahrbahn (Eisbildung, Ölflecken), das Platzen eines von einem Nagel zerstörten Reifens, das Hochschleudern eines Steins oder das überraschende Verhalten von Tieren oder Menschen verursacht wird. Da die Halter die Vorteile des Kraftfahrzeugbetriebes nutzen wollen, müssen sie auch die erfahrungsgemäß damit verbundenen typischen Gefahren und Nachteile in Kauf nehmen [2]. Es handelt sich hier um einen Anwendungsfall des in vielen Bereichen bereits international anerkannten und sich zunehmend durchsetzenden Gedankens der Gefährdungshaftung („enterprise liability") [3]. Dieser Gedanke hat manche Staa-

---

[1] Vgl. § 1. [1a] Vgl. oben S. 46 f.

[2] Vgl. etwa COHEN 186; KEETON/O'CONNELL 257 ff.; TUNC 14, 31; DERS., Harv. L. Rev. 79 (1966) 1420 f. Es geht deshalb am eigentlichen Problem vorbei, wenn BLUM/KALVEN (S. 57 ff., 61) eine strikte Haftung des Halters ablehnen mit der Begründung, die Verkehrsunfälle seien ebensosehr eine Folge des Kraftfahrzeug- wie des Fußgängerverkehrs.

[3] Vgl. allgemein hierzu ESSER, Grundlagen und Entwicklung der Gefährdungshaftung (1941); EHRENZWEIG, Negligence Without Fault, Trends Towards an Enterprise Liability for Insurable Loss (1951), erneut abgedruckt in Calif. L. Rev. 54 (1966) 1422 ff.; RINCK, Gefährdungshaftung (1959); STRAHL 201 ff.; PIRET, La responsabilité sans faute, Rapports généraux au Ve Congrès international de droit comparé, Bruxelles, 4–9 août 1958 (1960) 241–266; ZWEIGERT/KÖTZ, Die Haftung für gefährliche Anlagen in den EWG-

ten bereits dazu veranlaßt, zur vollen objektiven Einstandspflicht der Kraftfahrzeughalter überzugehen[4], und erklärt einen entsprechenden Trend in zahlreichen weiteren Ländern[5]. Es erscheint nun an der Zeit, hieraus allgemein und endgültig die Konsequenzen zu ziehen. Unfallopfer sollten künftig also auch bei Vorliegen eines „unabwendbaren Ereignisses" entschädigt werden. (Allerdings wird noch zu prüfen sein, ob und gegebenenfalls inwieweit ein Selbstverschulden des Verletzten zu seinen Lasten zu berücksichtigen ist)[6]. Eine solche Lösung hat zugleich auch den praktischen Vorteil, daß die häufig umstrittene und schwer zu klärende Schuldfrage ihre Bedeutung verliert; die Abwicklung von Schadensfällen wird dadurch wesentlich vereinfacht, beschleunigt und verbilligt.

2. Auch die sich in vielen Rechten findenden Haftungsausschüsse oder -beschränkungen gegenüber Verwandten, Ehegatten oder aus Gefälligkeit mitgenommenen Fahrgästen haben ihre Berechtigung verloren. In Zukunft sind also auch diesen Personen Ansprüche zuzubilligen.

3. Schließlich darf es für die Frage der Entschädigung eines Verkehrsopfers nun keinen Unterschied mehr machen, ob es durch einen berechtigten oder einen nichtberechtigten, durch einen versicherten oder nichtversicherten, durch einen zu ermittelnden oder nicht zu ermittelnden Fahrer geschädigt worden ist. Die meisten modernen Staaten haben sich schon im Rahmen des überkommenen Systems darum bemüht, eine unterschiedliche Behandlung der Verkehrsopfer in solchen Fällen zu vermeiden[7].

Haben somit die meisten überkommenen Einschränkungen ihren Sinn verloren, so bleiben doch Fälle übrig, in denen ein Unfallopfer wegen seines mißbilligenswerten Verhaltens auch in Zukunft nicht oder doch nicht voll schutzwürdig erscheint. Diese Fälle sind im folgenden gesondert zu betrachten.

§ 12 SELBSTVERSCHULDEN DES VERLETZTEN

I. Daß ein Unfallopfer bei *vorsätzlicher* Selbstschädigung keinen Schutz verdient, versteht sich von selbst[1]. Aber auch wer einen Unfall infolge der Ausführung oder des Versuchs von Verbrechen oder Vergehen erleidet

Ländern, sowie in England und den Vereinigten Staaten von Amerika (1966); Referentenentwurf (1967) II 1 ff.

[4] Vgl. oben § 9. [5] Vgl. oben § 7 I. [6] Vgl. hierzu unten § 12.

[7] Vgl. oben § 2, Text zu N. 25 und zu N. 45.

[1] In allen Rechten ist der Versicherungsschutz des vorsätzlichen Selbstschädigers ausgeschlossen: vgl. PINKERNELLE, Die Herbeiführung des Versicherungsfalls (1966) 91 f.

(z. B. verunglückt ein von der Polizei gejagter Bankräuber), ist nicht schutzwürdig[2]. Keinen Schutz verdienen ferner betrunkene und unter der Einwirkung von Rauschgiften stehende Fahrer[3], Fahrer ohne Führerschein[4], bösgläubige Fahrer eines nichtversicherten[5] oder eines gestohlenen[6] Kraftfahrzeugs, bösgläubige Fahrgäste eines gestohlenen Fahrzeugs[7] und Personen, die ein Fahrzeug einem nicht fahrberechtigten oder fahrtüchtigen Fahrer überlassen haben. Allen diesen Personen gegenüber sollte der Versicherungsschutz deshalb ausgeschlossen werden, wie dies in den bisher durchgeführten Reformregelungen bereits weithin geschehen ist[8].

Auch den Erben und den Angehörigen des Unfallopfers sind insoweit Ansprüche zu versagen. Im Falle einer *vorsätzlichen* Selbstschädigung ist das schon deshalb geboten, weil es der Versicherte sonst in der Hand hätte, seinen Angehörigen eine Rente zu verschaffen. Bezüglich dieses Falles ist man sich denn auch international einig[9]. In den sonstigen genannten Fällen besteht jedoch offenbar die Tendenz, die Angehörigen des Unfallopfers weitergehend zu schützen als das Unfallopfer selbst. So billigt der *Saskatchewan Plan*, obwohl er den Versicherungsschutz gegenüber betrunkenen Fahrern und Fahrern ohne Führerschein ausschließt, doch deren Angehörigen im Todesfall die übliche Entschädigung (death benefits) zu[10]. Im gleichen Sinne will offenbar auch TUNC, der bösgläubigen Fahrern und Passagieren eines gestohlenen Fahrzeugs jeden Schutz versagt,

---

[2] Bei uns schließt § 17 III a AKB den Versicherungsschutz in diesen Fällen deshalb zu Recht aus (vgl. STIEFEL/WUSSOW, § 17 AKB, Bem. 6 ff.). Richtig auch die *polnische* Regelung (oben § 9 IV).

[3] Vgl. die Regelungen in *Saskatchewan, Polen* und *Finnland* (oben § 9 III–V). Bei uns ist der Unfallversicherungsschutz hier durch § 17 III a AKB ausgeschlossen (vgl. STIEFEL/WUSSOW § 17 AKB, Bem. 6 f.) Zur unheilvollen Rolle des Alkohols im Straßenverkehr siehe „Alkohol-Verkehrssicherheit" (1966), hrsg. vom Bund gegen Alkohol im Straßenverkehr; HERBICH/STRADAL, Alkohol und Verkehrsunfall, ZVR 1968, 1 ff.

[4] Vgl. *Saskatchewan* und *Polen* (oben § 9 III, IV). Die *polnische* Regelung macht hier aber zu Recht eine Ausnahme für Fälle, in denen es sich um Rettung eines Lebens oder Sachvermögens oder um Verfolgung eines Verbrechens handelt (vgl. DOMAGALA, VW 1967, 368). Für unser Recht vgl. § 2 II c AKB.

[5] Vgl. *Saskatchewan* (oben § 9 III) und *Finnland* (oben § 9 V).

[6] Vgl. *Polen* und *Finnland* (oben § 9 IV, V). Für unser Recht vgl. § 2 II b AKB.

[7] Vgl. *Finnland* (oben § 9 V). In *Frankreich* sind nach Art. 3 b des Dekrets vom 30. 6. 1952 Ansprüche gegen den Fonds de Garantie bei Diebstahl eines Fahrzeugs ausgeschlossen, bezüglich „... les complices et, d'une manière générale, toutes les personnes transportées, si elles ne peuvent justifier de leur bonne foi ..." (vgl. DURRY, Rev. trim. dr. civ. 1967, 401). Dieselbe Beweislast trifft auch die Rechtsnachfolger des Verletzten (vgl. Cour de Cassation 20. 7. 1966, VersRAI. 1967, 116 Nr. 1169).

[8] Siehe Anm. 3 bis 7. Weniger weit geht TUNC, der einen generellen Ausschluß außer bei vorsätzlicher Selbstschädigung nur gegenüber bösgläubigen Fahrern und Passagieren eines gestohlenen Fahrzeugs befürwortet (TUNC 71 Artt. 10, 12).

[9] Vgl. Rev. Stat. Sask. 1965, ch. 409 § 20; TUNC 71 Art. 10.

[10] Vgl. SGIO 7, 9.

doch deren Hinterbliebene nicht ohne Ansprüche lassen[11]. Obwohl ein solcher „Familienschutz" sympathisch berühren mag, läßt er sich m. E. nicht rechtfertigen. Denn es ist ja nicht allein der – die Angehörigen nicht treffende – Vorwurf eines Fehlverhaltens, der den Ausschluß von Ansprüchen in den genannten Fällen rechtfertigt, sondern auch das in der Regel aus dem Fehlverhalten des Verletzten (z. B. einer Trunkenheitsfahrt) resultierende erhöhte Unfallrisiko. Im übrigen erscheint es willkürlich, den Schutz der Angehörigen davon abhängig zu machen, ob das Unfallopfer überlebt[12] oder nicht.

II. In sonstigen Fällen eines Eigenverschuldens ist es hingegen grundsätzlich nicht angemessen, Unfallopfern jede Entschädigung zu versagen. Immerhin fragt es sich aber, ob ein Eigenverschulden nicht weiterhin wenigstens partiell zu Lasten des Verletzten gehen, nämlich seinen Ersatzanspruch mindern sollte, wie dies gegenwärtig in fast allen Rechten der Fall ist[13]. Während diese Frage bei uns in *Deutschland* offenbar fast allgemein bejaht wird[14], treten in einer wachsenden Zahl ausländischer Staaten prominente Juristen dafür ein, ein Selbstverschulden grundsätzlich nicht zu Lasten des Verletzten zu berücksichtigen[15]. In *Saskatchewan* und *Polen* hat der Gesetzgeber sich bereits dazu entschlossen, die (limitierten) Leistungen der Unfallversicherung – außer in den zuvor genannten Sonderfällen – ohne Rücksicht auf ein Verschulden des Unfallopfers zu gewähren[16]. Und in *Finnland* ist die selbstschädigende Wirkung des Eigenverschuldens durch das Verkehrssicherungsgesetz wenigstens abgemildert worden[17].

Dieser Entwicklungstendenz liegt eine richtige Wertung zugrunde. Zwar ist es ein allgemeiner Rechtsgedanke, daß – ebenso wie der Schädiger – auch der Verletzte die Folgen seines Verschuldens zu tragen hat[18]. Jedoch liegen bei den Verkehrsunfällen genügend Gründe vor, um diesen Gedanken abzumildern: Im modernen Verkehr mit seinen vielfältigen

---

[11] Vgl. Tunc 71 Art. 12.

[12] Dann keine Leistungen an das Opfer, folglich auch kein Schutz der – von ihm abhängigen – Angehörigen.

[13] Vgl. die Nachweise oben § 1 N. 102; für das *deutsche* Recht vgl. oben § 1 N. 71, für das französische Recht § 1 N. 97.

[14] Vgl. Esser, Grundlagen und Entwicklung der Gefährdungshaftung (1941) 116 f.; Münzel, NJW 1963, 1579 (1581); Hohenester, NJW 1964, 84; Hauss, ZVersWiss. 1967, 151 (164 f.); oben § 1 N. 71. – Anderer Ansicht allerdings Koenigs (oben § 9 I).

[15] Vgl. für die *USA:* Cohen 187 ff., Keeton/O'Connell 276 f.; für *England:* Gray 137 f.; für *Frankreich:* Tunc 31 ff., 41, 55, Harv. L. Rev. 79 (1966) 1421 ff. und Dr. soc. 1967, 71 (76); für *Schweden:* Strahl 221 ff., Hellner 148; für *Israel:* Yadin 284.

[16] Vgl. oben § 9 III, IV. [17] Vgl. oben § 9 V.

[18] Vgl. Wilburg, Die Elemente des Schadensrechts (1941) 57.

Anforderungen sind Fehlleistungen auch für den Sorgsamen nicht schlechthin zu vermeiden. Der Verschuldensbegriff beginnt sich hier zu verflüchtigen und seinen eigentlichen Gehalt zu verlieren[19]. Man sollte deshalb – ähnlich wie bei Arbeitsunfällen[20] – Ansprüche des Geschädigten grundsätzlich nur dann kürzen, wenn dem Unfallopfer bezüglich des Unfalls ein extremes, unverzeihliches Eigenverschulden (faute inexcusable) zur Last fällt[21]. Eine solche Regelung hat zugleich den praktischen Vorteil, daß die häufig umstrittene und schwer zu klärende Frage eines Mitverschuldens regelmäßig auf sich beruhen kann.

Allerdings gibt es gewisse Fälle, in denen man auf das extrem restriktive Kriterium eines unverzeihlichen Verschuldens verzichten sollte: es handelt sich um die Fälle, in denen der Versicherte rechtswidrig und schuldhaft eine Zusatzgefahr schafft, die das Risiko erhöht (z. B. Betrieb eines nicht verkehrssicheren Fahrzeugs – insbesondere eines solchen mit abgefahrenen Reifen –, Überladung eines Fahrzeugs, Fahren bei Dauerübermüdung, Fahrt eines Kurzsichtigen ohne Brille)[22]. In diesen Fällen ist das Risiko des Versicherers so ungewöhnlich, daß eine Anspruchskürzung grundsätzlich auch dann angemessen erscheint, wenn den Verletzten kein unverzeihliches Eigenverschulden trifft; freilich sollte man von einer Anspruchskürzung absehen, wenn die Zusatzgefahr für den Unfall nicht kausal geworden ist oder der Versicherte das erhöhte Risiko nach Treu und Glauben als mitversichert ansehen konnte. So wird es dem Versicherten z. B. regelmäßig nicht schaden, wenn er nach Entdeckung eines Defekts eine angefangene Fahrt zu Ende führt oder alsbald mit seinem nicht betriebssicheren Fahrzeug zu einer Reparaturwerkstatt fährt.

Die Frage, ob die Voraussetzungen für eine Anspruchskürzung wegen eines unverzeihlichen Verschuldens oder eines anormalen Risikos vorliegen, wird im Einzelfall nicht immer leicht zu beantworten sein. Um klare Verhältnisse zu schaffen und zu verhindern, daß der Rationalisierungseffekt der Reform durch Streitigkeiten über das Vorliegen eines unverzeihlichen Verschuldens oder eines anormalen Risikos beeinträchtigt wird, empfiehlt es sich, die Anspruchskürzung von einer strafrechtlichen Verur-

---

[19] Vgl. TUNC, Sécurité routière (1966) 32 ff. sowie Harv. L. Rev. 79 (1966) 1421 ff., der weitere Argumente anführt.

[20] Vgl. oben § 8 II 2.

[21] Vgl. TUNC 55; allerdings geht Tunc zu weit, wenn er Unfallopfern, die keine Kraftfahrer sind, Ansprüche auch bei einem schweren Selbstverschulden („faute inexcusable") belassen will (S. 55 N. 134 bis).

[22] Die Sonderproblematik dieser Fälle ist bisher insbesondere in der Haftpflichtversicherung hervorgetreten: vgl. EIKE VON HIPPEL, NJW 1966, 129 ff.

teilung des Verletzten abhängig zu machen und die Entscheidung über das Vorliegen eines unverzeihlichen Verschuldens oder eines anormalen Risikos sowie über das Ausmaß der Anspruchskürzung hierbei dem Strafrichter zu überlassen.

Falls man davor zurückscheut, dem Strafrichter die Entscheidung über das Ausmaß der Anspruchskürzung im Einzelfall anzuvertrauen, so könnte man anordnen, daß dann, wenn der Strafrichter ein unverzeihliches Eigenverschulden oder ein anormales Risiko festgestellt hat, das Unfallopfer den erlittenen Schaden stets bis zu einem bestimmten Betrag (z. B. bis zu 5000 DM) selber zu tragen hat.

In diese Richtung weist bereits ein Vorschlag von TUNC: Nach seinem Reformentwurf („*Projet Tunc*") soll ein Strafgericht, wenn es jemanden wegen seiner Beteiligung an einem Verkehrsunfall zu einer Gefängnisstrafe von mindestens 15 Tagen verurteilt hat, unter Berücksichtigung aller Umstände des Falles – einschließlich der Unterhaltsverpflichtungen des Verurteilten – darüber befinden, ob und inwieweit eine Anspruchskürzung angebracht ist[23].

Obwohl die Einschaltung des Strafrichters ein brauchbarer Gedanke ist, kann der Vorschlag von TUNC nicht ohne weiteres akzeptiert werden. Vielmehr sind in mehrfacher Hinsicht Modifikationen erforderlich: Die Fixierung einer Mindeststrafe erscheint zwar auf den ersten Blick bestechend, erweist sich jedoch bei näherer Betrachtung als problematisch. Sie hat nämlich nur die Fälle eines unverzeihlichen Eigenverschuldens im Auge, nicht hingegen die Fälle eines anormalen Risikos, in denen das Verschulden des Verletzten (und folglich seine Strafe) gering sein kann[24]. Und selbst bezüglich der ersten Fallgruppe (unverzeihliches Eigenverschulden) kann das Erfordernis einer Mindesstrafe zu sachwidrigen Ergebnissen führen, wenn die Strafe im Hinblick auf die von dem Täter erlittenen Verletzungen so milde ausfällt, daß sie unter der Mindestgrenze bleibt (Beispiel: ein betrunkener Fußgänger ist in ein Auto gelaufen und dabei schwer verletzt worden).

Man sollte deshalb auf das Erfordernis einer Mindeststrafe verzichten und stattdessen die Fallgruppen (Fälle eines unverzeihlichen Verschuldens und Fälle eines anormalen Risikos) bezeichnen, in denen eine Anspruchskürzung angemessen erscheint.

---

[23] TUNC 55, 71 Art. 13.

[24] Man denke z. B. an den Fall, daß jemand mangels hinreichender Kontrolle seines Fahrzeugs nicht entdeckt hat, daß ein Reifen abgefahren oder schadhaft geworden ist. TUNC hat den Sondercharakter dieser Fälle offenbar nicht erkannt. Jedenfalls hat er für sie keine besondere Kategorie gebildet.

Da die Anspruchskürzung nicht nur eine Abschreckungs- und Erziehungsfunktion hat – TUNC sieht sie zu einseitig unter diesem Gesichtspunkt – sondern auch eine gerechte Risikoverteilung bezweckt, sollten außerdem die wirtschaftlichen Verhältnisse des Verletzten und seine Unterhaltsverpflichtungen allenfalls in Härtefällen berücksichtigt werden.

Im übrigen ist dafür zu sorgen, daß in Fällen, in denen ein strafbares Unfallopfer infolge besonderer Umstände (Tod, Amnestie, Verjährung der Straftat) unbestraft bleibt, gleichwohl eine Anspruchskürzung erfolgen kann. Es bestehen keine Bedenken dagegen, in diesen Fällen ein Verfahren vor den Zivilgerichten zuzulassen.

Ebenso wie in der sozialen Unfallversicherung muß man schließlich dagegen Vorsorge treffen, daß Unfallopfer den entstandenen Schaden willkürlich vergrößern. Entsprechend der Vorschrift des § 624 RVO sollte deshalb bestimmt werden, daß einem Verletzten, der sich ohne triftigen Grund einer zumutbaren Maßnahme der Heilbehandlung, der Berufshilfe, einer Nachuntersuchung oder Beobachtung entzieht, die Leistungen nach vorherigem schriftlichem Hinweis hierauf ganz oder teilweise versagt werden können.

III. Wer die selbstschädigende Wirkung eines Eigenverschuldens abbauen will, sieht sich unweigerlich mit dem Einwand konfrontiert, er prämiere den Leichtsinn und fördere Nachlässigkeiten[25]. Dieser Einwand hat jedoch wenig Gewicht: Der Abschreckungseffekt einer drohenden Anspruchskürzung ist regelmäßig geringer als der einer drohenden Gefahr für Leib und Leben. Außerdem spricht nichts dafür, daß der grundsätzliche Verzicht auf eine Anspruchskürzung bei Opfern von Arbeitsunfällen zu einer Sorgfaltsminderung geführt hat[26].

Gewichtiger ist der Einwand, es sei unbillig, das Risiko für durch nichtmotorisierte Schädiger (mit)verschuldete Schäden praktisch stets allein den motorisierten Verkehrsteilnehmern aufzubürden. Hält man diesen Einwand für beachtlich, so könnte man ihm dadurch Rechnung tragen, daß man die sich aus der hier befürworteten Regelung ergebende Zusatzbelastung der motorisierten Verkehrsteilnehmer durch einen Zuschuß aus öffentlichen Mitteln zum Prämienaufkommen aufhebt oder doch verringert. Auf diesen Punkt wird noch näher einzugehen sein[27].

---

[25] In diesem Sinne z. B. DROUILLAT, Dr. soc. 1967, 90 (91).

[26] Vgl. COHEN, UCLA L. Rev. 12 (1964/65) 164 (187).

[27] Siehe unten § 21 II.

§ 13 EIN- ODER ZWEISPURIGKEIT DES ENTSCHÄDIGUNGSRECHTS?

I. In manchen Staaten ist die überkommene Kraftfahrzeughaftung durch Höchstsummen begrenzt. Dies trifft – im Gegensatz zur *Schweiz*[1] und zu *Frankreich*[2] – z. B. für *Deutschland*[3] und *Österreich*[4] zu, deren Kraftfahrhaftpflichtregeln außerdem keinen Anspruch auf Schmerzensgeld gewähren[5].

In *Deutschland* war die Einführung einer Haftungshöchstgrenze bei der Schaffung des KFG sehr umkämpft. Schließlich wurde sie Gesetz mit der Begründung, es werde dem Kraftfahrer sonst schwer fallen, sich gegen seine Haftpflicht zu versichern[6]. Daß dieses Argument nicht stichhaltig ist, zeigt das Beispiel von Staaten, die eine Haftpflichtversicherung mit unbeschränkter Deckungspflicht vorschreiben, wie dies etwa *England*[7], *Neuseeland*[8] und manche Teilstaaten *Australiens*[9] tun. Da katastrophale Schäden im Kraftverkehr relativ selten sind[10] und folglich der teure Teil einer Haftpflichtversicherung die Deckung am „Boden", nicht die an der „Spitze" ist[10a], hat die Preisgabe der Limitierung keine übermäßige Kostensteigerung zur Folge[10b]. Die deutschen Haftpflichtversicherer haben sich denn auch bereitgefunden, bei Auslandsfahrten eines von ihnen versicherten Fahrers eine im Besuchsland geltende Pflicht unbeschränkter Deckung zu akzeptieren[11].

Einen Anspruch auf Ersatz des die Höchstgrenzen übersteigenden Schadens und auf Schmerzensgeld kann ein Verkehrsopfer in *Deutschland* und *Österreich* nur dann geltend machen, wenn ihm der Halter oder Fahrer nach den allgemeinen Regeln des Deliktsrechts haftet[12].

II. Diese Zweispurigkeit des Entschädigungsrechts ist unbefriedigend. Sie sollte zugunsten einer einheitlichen Regelung aufgegeben werden, die stets gilt, mag den Schädiger nun ein Verschulden treffen oder nicht. Eine

---

[1] Vgl. Bosonnet 54 f.

[2] Vgl. Schneider 29.

[3] Vgl. § 12 StVG.

[4] Vgl. §§ 15, 16 EKHG.

[5] Der deutsche Referentenentwurf (1967 II 219) will allerdings den bisher auf die Verschuldenshaftung beschränkten Schmerzensgeldanspruch (§ 847 BGB) generell auf die Kraftfahrzeughaftung ausdehnen.

[6] Vgl. RG 20. 12. 1915, RGZ 87, 402 (406); Sieg ZHR 113 (1950) 95 (98).

[7] Vgl. Street (in Conard u. a.) 421; Bott 32.

[8] Vgl. Castles 257 f.

[9] Vgl. Castles 263, 267, 272.

[10] Siehe Conard, U. Ill. L. Forum 1967, 440 ff.

[10a] Vgl. Hellner 156.

[10b] Vgl. Grob 240.

[11] Vgl. VW 1966, 532.

[12] Vgl. § 16 StVG i. V. §§ 823 ff. BGB; § 19 EKHG.

solche einheitliche Regelung empfiehlt sich nicht nur aus praktischen Gründen, sondern wird auch durch den Gedanken der Gefährdungshaftung gefordert: Werden die Verletzten deshalb entschädigt, weil sie einer von den Kraftfahrzeughaltern geschaffenen Gefahrenlage zum Opfer gefallen sind, so sollte nicht länger erheblich sein, ob sich die (stets vorhandene) Gefahrenlage im Einzelfall mit oder ohne Verschulden eines Kraftfahrers aktualisiert hat. Die Unfallopfer erscheinen im einen wie im anderen Fall gleich schutzwürdig und sollten deshalb auch gleich behandelt werden.

Bezüglich der Opfer von Arbeitsunfällen, für die insoweit nichts anderes gilt, ist dies bereits weithin anerkannt. In vielen Rechten ist die frühere Deliktshaftung des Unternehmers durch Sonderregeln (soziale Unfallversicherung, Workmen's Compensation) voll abgelöst worden[13]. In Staaten, welche die Deliktshaftung neben diesen Sonderregeln beibehalten haben – wie z. B. *England* und *Israel* – fordern kritische Stimmen im Hinblick auf die praktischen Nachteile (zahlreiche Prozesse über die Frage eines Verschuldens, Zwang zur Doppelversicherung der Arbeitgeber) und die ungerechtfertigte Verschiedenbehandlung gleich schutzwürdiger Unfallopfer die Beseitigung der Deliktshaftung oder doch ihre Beschränkung auf Fälle eines schweren Verschuldens[14].

Allerdings setzt ein „einspuriges" Entschädigungssystem voraus, daß die Entschädigungsleistungen in etwa angemessen sind[15]. Sonst liegt es in der Tat nahe, die Entschädigung des Unfallopfers – soweit möglich – über das Deliktsrecht aufzubessern, wie dies bei Opfern von Arbeitsunfällen immer wieder beobachtet werden kann[16].

Obwohl die Verbindung von (beschränkter) Gefährdungs- und von (unbeschränkter) Verschuldenshaftung auch außerhalb Deutschlands Anklang gefunden hat – sie bildet nicht nur die Grundlage der Regelung in *Saskatchewan*[17], sondern auch die Basis des Reformplans von KEETON/O'CONNELL[18] – sollte die besagte Kombination also zugunsten einer einheitlichen Regelung aufgegeben werden.

Die theoretische Fundierung des in mancher Hinsicht höchst anregenden Reformplans der Professoren KEETON (Harvard University) und O'CONNELL (Uni-

[13] Vgl. oben § 8.

[14] Vgl. PAYNE, Curr. Leg. Probl. 10 (1957) 98 ff. sowie 13 (1960) 109 ff.; Report of Committee, Israel L. Rev. 1 (1966) 648 f.

[15] Vgl. HELLNER 144 ff. Der Reformvorschlag des *israelischen* Komitees, das sich für ein einspuriges System entschieden hat, sieht deshalb ein „high ceiling" vor (Report of Committee, Israel L. Rev. 1 [1966] 646 f.).

[16] Vgl. etwa SZPUNAR 94 (Polen).

[17] Vgl. oben § 9 III.

[18] Siehe KEETON/O'CONNELL 268 ff. sowie U. Ill. L. Forum 1967, 403 ff. Auch der Reformplan von BEDOUR ist zweispurig angelegt (BEDOUR 23, 65, 67). Hingegen spricht sich STREET gegen eine zweispurige Regelung aus (STREET, S.A.L.J. LXXXV [1968] 63).

versity of Illinois) kann nicht überzeugen[18a]. Ihr Plan kombiniert ein vom Verschuldensgedanken gelöstes „Basic Protection System" mit dem überkommenen, auf dem „fault principle" beruhenden „tort system". Während die Verkehrsopfer für materielle Personenschäden bis 10 000 $ ohne Rücksicht auf ein Verschulden des Schädigers aus einem von allen Kraftfahrern finanzierten Fonds entschädigt werden, können sie Sachschäden, weitergehende materielle Personenschäden sowie immaterielle Schäden, falls diese den Betrag von 5000 $ übersteigen, nur bei Verschulden des Schädigers gegen diesen geltend machen[19]. Diese Vorschläge rechtfertigen die Autoren mit der Erwägung „that motoring should pay its way and that negligent motorists should pay their way."[20] Nun ist der Gedanke, daß Kraftfahrer, denen ein Verschulden zur Last fällt, grundsätzlich weniger Schutz verdienen und deshalb mehr zahlen sollten als unschuldige Kraftfahrer, zwar durchaus naheliegend und beachtlich. Indes folgt aus diesem Gedanken – entgegen der Ansicht von KEETON/O'CONNELL – keineswegs die Notwendigkeit einer zweispurigen Regelung. Vielmehr kann jenem Gedanken – wie noch darzulegen ist[21] – auf andere Weise Rechnung getragen werden, nämlich durch den vollen oder anteiligen Regreß des Versicherers gegen nicht schutzwürdig erscheinende Schädiger. Dieser Weg hat gegenüber dem von KEETON/O'CONNELL propagierten einen doppelten Vorzug: Einmal beschränkt er die Zusatzbelastung schuldiger Fahrer auf extreme Fälle, in denen der Schädiger wirklich keinen oder doch keinen vollen Schutz verdient; zum anderen kommen die in solchen Fällen vom Schädiger (auf Grund des Regresses) zu zahlenden Beträge, da sie in den allgemeinen Entschädigungsfonds fließen, mittelbar sämtlichen Verkehrsopfern zugute, nicht nur (unmittelbar) denjenigen, die – was vielfach ein mehr oder weniger zufälliger Umstand sein wird – einem verschuldeten Fehlverhalten zum Opfer gefallen sind.

Aus den gleichen Erwägungen sind auch Vorschläge abzulehnen, nach denen es dem Strafrichter freistehen soll, den Schädiger bei kriminellem Verhalten unter pönalen Gesichtspunkten zu zusätzlichen Entschädigungsleistungen an das Opfer zu verurteilen[22]. Eine Ausnahme gilt nur für den seltenen Fall, daß der Schädiger das Opfer *vorsätzlich* verletzt hat. Denn hier ist der Geschädigte nicht mehr einer allgemeinen Gefahrenlage zum Opfer gefallen. Man sollte ihm deshalb in diesem Fall einen Anspruch gegen den Schädiger gewähren auf Ersatz der materiellen Schäden, welche die Versicherung nicht deckt, und auf Zahlung eines angemessenen Schmerzensgeldes.

[18a] Der Reformplan hat in den USA weithin Aufsehen erregt, aber nur teilweise Zustimmung gefunden (siehe die Beiträge und Berichte verschiedener Autoren in U. Ill. L. Forum 1967, 361–633). Seine Annahme wurde in *Massachusetts* erwogen, scheiterte dort aber am Widerstand (insbesondere) des Anwaltsstands (siehe DUKAKIS, U. Ill. L. Forum 1967, 587 ff.).

[19] KEETON/O'CONNELL 268 ff.; DIESELBEN, U. Ill. L. Forum 1967, 400 (403 ff.) sowie A.B.A.J. 53 (1967) 633.

[20] KEETON/O'CONNELL 268. [21] Vgl. unten § 17.

[22] Einen solchen Vorschlag macht YADIN 283 Nr. 7, 285; vgl. auch STRAHL 221, 224.

§ 14 UMFANG DER ENTSCHÄDIGUNG

Bei der befürworteten Schaffung einer einheitlichen Regelung liegt es nahe, einen Mittelweg zwischen den bisherigen Lösungen der Gefährdungshaftung und der Verschuldenshaftung zu wählen, nämlich einerseits grundsätzlich alle materiellen Schäden zu ersetzen (dazu unten I), andererseits jedoch immaterielle Schäden grundsätzlich nicht zu vergüten (dazu unten II)[1]. Ein solcher Mittelweg führt zu einer ausgewogenen Lösung und hilft verhindern, daß die Reform eine allzu belastende Erhöhung der Kosten (Versicherungsprämien) zur Folge hat.

I. Bei den *materiellen* Schäden ist zu unterscheiden zwischen Personenschäden einerseits (1) und zwischen Sachschäden andererseits (2).

1. Ist eine *Person* verletzt worden, so erscheint es angemessen, sämtliche unfallbedingten Aufwendungen zu ersetzen. Entsprechendes gilt für den unfallbedingten Verdienstausfall.

a) Gewisse *Abzüge* zu Lasten des Verletzten („Selbstbehalt"), wie sie verschiedentlich befürwortet worden sind[2], erscheinen bei Personenschäden nicht angebracht. Mit dem Gedanken, der Geschädigte habe einen Teil der sich aus der zunehmenden Technisierung unserer Zeit ergebenden Gefahren selber zu tragen, da er ein Nutznießer dieser Technisierung sei und zudem – wenn vielleicht auch minimal – zu der allgemeinen Gefahrenlage beitrage[3], lassen sich Abzüge jedenfalls bei Personenschäden nicht rechtfertigen; denn da der Verletzte grundsätzlich keinen Ersatz für immaterielle Schäden erhält (vgl. unten II), wird ihm insoweit bereits ein beachtliches Opfer auferlegt. Auch dem Gesichtspunkt der Kostenersparnis kommt hier deshalb weniger Gewicht zu als bei Sachschäden[4]. Immerhin könnte man aber notfalls für eine Übergangszeit gewisse Abzüge selbst bei Personenschäden als provisorische Maßnahme in Kauf nehmen, bis ein Überblick über die mit dem Reformplan verbundenen Kosten gewonnen ist[5].

---

[1] Vgl. GREEN 88; TUNC 41 ff.; DERS., Harv. L. Rev. 79 (1966) 1425 ff.

[2] Vgl. z. B. KEETON/O'CONNELL 281.

[3] In diesem Sinne PRÖLSS, Karlsruher Forum 1962 S. 25. Vgl. auch RAISER daselbst S. 26; kritisch hierzu WEITNAUER ebda. S. 29, sowie VersR 63, 109.

[4] Zu Abzügen bei Sachschäden vgl. unten 2.

[5] Vgl. GREEN 96.

b) Schwieriger zu beantworten ist die Frage, ob die Entschädigungszahlungen durch bestimmte *Höchstsummen* beschränkt werden und wie diese gegebenenfalls bestimmt werden sollten.

Aus Sorge vor einer übermäßigen Steigerung der Versicherungskosten wollen manche Reformvorschläge die Entschädigung für den Verdienstausfall praktisch auf die Sicherung eines Existenzminimums beschränken. Ein typisches Beispiel hierfür bietet der an der sozialen Unfallversicherung orientierte *Columbia Plan*[6].

Eine solche Regelung kann nicht befriedigen. Sie bedeutet, daß – entgegen dem Gedanken der Gefährdungshaftung – das Unfallrisiko weithin auf die Verkehrsopfer abgewälzt wird. Der unfallbedingte Verdienstausfall sollte also grundsätzlich ohne Limitierung ersetzt werden[7]. Im Hinblick auf „Großverdiener" muß allerdings irgendwo eine Grenze gezogen werden. Denn es ist nicht Sache der die Prämien aufbringenden Kraftfahrzeugeigentümer, bestimmten Opfern den Bestand eines ungewöhnlich hohen Einkommens zu garantieren[8]. Die Betroffenen mögen insoweit durch Lebens- oder Unfallversicherung selber Vorsorge treffen.

2. Ob man neben den Personenschäden auch *Sach*schäden in den Schutz der neuen Versicherung einbeziehen sollte, mag fraglich erscheinen. Manche Autoren sprechen sich gegen eine Einbeziehung aus, da sie eine erhebliche Kostensteigerung bewirke und die Sachschäden kein den Personenschäden vergleichbares soziales Problem darstellten; die Regulierung der Sachschäden solle deshalb den überkommenen Regeln des Deliktsrechts überlassen bleiben[9].

Eine solche unterschiedliche Behandlung von Personen und Sachschäden verbietet sich jedoch schon aus praktischen Gründen: Sachschäden sind weitaus häufiger als Personenschäden[10]. Zudem entstehen bei Verkehrs-

[6] Vgl. oben § 9 II. Ähnlich wie der Columbia Plan beschränkt zwar auch der *Saskatchewan* Plan die Entschädigungssummen, beläßt dafür aber – anders als der Columbia Plan – dem Opfer für „Überschußschäden" seine Deliktsansprüche gegen den Schädiger (vgl. oben § 9 III). Siehe ferner etwa BEDOUR 30 ff.

[7] Vgl. GREEN 88, 98; HELLNER 147 f. Hiervon geht ohne weitere Erläuterungen auch TUNC (S. 43) aus.

[8] Vgl. TUNC 44; DERS., Harv. L. Rev. 79 (1966) 1427. STREET, S.A.L.J. LXXXV (1968) 59 f. Es ist der Gedanke der „Sphäre", der hier gegen die Verletzten wirkt (vgl. WILBURG, Elemente des Schadensrechts, 1941, S. 58, 244).

[9] Vgl. etwa CONARD, Mich. L. Rev. 63 (1964/65) 305 f.; KEETON/O/CONNELL 280 f., 362 ff.; HARRIS 477. Im gleichen Sinne schon der *Columbia Plan* (vgl. KEETON/O'CONNELL 136). KEETON/O'CONNELL wollen neuestens allerdings auch Sachschäden in das von ihnen befürwortete „Basic Protection System" einbeziehen, falls der Fahrzeugeigentümer dies wünscht (siehe KEETON/O'CONNELL, U. Ill. L. Form 1967, 405, 408 f., 429 ff.).

[10] In der Bundesrepublik ereigneten sich 1966 834 000 Verkehrsunfälle, bei denen

unfällen mit Personenschäden regelmäßig auch Sachschäden. Reguliert man die Sachschäden weiterhin nach den überkommenen Regeln, so wird der Rationalisierungseffekt der Reform illusorisch; es muß dann nämlich wegen der Sachschäden im Einzelfall weiterhin geprüft werden, ob ein unabwendbares Ereignis, ein Mitverschulden oder eine Mitverursachung vorlag. Abgesehen hiervon erscheint auch nach der Interessenlage eine unterschiedliche Behandlung von Personen- und Sachschäden nicht gerechtfertigt. In *Saskatchewan* hat der Gesetzgeber deshalb schon seit 1948 auch die wichtigsten Sachschäden in die versicherungsrechtliche Regelung einbezogen [11]. Man sollte diesem Vorbild folgen, allerdings mit gewissen Einschränkungen: es sollten einerseits grundsätzlich *sämtliche,* andererseits *aber nur solche* Sachschäden einbezogen werden, die durch Kraftverkehrsunfälle entstehen. Generell auszuklammern sind lediglich Schäden, die an einem Kraftfahrzeug oder an mit diesem beförderten Sachen *ausschließlich durch dessen Betrieb* („Eigenunfall") verursacht worden sind; für eine Versicherung besteht insoweit kein Bedürfnis. Jedoch sollten auch in diesen Fällen Schäden an Sachen einbezogen werden, welche beförderte Personen zur Zeit des Unfalls an oder bei sich haben, weil hier sonst – was unökonomisch wäre – weiterhin das Haftpflichtrecht gelten würde.

Bezüglich der einbezogenen Sachschäden ist grundsätzlich voller Ersatz zu leisten. Für den weitaus wichtigsten Fall – die Beschädigung von Kraftfahrzeugen – sind jedoch zwei Ausnahmen angebracht.

a) Einmal empfiehlt es sich, Schäden erst ab einer Mindestgrenze (z. B. 200 DM) in das Entschädigungssystem einzubeziehen. Durch diese Maßnahme, die sich schon unter dem Gesichtspunkt der mitwirkenden Betriebsgefahr rechtfertigen läßt [12], werden die Versicherer wesentlich entlastet und die gerade in Bagatellfällen unverhältnismäßig hohen Verwaltungskosten eingespart [13]. Allerdings sollte man den unter der Mindestgrenze liegenden Schaden nicht schlechthin als „Selbstbehalt" dem Geschä-

---

nur Sachschaden entstand, gegenüber 332 426 Unfällen mit Personenschaden (Statistisches Jahrbuch 1967, 367). Über die Hälfte der Zahlungen in der Haftpflichtsparte entfällt auf die Kostengruppe „Reparaturaufwendungen" (BRUGGER, VW 1967, 211 und 1346). Zur Lage in *Frankreich* vgl. TUNC, Dr. soc. 1967, 78 f.

[11] Vgl. oben § 9 III.

[12] Der BGH hält die Anrechnung der Sach- und Betriebsgefahr gegenüber allen Haftungsgründen für geboten (vgl. etwa BGHZ 6, 319; 12, 124; 20, 259). Diese Praxis soll durch die vom Referentenentwurf vorgesehene Anfügung eines Absatzes 4 in § 254 BGB gesetzlich sanktioniert werden (vgl. Referentenentwurf 1967, I 2 und II 19 f.).

[13] Vgl. TUNC 58 f., 70; DERS., Harv. L. Rev. 79 (1966) 1432 sowie Dr. soc. 1967, 78 f.; LÖWENBERG 8. Zu dem unverhältnismäßig hohen Aufwand für Bagatellfälle siehe MEYER, Karlsruher Forum 1960, 19; vgl. auch ROTH 35 f. und GROB 187 ff., 220 ff.

digten auferlegen [14], sondern zwischen den Parteien teilen. Diese Lösung ist gerechter als die einseitige Belastung des Geschädigten und praktikabler als eine Schadensverteilung nach den überkommenen Kriterien. Da sie bewirkt, daß bei Verkehrsunfällen jeder beteiligte Kraftfahrer einen – wenn auch relativ geringen – Teil des entstandenen Schadens aus der eigenen Tasche begleichen muß, dient sie zugleich der Schadensverhütung.

b) Zum anderen sollte man auf die Entschädigung für entgangene Gebrauchsvorteile verzichten. Die Rechtsprechung des BGH, der – gegen erheblichen Widerstand der Lehre [15] und der Untergerichte [16] – den Ersatz für entgangene Gebrauchsvorteile grundsätzlich auch dann bejaht, wenn der Geschädigte kein Ersatzfahrzeug angemietet hat [17], ist bereits de lege lata anfechtbar und hat zu einer Kosten-Mehrbelastung der Versicherer von rund 29 Millionen DM im Jahr geführt [18]. Da der hier befürwortete Reformplan die Position des Unfallgeschädigten in vielen Punkten verbessert, kann ihm der Verzicht auf den bis heute umstrittenen Anspruch für entgangene Gebrauchsvorteile zugemutet werden.

Ebenso wie der BGH gewährt allerdings auch die *französische* Praxis einen Anspruch auf Ersatz entgangener Gebrauchsvorteile, und zwar nicht nur für die normalerweise anzusetzende Reparaturzeit, sondern für die im Einzelfall tatsächlich gegebene, nicht selten ungebührlich verzögerte. Die Literatur versucht diese Unbilligkeit zu korrigieren durch die Annahme, die Langsamkeit des Geschädigten oder des von ihm gewählten Reparateurs führten zu einer Unterbrechung des Kausalzusammenhangs [19]. Bei uns sorgen die Gerichte über § 254 BGB (Anspruchsminderung) dafür, daß die Reparatur nicht ungebührlich verzögert wird [20].

---

[14] Dafür jedoch Tunc 58 f. Hingegen wollen Keeton/O'Connell (S. 275 f.) diesen Schaden dem Opfer nur dann auferlegen, wenn den Schädiger kein Verschulden trifft.

[15] Siehe insbesondere Larenz in Festschrift Nipperdey (1965) I 489 ff. (502, 506) sowie Bötticher, VersR 1966, 301 ff., die sich beide besonders mit Zeuner (AcP 163, 380 ff.) auseinandersetzen. Vgl. auch Mayer-Maly, ZVR 1967, 281 ff. Weitere Nachweise bei Schütz, VersR 1968, 124 (126) und Floegel/Hartung, § 12 StVG Rdz. 6 N.2.

[16] Siehe die Nachweise bei Schütz, VersR 1968, 124 (126).

[17] Vgl. BGH 30. 9. 1963, BGHZ 40, 345 = NJW 1964, 542 = VersR 1964, 225; BGH 15. 4. 1966, BGHZ 45, 213 = NJW 1966, 1260 = VersR 1966, 497; einschränkend jedoch BHG 2. 12. 1966, NJW 1967, 552: Hat der Geschädigte während der Instandsetzung seines Wagens ein Ersatzfahrzeug eines anderen (billigeren) Typs angemietet, so begründet der Unterschied der Wagenklasse allein noch keinen Anspruch auf zusätzlichen Ersatz.

[18] Vgl. M. Friedrich 69; Bericht VW 1967, 339 (341).

[19] Vgl. zum Ganzen Durry, Rev. trim. dr. civ. 1967, 400 f. (mit Nachweisen).

[20] Vgl. OLG Bremen 10. 11. 1964, VersR 1965, 1008; LG Bonn 18. 12. 1964, VersR 1966, 26; Klimke, VersR 1968, 30 ff.

II. Im Gegensatz zu den materiellen Schäden sind *immaterielle* Schäden grundsätzlich nicht zu vergüten[21]. In Ländern wie *Frankreich* und den *USA* entfallen deshalb die – dem deutschen Recht nicht bekannten – Ansprüche auf Ersatz eines „préjudice d'affection" [22], der durch Geld ohnehin nicht ausgeglichen werden kann. Will man die Prämie niedrig halten, so muß man ferner den Anspruch auf Schmerzensgeld einschränken.

Obwohl die von der deutschen Rechtsprechung als Schmerzensgeld zugebilligten Beträge, gemessen an der anglo-amerikanischen Praxis[23], bisher bescheiden anmuten[24], bedeuten sie für die Haftpflichtversicherer doch eine erhebliche und ständig wachsende Belastung[25]. Nach Angabe von Sanden sind 1966 mehr als 130 Millionen DM für Schmerzensgelder aufgewendet worden[26]; 1967 soll der Aufwand bereits 180 Millionen DM betragen haben[26a]. Diese Belastung würde noch steigen, wenn man – wie der Referentenentwurf es vorsieht[27] – den bisher auf die Verschuldenshaftung beschränkten Schmerzensgeldanspruch generell auf die Kraftfahrzeughaftung ausdehnen würde[28].

Ein Schmerzensgeld sollte nur noch in Fällen gewährt werden, in denen der Schmerz ungewöhnlich stark oder anhaltend ist oder in denen der Unfall zu einer dauernden Beeinträchtigung der physischen Integrität oder zu einer Verunstaltung des Verletzten geführt hat[29]. Für diese Fälle könnte man die Einführung einer Schmerzensgeldtabelle erwägen[30]. Man sollte das Schmerzensgeld dabei großzügiger bemessen, als unsere Gerichte es bisher tun[31].

---

[21] Vgl. hierzu Keeton/O'Connell 358 ff.

[22] Vgl. Tunc 44 f. (mit Angaben); ders., Harv. L. Rev. 79 (1966) 1427 f.; Durry, Rev. trim. dr. civ. 1967, 815 ff.

[23] Vgl. zu dieser Belli, Modern Damages II (1960) mit umfangreichen Nachweisen.

[24] Vgl. Hacks, Schmerzensgeldbeträge (5. Aufl. 1968); Lieberwirth, Schmerzensgeld (3. Aufl. 1965) 175 ff.; Schunack, Schmerzensgeld (1967).

[25] Vgl. Bericht VW 1967, 339 (341). Ähnlich ist die Lage in *Frankreich* (Mazeaud/Tunc I S. 14 mit N. 5) und in der *Schweiz* (Merz, ZbJV 65, 441).

[26] Sanden, Schmerzensgeld und Haftpflichtnovelle, VersR 1967, 413 (417).

[26a] Vgl. VW 1968, 881.

[27] Vgl. Referentenentwurf (1967) II 219.

[28] Kritisch hierzu Sanden, VersR 1967, 413 ff.; Brenzel, VersR 1967, 1024 (1025 f.).

[29] Tunc 46; ders., Harv. L. Rev. 79 (1966) 1428; ders., Dr. soc. 1967, 77. In die gleiche Richtung tendieren Keeton/O'Connell, die Schmerzensgeldansprüche nur bis zu einem Betrag von 5000 $ ausschließen, in schwerwiegenden Fällen dem Unfallopfer also eine Entschädigung für „pain and suffering" belassen wollen, allerdings nur dann, wenn den Schädiger ein Verschulden trifft (S. 274 f., 361).

[30] Vgl. Tunc, Dr. soc. 1967, 77; Bericht, La responsabilité en matière de dommage corporel. Colloque du Comité de droit comparé du Royaume-Uni (Southampton, 21–23 septembre 1966), Rev. int. dr. comp. 18 (1966) 908 (913).

[31] Allerdings tendiert die Rechtsprechung bei uns neuerdings gerade in schweren Fällen zu größerer Liberalität: vgl. OLG Köln 9. 3. 1967, NJW 1967, 1968 (80000 DM

III. Weniger Schwierigkeiten als die bisher behandelten Probleme macht die Frage, inwieweit Schäden, die *Dritten* aus dem Unfall erwachsen, ersetzt werden sollen. Hier kann man nämlich an bereits Vorhandenes anknüpfen: Die Erben des Verletzten haben einen Anspruch auf Ersatz der Beerdigungskosten, und Unterhaltsberechtigte können für den entfallenden Unterhalt Ersatz verlangen[32]. Wie bereits vom Referentenentwurf vorgesehen[33], sollte darüber hinaus auch für entzogene gesetzliche Dienste Ersatz geleistet werden[34].

IV. Ebenso wie nach geltendem deutschen Recht[35] ist der Schadensersatz wegen Aufhebung oder Minderung der Erwerbsfähigkeit und wegen Vermehrung der Bedürfnisse des Verletzten, sowie der Dritten (Unterhalts- und Dienstleistungsberechtigten) zu gewährende Schadensersatz grundsätzlich in Form einer Geldrente zu leisten. Die gegenteilige Regelung des Common Law, das die Zahlung einer Globalsumme (lump sum) vorschreibt, hat sich nicht bewährt[36]. Eine Kapitalabfindung sollte nur bei Vorliegen eines wichtigen Grundes verlangt werden können[37].

Ebenso wie bisher[38] werden Ersatzansprüche nicht dadurch ausgeschlossen, daß ein anderer dem Geschädigten Unterhalt zu gewähren hat.

V. Die *Verjährungsfrist* für Ersatzansprüche sollte, wie der Referentenentwurf es vorsieht[39], der des § 852 BGB entsprechen. Ansprüche verjähren danach in drei Jahren von dem Zeitpunkt an, in welchem der Ersatzberechtigte von dem Schaden Kenntnis erlangt, ohne Rücksicht auf diese Kenntnis in dreißig Jahren von dem Unfall an. Bezüglich der Ersatzansprüche für Sachschäden könnte man die Verjährungsfrist allerdings verkürzen[40].

Schmerzensgeld bei Querschnittslähmung, Schädelfraktur und Knochenbrüchen); TEPLITZKY, Neue Tendenzen bei der Schmerzensgeldbemessung, NJW 1968, 1315 f.

[32] Vgl. § 13 StVG; TUNC 70 Art. 8.

[33] Vgl. Referentenentwurf (1967) I 17, II 212.

[34] Vgl. TUNC 70 Art. 8.

[35] Vgl. § 13 StVG.

[36] Vgl. PARKER OF WADDINGTON 3 ff., 9 (England); KEETON/O'CONNELL 28 f. (USA); Report of Committee, Israel L. Rev. 1 (1966) 643 (Israel).

[37] Vgl. § 13 II StVG i. V. § 843 III BGB.

[38] Vgl. § 13 II StVG i. V. § 843 IV BGB.

[39] Vgl. Referentenentwurf (1967) I 17, II 212.

[40] TUNC (S. 71 Art. 14) will die Frist für diese Ansprüche auf ein Jahr begrenzen.

§ 15 SCHUTZ DES FAHRERS UND SEINER ANGEHÖRIGEN

I. Da die überkommenen Entschädigungssysteme auf dem Gedanken der Haftpflicht aufbauen, fehlt es bisher an einem zuverlässigen Schutz des Fahrers, der mit einem Fahrzeug verunglückt, ohne daß ihm ein anderer versicherter Verkehrsteilnehmer haftet. Dies ist sowohl der Fall, wenn der Unfall sich ohne Zutun einer anderen Person ereignet (z. B. infolge einer Windbö, eines die Straße überquerenden wilden Tieres oder einer Fehlleistung des Fahrers), als auch dann, wenn eine den Unfall verschuldende Person nicht zum Kreis der versicherungspflichtigen Verkehrsteilnehmer gehört.

Auch die Angehörigen des Fahrers bleiben bisher vielfach ungeschützt: Ihnen gegenüber ist der Versicherungsschutz nämlich – aus wenig überzeugenden Gründen („Kollusionsgefahr") – weithin ausgeschlossen[1].

II. Da es im „Zeitalter des Verkehrs"[2] zu einer Notwendigkeit geworden ist, jedermann gegen die ihn täglich bedrohenden Verkehrsrisiken zu sichern, sollte man nun sowohl den Fahrer selbst wie auch seine Angehörigen in den Schutz des Versicherungssystems einbeziehen[3], wie dies in *Saskatchewan* und *Polen* bereits grundsätzlich geschehen ist[4].

Hinsichtlich des Fahrers liegt hier freilich der Gedanke nahe, ein solcher Zwang zur Selbstversicherung sei unzulässig oder doch unangemessen[5]. Aber im Hinblick auf die zahlreichen Fälle, in denen heute ein Zwang zur Selbstvorsorge als zulässig betrachtet wird – man denke nur an die ständig expandierende Sozialversicherung –, kommt einem solchen Einwand kein entscheidendes Gewicht zu. Ein Schutz des Fahrers gegen die Unfallrisiken des Verkehrs ist nicht nur für ihn selbst, sondern auch für seine Familien und für die Allgemeinheit von Interesse.

---

[1] Vgl. § 11 Ziff. 4 AKB und hierzu PRÖLSS VVG (16. Aufl. 1967) 743; für *Frankreich:* TUNC 27 sowie Harv. L. Rev. 79 (1966) 1419.

[2] HEDEMANN, Fortschritte des Zivilrechts im 19. Jahrhundert, 1. Teil (1910) 83.

[3] Vgl. GREEN 88; KEETON/O'CONNELL 5, 277; TUNC 27, 49 f. sowie Harv. L. Rev. 79 (1966) 1429 und Dr. soc. 1967, 78.

[4] Vgl. oben § 9 III, IV.

[5] Vgl. etwa DROUILLAT, Dr. soc. 1967, 90 (94). Der *Columbia Plan* (oben § 9 II) hatte deshalb davon abgesehen, den Fahrer in den Versicherungsschutz einzubeziehen (vgl. KEETON/O'CONNELL 134 f. mit kritischer Stellungnahme; offenbar zustimmend hingegen BLUM/KALVEN 40 f.).

III. Durch die Einbeziehung des Fahrers in den Versicherungsschutz ergeben sich bezüglich der Prämienberechnung gewisse Sonderprobleme:

1. Gegenwärtig deckt der Versicherer nur die Haftung des Fahrers gegenüber anderen Verkehrsteilnehmern. Da er nicht weiß, welchen Personen sein Kunde haften wird, kann er das Einkommen des Verletzten bei der Prämienberechnung nicht konkret berücksichtigen. Wird nun aber der Fahrer selbst in den Versicherungsschutz einbezogen, so kann sein Einkommen für die Prämienberechnung nicht unberücksichtigt bleiben.

TUNC hat deshalb vorgeschlagen, der Fahrzeugeigentümer solle dem Versicherer das Einkommen des Fahrers angeben. Sowohl die Prämienberechnung als auch die Entschädigung des Fahrers bzw. seiner Hinterbliebenen solle dann auf Grund dieses angegebenen Einkommens erfolgen[6]. Dieser Vorschlag ist grundsätzlich brauchbar. Er muß allerdings auf die Fälle beschränkt werden, in denen ein Fahrer ohne Zutun eines anderen Verkehrsteilnehmers zu Schaden kommt, nach den bisherigen Regeln also ohne Schutz bleibt. Dehnt man den Vorschlag – wie TUNC es tut – darüber hinaus auch auf die Fälle aus, in denen einem Kraftfahrer heute Haftpflichtansprüche gegen andere Verkehrsteilnehmer zustehen, so verschlechtert man ohne ausreichende Legitimation die Lage der Fahrer mit überdurchschnittlichem Einkommen: diese müssen nun ganz allgemein überdurchschnittliche Prämien zahlen.

2. Im Gegensatz zur Haftpflichtversicherung ist in der Unfallversicherung das maßgebende Kriterium für die Risiko- und Prämienberechnung die dem Versicherten (hier: dem Fahrer) drohende Verletzungsgefahr. Es liegt auf der Hand, daß der Grad dieser Gefahr wesentlich von der Art des benutzten Fahrzeugs abhängt. Deshalb werden die Versicherer, soweit es sich um die Unfallversicherung des Fahrers und der Kraftfahrzeuginsassen handelt, ihre Prämien wahrscheinlich nach Kraftfahrzeugtypen abstufen: Die schweren Wagen werden insoweit weniger belastet sein als die leichteren und diese wiederum weniger als die Krafträder. Obwohl sich dadurch gerade für die sozial schwächeren Kreise in diesem Punkt besonders starke Belastungen ergeben, kann man die Regelung deshalb doch schwerlich als „wenig demokratisch" verwerfen[7]. Denn bezüglich des Prämienanteils zur Deckung *angerichteten* Schadens sind dafür ja andererseits die schweren Wagen – wie schon bisher – stärker belastet als die

---

[6] Vgl. TUNC 50 ff.; DERS., Harv. L. Rev. 79 (1966) 1430 und Dr. soc. 1967, 78.
[7] So jedoch BLAEVOET, D. 1966, Chronique 113 (115).

leichteren[8]. Im übrigen schafft die für die Fahrer-Versicherung zu erwartende Prämienabstufung nach Kraftfahrzeugtypen einen begrüßenswerten Anreiz zur Bevorzugung und damit zur Selektion sicherer Wagen[9].

§ 16 SCHUTZ VON UNFALLHELFERN

I. Schließlich sollten auch Unfallhelfer in das Versicherungssystem einbezogen werden. Sie erhalten dadurch in allen Fällen einen umfassenden und zuverlässigen Schutz, woran es gegenwärtig fehlt; zugleich wird die jetzige Entschädigungspraxis gegenüber Unfallhelfern vereinheitlicht und vereinfacht.

II. Die geltende deutsche Regelung, die durch ein Nebeneinander von zivilrechtlichen und öffentlichrechtlichen Ersatzansprüchen gekennzeichnet ist, kann nicht voll befriedigen.

Zwar haben die Gerichte sich bemüht, Unfallhelfern möglichst weitgehend Ersatz zu verschaffen. So ist heute anerkannt, daß ein Helfer für Schäden, die er bei der Hilfsaktion erleidet, als Geschäftsführer (ohne Auftrag) Ersatz verlangen kann[1]. Aber der Wert dieses Anspruches ist relativ, solange umstritten ist, ob er von einer Haftpflichtversicherung des Geschäftsherrn gedeckt wird[2]. Die Rechtsprechung hat dem Unfallhelfer deshalb auf einem anderen Weg zu helfen gesucht: Sie hat ihm gegen die für den Unfall veranwortliche Person Ansprüche aus §§ 823 ff. BGB gewährt[3]. Auf diese Weise erhält der Unfallhelfer nicht nur

[8] Vgl. hierzu Brugger, Die Struktur des Kraftfahrt-Versicherungstarifs, VW 1967, 204.

[9] Vgl. Conard, UCLA L. Rev. 13 (1966) 1432 (1436 f.).

[1] Vgl. BGH 16. 3. 1965, NJW 1965, 1271.

[2] Vgl. zu dieser Streitfrage: J. Friedrich, Zur Deckung von Ansprüchen auf Aufwendungsersatz in der Haftpflichtversicherung, Diss. Hamburg (1967) 67 ff. Um die Ersatzansprüche des Unfallhelfers der Haftpflichtversicherung zu unterstellen, hat der Gesetzgeber in der *Schweiz* eine besondere Haftung des Halters gegenüber dem Unfallhelfer geschaffen: Der Halter haftet dem Unfallhelfer nach dem Ermessen des Richters, falls er für den Unfall einzustehen hat oder die Hilfe ihm selbst oder den Insassen seines Fahrzeugs geleistet wurde (vgl. Art. 58 III SVG und hierzu Oftinger II/2 S. 551 ff.).

[3] OLG Stuttgart 24. 11. 1964, NJW 1965, 112; LG Heidelberg 15. 12. 1965, VersR 1968, 53; vgl. auch BGH 24. 3. 1964, NJW 1964, 1363. Kritisch hierzu Schwarz, JZ 1966, 162 ff., der nur Ansprüche aus §§ 677, 683 BGB geben will, hierbei allerdings den versicherungsrechtlichen Aspekt des Problems nicht beachtet. – Ebenso wie die deutsche Judikatur gewähren auch die englischen und amerikanischen Gerichte dem Unfallhelfer Ansprüche aus Delikt gegen die Person, welche für die Gefahrenlage verantwortlich ist: vgl. Tiley, The Rescue Principle, Mod. L. Rev. 30 (1967) 25, 35 ff.; Prosser 466.

ein Schmerzensgeld[4], sondern seine Ansprüche fallen nun auch unter die Deckung der – bei motorisierten Schädigern stets bestehenden – Haftpflichtversicherung[5].

Freilich versagt dieser Weg, wenn der Unfall sich ohne Verschulden einer Person ereignet hat. Jedoch ist der Unfallhelfer auch in diesem Fall nicht schutzlos. Nach § 539 I Nr. 9 a RVO ist nämlich gegen Unfall versichert, wer ohne besondere (d. h. ohne eine über die durch § 330 c StGB begründete allgemeine Rechtspflicht hinausgehende) rechtliche Verpflichtung einen anderen aus gegenwärtiger Lebensgefahr rettet oder zu retten unternimmt oder wer bei sonstigen Unglücksfällen, gemeiner Gefahr oder Not Hilfe leistet[6]. Diese Vorschrift garantiert dem Unfallhelfer für erlittene *Personen*schäden zwar keinen vollen, aber doch einen weitgehenden Ersatz. Für *Sach*schäden kann er richtiger Ansicht nach einen öffentlich-rechtlichen Aufopferungsanspruch geltend machen, jedenfalls dann, wenn er gemäß § 330 c StGB zur Hilfeleistung verpflichtet war[7].

§ 17 DER GEDANKE INDIVIDUELLER VERANTWORTUNG

I. Obwohl der Reformplan einen möglichst umfassenden Schutz der Verkehrsopfer erstrebt und ein Selbstverschulden des Verletzten grundsätzlich unbeachtet läßt, schließt er doch in bestimmten Fällen eines sozialwidrigen Verhaltens den Versicherungsschutz des Verletzten aus und hält darüber hinaus in allen Fällen eines schweren Eigenverschuldens und eines anormalen Risikos an der überkommenen Anspruchskürzung fest[1]. Der Gedanke, daß der einzelne für sein Verhalten verantwortlich ist, wird also nicht preisgegeben, sondern nur auf seinen eigentlichen Gehalt reduziert.

Ebenso wie gegenüber den Verkehrsopfern gilt es den Gedanken der individuellen Verantwortung nun auch gegenüber den Schädigern zur Geltung zu bringen. Diesen Gedanken allein dem Strafrecht zu überlassen, wie es heute für motorisierte Schädiger infolge des regelmäßig eingreifenden Versicherungsschutzes faktisch weithin geschieht[2], erscheint nicht sach-

---

[4] Vgl. § 847 BGB. [5] Vgl. § 10 AKB.

[6] Vgl. hierzu Wussow Rdz. 776. Einen entsprechenden Versicherungsschutz genießen darüber hinaus auf Grund des § 539 II RVO wohl überhaupt alle Personen, die sich gelegentlich des Unfalls oder der Panne eines Kraftfahrers ernsthaft helfend betätigen (vgl. Wussow Rdz. 779).

[7] Vgl. Barkhau, Öffentlichrechtliche Entschädigung bei Nothilfeleistungen (1954) 59 ff.; Haas, System der öffentlichrechtlichen Entschädigungspflichten (1955) 26 f.

[1] Vgl. oben § 12. [2] Vgl. oben § 3.

gerecht. Wer sich gewissenlos oder doch ungewöhnlich rücksichtslos verhält, den sollten die Folgen seines Verhaltens nicht nur strafrechtlich, sondern auch schadensrechtlich voll oder doch wenigstens teilweise treffen. Dieses Postulat rechtfertigt sich sowohl aus dem Gesichtspunkt der Abschreckung als auch aus dem Gedanken einer gerechten Risiko- und Lastenverteilung innerhalb der Gefahrengemeinschaft, welche die Versicherungsnehmer bilden: Ein gewissenlos oder doch ungewöhnlich rücksichtslos handelnder Schädiger kann nicht verlangen, daß die anderen Versicherungsnehmer mit ihren Prämien die von ihm mutwillig angerichteten Schäden decken. Das Verschuldenselement, das nach Ansicht mancher Autoren nur noch strafrechtlich relevant sein sollte[3], bleibt also auch in der neuen Schadensordnung bedeutsam, verändert freilich seinen Standort im System: Es ist nicht mehr erheblich für die Einstandspflicht des Schädigers gegenüber dem Opfer – dieses wird nun stets ohne Rücksicht auf ein Verschulden des Schädigers entschädigt –, gewinnt jedoch Bedeutung für die Frage, ob und inwieweit der Versicherer gegen den Schädiger Regreß nehmen kann[4]. Dieser Weg ist durch die moderne Ausgestaltung der obligatorischen Kraftfahrhaftpflichtversicherung in den meisten Rechten bereits vorgezeichnet[5]. Er entspricht auch der in der deutschen sozialen Unfallversicherung gewählten Regelung[6]. Der Weg ist gerechter als die von manchen Autoren befürwortete Zweispurigkeit des Entschädigungsrechts[7], denn die vom Schädiger (auf Grund des Regresses) zu zahlenden Beträge kommen – da sie in den allgemeinen Entschädigungsfonds fließen – mittelbar sämtlichen Unfallopfern zugute, nicht nur unmittelbar denjenigen, die – was häufig ein mehr oder weniger zufälliger Umstand sein wird – einem nachweislich verschuldeten Fehlverhalten zum Opfer gefallen sind.

---

[3] In diesem Sinne z. B. HARRIS, Insurance for Road Victims, New L. J. 116 (1965/1966) 439 (440). Dagegen jedoch (als Strafrechtler) BAUMANN, DAR 1966, 311.

[4] Auf diese Lösungsmöglichkeit hat schon CARMAN (10 f.) hingewiesen. Vgl. nun insbesondere TUNC 40 N. 96 bis, 55 f.; DERS., Harv. L. Rev. 79 (1966) 1425 (1430 f.) sowie Dr. soc. 1967, 71 (79). Allgemein hierzu VINEY, Le déclin de la responsabilité individuelle (1964) 195 ff. (besprochen von Marschall von Bieberstein, RabelsZ 1968, 193 ff.).

[5] Vgl. oben § 2. So kann z. B. nach fast allen Rechten der Haftpflichtversicherer gegen den Trunkenheitsfahrer Regreß nehmen (vgl. § 3 N. 10). Zu einem ähnlichen Ergebnis auf einem anderen Weg kommt man dann, wenn man dem Schädiger bei kriminellem Verhalten Geldstrafen auferlegt und diese dem Versicherungsfonds zufließen läßt, wie dies mehrfach empfohlen oder doch erwogen worden ist: vgl. WILLIAMS, The Aims of the Law of Tort, Curr. Leg. Probl. 4 (1951) 137 (174 N. 78); EHRENZWEIG, Calif. L. Rev. 43 (1955) 1 ff. (37 f., 41); PARSONS 275 f.; CALABRESI, Yale L. J. 75 (1965/66) 216 (220).

[6] Vgl. oben § 8 I 1 (mit N. 27, 28).

[7] Vgl. oben § 13, Text zu N. 18 ff.

II. Ein (voller oder anteiliger) Rückgriff gegen den Schädiger erscheint allerdings grundsätzlich nur dann angebracht, wenn dem Schädiger ein extremes Verschulden zur Last fällt. Es muß sich um ein Verschulden handeln, das durch Gewissenlosigkeit, Rücksichtslosigkeit oder Mutwilligkeit charakterisiert ist (z. B. riskantes Überholen, Schneiden von Kurven, „Wettfahrten"). Bei einem verzeihlichen Augenblicksversagen, wie es jedermann unterlaufen kann, ist ein Regreß hingegen stets ausgeschlossen, und zwar selbst dann, wenn es sich um einen groben Fehler (z. B. Nichtbeachten der Vorfahrt) handelt[8]. Um dies klarzustellen, sollte bestimmt werden, daß der Rückgriff grundsätzlich ein *unverzeihliches Verschulden (faute inexcusable)* des Schädigers voraussetzt[9].

Leicht ausgrenzbare Fälle sollten kasuistisch geregelt werden, wie dies in den überkommenen Haftpflichtversicherungen bereits weithin geschehen ist[10]. So verdienen keinen Schutz und sollten deshalb dem vollen Rückgriff des Versicherers ausgesetzt sein Personen, die

1. einen Unfall vorsätzlich[11] oder bei der vorsätzlichen Ausführung oder dem Versuch von Verbrechen oder Vergehen[12] oder infolge Trunkenheit am Steuer[13] oder der Einwirkung von Rauschgiften verursacht haben;

2. ein unfallbeteiligtes Fahrzeug ohne die vorgeschriebene Fahrerlaubnis geführt haben[14] mit Ausnahme der Fälle, in denen es sich um die Rettung eines höherwertigen Rechtsguts oder um die Verfolgung eines Verbrechens handelt;

---

[8] In der *Schweiz*, wo § 14 II VVG bei grober Fahrlässigkeit des Anspruchsberechtigten eine seinem Verschuldensgrad entsprechende Anspruchskürzung vorsieht, ist dies für die Kraftfahrhaftpflichtversicherung mehr als einmal festgestellt worden (vgl. etwa Bezirksgericht Zürich 23. 11. 1955, SVA XI Nr. 15; BOSONNET 33 f. mit N. 80). Die Haftpflichtversicherer beschränken sich praktisch offenbar auf den Rückgriff gegen Trunkenheitsfahrer; nach Angabe von LEUENBERGER (Der Regreß in der Haftpflichtversicherung, Diss. Bern 1955, S. 69, zitiert bei Bosonnet 34 N. 82) machen die Trunkenheitsfälle 99 % aller Regresse aus! Vgl. aber auch oben § 3 N. 14.

[9] In *Italien* sieht ein Gesetzentwurf zur Einführung der Pflichtversicherung einen Regreßanspruch gegen den Schädiger vor, wenn diesen ein *schwerwiegendes* Verschulden trifft (vgl. VW 1966, 90).

[10] Vgl. etwa die Kraftfahrzeug-Haftpflichtversicherung der *Tschechoslowakei*, VW 1966, Heft 3, Sonderbeilage II § 10.

[11] Vgl. § 152 VVG. [12] Vgl. § 17 III a) AKB.

[13] Die *deutsche* Judikatur, die dem Trunkenheitsfahrer seinen Haftpflichtversicherungsschutz beläßt, steht im Widerspruch zur internationalen Regelung (vgl. oben § 3 N. 10).

[14] Vgl. § 2 II c) AKB.

3. das Führen des Kraftfahrzeugs einem Fahrer überlassen haben, von dem sie wußten, daß er die vorgeschriebene Fahrerlaubnis nicht besaß[15] oder daß er infolge des Genusses von Alkohol oder Rauschgiften nicht in der Lage war, das Fahrzeug sicher zu führen;

4. wissentlich ein nichtversichertes oder ein gestohlenes[16] Fahrzeug geführt haben[17].

Von diesen Sonderfällen abgesehen erscheint bei Vorliegen eines unverzeihlichen Verschuldens ein *partieller* Regreß des Versicherers gegen den Schädiger ausreichend. Ebenso wie bei der früher behandelten Anspruchskürzung sollte man allerdings auch hier bezüglich der Fälle eines *anormalen Risikos* auf das extrem restriktive Kriterium eines unverzeihlichen Verschuldens verzichten[17a]).

Um klare Verhältnisse zu schaffen und eine größtmögliche Rationalisierung des Systems zu erreichen, sollte man – ebenso wie bei der bereits behandelten Anspruchskürzung eines Unfallopfers[18] – auch hier wieder den Strafrichter einschalten, nämlich den Rückgriff des Versicherers von einer strafrechtlichen Verurteilung des Schädigers abhängig machen und die Entscheidung über das Vorliegen eines unverzeihlichen Verschuldens oder eines anormalen Risikos sowie über das Ausmaß des Rückgriffs hierbei dem Strafrichter überlassen.

Trägt man Bedenken, dem Strafrichter die Entscheidung über das Ausmaß des Regresses im Einzelfall anzuvertrauen, so könnte man auch hier wieder zu einer „Pauschalvorschrift" Zuflucht nehmen, nämlich anordnen, daß dann, wenn der Strafrichter ein unverzeihliches Verschulden oder ein anormales Risiko festgestellt hat, der Versicherer bis zu einem bestimmten Betrag (z. B. bis 5000 DM) gegen den Schädiger Rückgriff nehmen darf. In *Österreich* hat sich der Gesetzgeber diese Möglichkeit für einen Sonderfall bereits zunutze gemacht: Der Versicherer ist von seiner Leistungspflicht bis 25 000 S frei, wenn der Schaden durch einen Lenker verschuldet wurde, der sich zum Zeitpunkt des Unfalls infolge übermäßigen Alkoholgenusses in einem beeinträchtigten Zustand befand und wegen Herbeiführung des Unfalls gerichtlich oder verwaltungsbehördlich bestraft wurde[19].

---

[15] Vgl. § 2 II c) AKB. [16] Vgl. § 2 II b) AKB.

[17] Weniger weit geht TUNC, der eine volle Rückgriffshaftung außer bei Vorsatz des Schädigers nur gegenüber bösgläubigen Fahrern und Passagieren eines gestohlenen Fahrzeugs befürwortet (TUNC 71, Artt. 10, 12).

[17a] Siehe hierzu die früheren Ausführungen (oben § 12 S. 68), die hier entsprechend gelten. Vgl. auch EIKE VON HIPPEL, NJW 1966, 129 ff.

[18] Vgl. oben § 12 S. 68 f.

[19] Vgl. OGH 4. 3. 1964, VersR 1964, 604 sowie die Anm. von WAHLE zu OGH

Die bereits von TUNC[20] befürwortete Einschaltung des Strafrichters ist in den Regreßfällen vielleicht noch bedeutsamer als in den Fällen der Anspruchskürzung: sie schützt nicht nur den Verletzten, dessen strafrechtliche Verurteilung stets einen klaren Schuldnachweis erfordert, sondern ist auch für den Versicherer von Vorteil: Die Regreßfrage wird nun im Rahmen des Strafverfahrens stets automatisch geklärt; dadurch wird die Möglichkeit eines Regresses, die sonst – da mit Arbeitsaufwand und Prozeßrisiken belastet – häufig nicht wahrgenommen wird[21], in ganz neuer Weise aktualisiert. Man erreicht so ähnliche Ergebnisse, wie wenn man – was von manchen Common-Law-Autoren empfohlen wird – Schädigern bei kriminellem Verhalten erhöhte Geldstrafen auferlegt und diese ganz oder teilweise den Versicherten zufließen läßt[22].

Obwohl die Einschaltung des Strafrichters sich also gerade in den Regreßfällen als glücklicher Gedanke erweist, kann die im *Projet Tunc* vorgesehene Vorschrift[23] doch auch hier nicht ohne weiteres akzeptiert werden. Die früheren Vorbehalte gelten nämlich auch hier: Die Vorschrift ist mit ihrer Fixierung einer Mindeststrafe auf die Fälle einer *faute inexcusable* zugeschnitten, wird also den Fällen eines *anormalen Risikos*, in denen das Verschulden (und folglich die Strafe) gering sein kann, nicht immer gerecht. Sie betrachtet den Regreß außerdem zu einseitig unter dem Gesichtspunkt der Abschreckung, vernachlässigt also den Gedanken einer gerechten Risiko- und Lastenverteilung unter den Wagnisträgern, wenn sie bei der Entscheidung über das Ausmaß des Regresses unter anderem auch die Unterhaltspflichten des Schädigers berücksichtigen will[24].

Ebenso wie für die Anspruchskürzung sollte man also auch für den Regreß vom Erfordernis einer Mindeststrafe absehen und statt dessen die Fallgruppen (Fälle eines unverzeihlichen Verschuldens und Fälle eines anormalen Risikos) bezeichnen, in denen ein Rückgriff angemessen er-

---

25. 9. 1963, VersR 1965, 396. Zwar hat der österreichische Verfassungsgerichtshof die betreffende Verordnung durch Urteil vom 16. 12. 1965 (VersR 1966, 398 mit Anm. von WAHLE) aus formellen Gründen aufgehoben; inzwischen ist aber eine entsprechende Bestimmung auf anderem Wege wieder eingeführt worden (vgl. Anm. von WAHLE, VersR 1966, 864).

[20] Vgl. TUNC 55, 71 Art. 13.

[21] Es genüge der Verweis auf die in der *Schweiz* und *Ungarn* gemachten Erfahrungen (vgl. oben § 3 III).

[22] Vgl. oben N. 5.

[23] Vgl. TUNC 55, 71 Art. 13, oben § 12 S. 69.

[24] VINEY (S. 195 ff.), die von TUNC mehrfach zitiert wird, stellt ausschließlich auf die Abschreckungsfunktion des Regresses („instrument de répression") ab; sie will bei der Entscheidung über das Ausmaß des Regresses nicht nur den Schuldgrad, sondern auch die „Verwundbarkeit" des Schädigers, insbesondere seine Vermögenslage, berücksichtigen.

scheint. Da der Regreß nicht nur eine Abschreckungsfunktion hat, sondern auch eine gerechte Risikoverteilung unter den Wagnisträgern bezweckt, sollten außerdem die besonderen Lebensverhältnisse des Schädigers allenfalls in Härtefällen berücksichtigt werden. Schließlich ist auch hier wieder dafür zu sorgen, daß in Fällen, in denen ein strafbarer Schädiger infolge besonderer Umstände (Tod, Amnestie, Verjährung der Straftat) unbestraft bleibt, ein Regreßverfahren vor den Zivilgerichten durchgeführt werden kann.

III. Eine Haftpflichtversicherung gegen Rückgriffsansprüche sollte nur für Fälle zugelassen werden, in denen den Schädiger kein unverzeihliches Verschulden (faute inexcusable) trifft. In Fällen eines unverzeihlichen Verschuldens (insbesondere bei Trunkenheit am Steuer) fordert der Abschreckungsgedanke, daß die Versicherungsmöglichkeit ausgeschlossen oder doch beschränkt wird[25]. In *Norwegen* hat der Gesetzgeber deshalb die Versicherung gegen Regreßansprüche des Kraftverkehrsversicherers ausgeschlossen[25a]. In *Frankreich* hat der gleiche Gesichtspunkt zu einem Ausschluß der Haftpflichtversicherung für den Fall geführt, daß ein Arbeitsunfall durch „faute inexcusable“ herbeigeführt worden ist[26]. Und in den *USA* hat derselbe Gedanke eine wachsende Zahl von Gerichten veranlaßt, eine Versicherung gegen sog. „punitive damages“ für unzulässig zu erklären[27].

IV. Das Verschuldenselement sollte ferner auch bei der Prämienbemessung berücksichtigt werden: Während umsichtige Versicherungsnehmer, die unfallfrei fahren, entsprechend der bereits heute üblichen Versicherungspraxis durch gestaffelte Schadensfreiheitsrabatte zu belohnen sind[28], sollten andererseits die Prämien gegenüber wenig sorgfältigen

---

[25] Vgl. EHRENZWEIG, Calif. L. Rev. 43 (1955) 41.

[25a] Vgl. ANDRESEN 255.

[26] Vgl. BERNSTEIN 117; DROUILLAT 93. Bei uns wird in solchen Fällen hingegen Versicherungsschutz gegen den Rückgriff des Sozialversicherers gewährt: vgl. SANDEN, VersR 1968, 12 (13).

[27] Vgl. PROSSER 13; Comment, Criminal Safeguards and the Punitive Damages Defendat, U. Chi. L. Rev. 34 (1967) 408 ff. (410 N. 8, 411); zuletzt American Surety Company of New York v. Gold, 375 F. 2 d 523 (10th Cir., 29. 9. 1966), kommentiert in Minn. L. Rev. 52 (1968) 1107–1118: Haftpflichtversicherung gegen punitive damages verstößt gegen die public policy des Staates Kansas. – Allgemein zu Wesen und Bedeutung der „punitive damages“ in den USA: GROSSFELD, Die Privatstrafe (1961) 49 ff.

[28] Die Anzahl der schadensfreien Jahre hat sich in den Tarifen vieler Länder als Einstufungsfaktor durchgesetzt (vgl. BRUGGER, VW 1967, 204, 209). Die derzeit bei uns geltende Ausgestaltung des Schadenfreiheitsrabattes könnte freilich in einigen Punkten verbessert werden (vgl. KRAMER, Die Bindung des Schadenfreiheitsrabatts an die Person des Versicherungsnehmers, VW 1967, 716).

Fahrern, die überdurchschnittlich oft Unfälle verschulden, durch gestaffelte Zuschläge erhöht werden[29]. In manchen Staaten ist dieser Gesichtspunkt bereits berücksichtigt, so z. B. in der *Schweiz*[30] und in *Saskatchewan*[31].

Auch bei uns soll auf die Beiträge für schadensreich verlaufende Verträge ab 1. 1. 1969 ein Zuschlag erhoben werden. Die Einteilung in Malusklassen und die Höhe der Beitragszuschläge sind bisher allerdings noch nicht abschließend geregelt[32].

Der Gesichtspunkt berührt die grundsätzliche Frage einer möglichst risikogerechten Prämiengestaltung. Das im Einzelfall gegebene Risiko wird nicht nur durch die Art des Fahrzeugs, sondern auch durch die Verkehrsdichte des Gebiets, in dem das Fahrzeug hauptsächlich verkehrt, und durch die Person des bzw. der Fahrer bestimmt. Während der Kraftfahrzeugtyp bei uns seit langem als Kalkulationsfaktor berücksichtigt wird, ist dem Gesichtspunkt der verschieden gefährlichen Verkehrszonen erst im Jahre 1967 durch Einführung einer „Großstadtstaffel" Rechnung getragen worden[33]. Der Grundsatz einer risikogerechten Kalkulation legt es nahe, nun auch die Person des Fahrers stärker als bisher als Einstufungsfaktor zu berücksichtigen[34], wie dies z. B. in den *USA* zunehmend geschehen ist[35]. Dort wird heute nicht nur beachtet, ob sich ein Fahrer im Verkehr bewährt hat, sondern es werden auch Alter, Geschlecht und Familienstand des Fahrers in Betracht gezogen. Unverheiratete Jugendliche müssen Zuschläge zahlen, die für männliche Fahrer höher sind als für weibliche. Die Prämien sind weiter nach dem Alter der jugendlichen Fahrer von 17–24 Jahren abgestuft. Eine entsprechend differenzierte Tarifpolitik hat sich in *Frankreich* durchgesetzt[36].

„Wer Unfälle baut, muß höhere Prämien zahlen" – „Wer gewissenlos fährt, riskiert seinen Versicherungsschutz" – von solchen, auch dem Laien ohne weiteres einleuchtenden Sätzen kann man sich auf die Dauer wohl doch eine gewisse abschreckende und erzieherische Wirkung versprechen. Auf jeden Fall sorgen diese Sätze aber für eine gerechte Risiko- und Lastenverteilung unter den Versicherten.

---

[29] Vgl. Conard, Mich. L. Rev. 63 (1964/65) 317; Keeton/O'Connell 255 f., 269; Tunc 56, 61, 71 Art. 16; ders., Dr. soc. 1967, 79; Löwenberg 8, 236. Zurückhaltend allerdings Brugger, VW 1967, 204 (210).

[30] Vgl. Brugger, VW 1967, 210.

[31] Vgl. oben § 9 N. 20.

[32] Vgl. Sievers, VW 1967, 1348 (1349); Bericht, VW 1967, 1493; „Die Welt" 7. 12. 1967 S. 1.

[33] Vgl. Bericht, VW 1966, 1179 f.; von der Meden, VW 1966, 1230 (1232); Brugger, VW 1966, 1233 (1235 f.).

[34] Vgl. VW 1967, 769, aber auch 1349.

[35] Vgl. Köhler, VW 1966, 985; Bericht, Aktuelle Probleme der K-Versicherung, VW 1966, 1187 f.

[36] Vgl. Bericht, Höhere Prämien für Jugendliche, VW 1966, 580; Bericht, Ansichten eines französischen K-Versicherers zur Individualisierung der Tarife, VW 1966, 1124 f.

§ 18 ENTLASTUNG NICHTMOTORISIERTER SCHÄDIGER

I. Die Einbeziehung des Fahrers und seiner Angehörigen in den Versicherungsschutz[1] ermöglicht es zugleich, die zu hart gewordene Haftung nichtmotorisierter Verkehrsteilnehmer und solcher Personen, die für das Verhalten von Verrichtungsgehilfen, Unmündigen oder Tieren im Verkehr verantwortlich sind, generell auf ein angemessenes Maß zu reduzieren: Bezieht man den Fahrer und seine Angehörigen in den Versicherungsschutz ein, so wird der durch das Verschulden eines nichtmotorisierten Verkehrsteilnehmers verletzte Kraftfahrer oder Kraftfahrzeuginsasse stets in voller Höhe durch seinen Versicherer entschädigt. Entsprechend den zuvor entwickelten Gedanken über die Funktion des Verschuldenselements in einem modernen Schadensrecht[2] ist dem Versicherer auch hier ein (voller oder anteiliger) Regreßanspruch gegen den Schädiger nur dann einzuräumen, wenn diesen ein extremes Verschulden trifft (z. B. Trunkenheit). Dadurch werden nicht versicherungspflichtige Verkehrsteilnehmer, denen ein verzeihlicher Fehler unterläuft, von den Schadensfolgen ihres Fehlverhaltens grundsätzlich ebenso verschont wie die motorisierten versicherungspflichtigen Verkehrsteilnehmer.

II. Die Systemänderung ermöglicht ferner auch eine befriedigende Lösung der vieldiskutierten „Aufopferungsfälle", in denen ein Kraftfahrer eine Selbstschädigung in Kauf nimmt, um die Verletzung einer anderen Person (in der Regel eines Kindes) zu vermeiden; auch hier wird der Kraftfahrer nun stets in voller Höhe durch seinen Versicherer entschädigt.

Die deutsche Rechtsprechung und Literatur gewährt dem Kraftfahrer, falls dieser sich nach § 7 Abs. 2 StVG entlasten kann, in solchen Fällen bisher über §§ 677, 683 BGB (Geschäftsführung ohne Auftrag) einen Entschädigungsanspruch gegen die geschonte Person oder deren Aufsichtspflichtigen[3]. Diese Lösung ist in doppelter Hinsicht unvollkommen: einmal wird der Anspruch unter dem Gesichtspunkt der mitwirkenden Betriebsgefahr gekürzt[4], und zum anderen ist die

---

[1] Vgl. § 15. [2] Vgl. oben § 17.

[3] Vgl. BGH 27. 11. 1962, BGHZ 38, 270 = NJW 1963, 390 = VersR 1963, 143; Deutsch, AcP 165 (1965/66) 193 (211 ff.); Helm, VersR 1968, 209 ff.; weitere Nachweise bei Floegel/Hartung § 7 StVG Rdz. 26.

[4] Vgl. das in der vorigen Anm. zitierte BGH-Urteil, das insoweit allerdings teilweise heftig kritisiert worden ist (so von Böhmer, VersR 1963, 323 und von Beleman,

Realisierung des Anspruchs nicht gesichert. Der Geschäftsführer ist nämlich häufig nicht haftpflichtversichert, und außerdem ist umstritten, ob ein Ersatzanspruch der besagten Art durch eine Haftpflichtversicherung überhaupt gedeckt wird[5].

§ 19 KOORDINATION MIT DER SOZIALVERSICHERUNG

Die Ersetzung des Kraftfahrhaftpflichtrechts durch eine Verkehrsunfallversicherung ermöglicht eine glatte Lösung des leidigen Koordinationsproblems[1]: Bei Leistungspflicht der zu schaffenden Unfallversicherung ist die Leistungspflicht der Sozialversicherer auszuschließen[2]. Dadurch wird nicht nur eine gerechte Lastenverteilung erreicht – die Unfallrisiken des Straßenverkehrs gehören in die Sphäre der Kraftfahrer[3] –, sondern auch das kostspielige „Geldkarussell" der Regresse gestoppt. Die Sozialversicherer werden auf diese Weise so stark entlastet, daß es ihnen möglich sein wird, ihre Leistungen erheblich zu steigern.

Das Ausmaß der Entlastung wird deutlich, wenn man bedenkt, daß die Sozialversicherer heute von ihren durch Verkehrsunfälle bedingten Aufwendungen (die einen steigenden Anteil ihrer Gesamtaufwendungen ausmachen) durchschnittlich nur etwa die Hälfte von den Kraftfahrversicherern vergütet erhalten; es ergibt sich dies mittelbar aus den auf Grund statistischer Unterlagen abgeschlossenen Schadenteilungsabkommen zwischen Sozialversicherern und Haftpflichtversicherern, die regelmäßig eine Teilungsquote von 50 Prozent vorsehen[4].

Infolgedessen kann man die Entschädigung von Arbeitsunfall-Opfern derjenigen von Verkehrsunfall-Opfern angleichen oder doch annähern und damit dem Argument Rechnung tragen, die ersteren seien nicht weniger schutzwürdig als die letzteren[5].

MDR 1963, 186; gegen diese aber KALLFELZ, VersR 1963, 709 und IMLAU, NJW 1963, 1039).

[5] Vgl. zu dieser Streitfrage J. FRIEDRICH (oben § 16 N. 2) 67 ff.; HELM, VersR 1968, 318 (321 f.)

[1] Siehe zu diesem Problem oben § 5 II.

[2] Vgl. PARSONS 282; TUNC 48 f.

[3] Diesem Gesichtspunkt werden KEETON/O'CONNELL nicht gerecht, nach deren Vorschlag Leistungen der Sozialversicherer – und darüber hinaus grundsätzlich auch Leistungen aus anderen Quellen – die Verkehrsversicherung entlasten sollen (KEETON/O'CONNELL 278 sowie U. Ill. L. Forum 1967, 414); zu Recht kritisch hierzu etwa DAVIDSON, U. Ill. L. Forum 1967, 455.

[4] Vgl. MEYER, Karlsruher Forum 1960 S. 23; WUSSOW, Teilungsabkommen zwischen Sozialversicherern und Haftpflichtversicherern (2. Aufl. 1965), von mir besprochen in NJW 1966, 922.

[5] Vgl. oben § 9 VI.

§ 20 KOSTENLAST DER REFORM

I. Welche Kostenlast der hier befürwortete Reformplan mit sich bringt, muß für die einzelnen Rechte getrennt geprüft werden. Allgemein läßt sich nur sagen, daß die Kostenlast um so größer sein wird, je größer bisher die Schutzlücken einer Rechtsordnung waren. Deshalb ist am ehesten in den *Common-Law-Staaten* mit einer erheblichen Kostensteigerung zu rechnen[1]; freilich werden die im Rahmen des Reformplans zur Kostensenkung vorgesehenen Maßnahmen gerade in diesen Staaten zu wesentlichen Einsparungen führen.

II. Die Beantwortung der Kostenfrage für eine bestimmte Rechtsordnung setzt umfassende statistische Unterlagen über die bisherige Entschädigungspraxis und die Betriebskosten des überkommenen Systems voraus. Zunächst muß man wissen, wieviele Opfer des Kraftfahrzeugverkehrs heute ganz oder teilweise unentschädigt bleiben. Dann kann man berechnen, welche Zusatzkosten sich durch die Erweiterung des Versicherungsschutzes ergeben. Diesen Zusatzkosten sind die Einsparungen gegenüberzustellen, die sich für die betreffende Rechtsordnung ergeben durch

a) die Versagung der Ansprüche auf Ersatz immaterieller Schäden (insbesondere die Einschränkung des Schmerzensgeldes),
b) die Versagung eines Anspruchs für entgangene Gebrauchsvorteile,
c) die Abzüge bei Sachschäden,
d) den verstärkten Rückgriff gegen nicht schutzwürdige Schädiger,
e) die aus der Vereinfachung des Systems resultierende Rationalisierung (einfache Regulierungsregeln, folglich Entbehrlichwerden der Anwaltsvertretung und Verebben der Prozesse),
f) Entbehrlichwerden zusätzlicher Versicherungen.

Grundsätzlich entbehrlich wird zunächst einmal die (freiwillige) Haftpflicht- und Unfallversicherung *nicht* motorisierter Verkehrsteilnehmer gegen die Risi-

[1] Nach Schätzungen *neuseeländischer* Versicherer würde die Ersetzung des Verschuldensprinzips durch eine volle objektive Einstandspflicht der Kraftfahrer die Haftpflichtprämien in *Neuseeland* um das Vierfache steigern. Diese auf den ersten Blick schockierende Schätzung verliert aber ihre abschreckende Wirkung im Hinblick darauf, daß die bisherige Jahresprämie nur £ 2 12 s. 6 d. (rund 30 DM) ausmacht (vgl. die Angaben bei Harris 477). Außerdem wirkt der hier entworfene Reformplan einer Kostensteigerung durch verschiedene Maßnahmen entgegen.

ken des Straßenverkehrs, denn diese Verkehrsteilnehmer werden nun – außer bei einem unverzeihlichen Selbstverschulden – einerseits von ihrer Haftung gegenüber motorisierten Verkehrsteilnehmern befreit[2] und andererseits bei der Schädigung durch ein Kraftfahrzeug voll entschädigt[3]. Überflüssig wird ferner die bisher neben der Kraftfahrhaftpflichtversicherung bestehende (freiwillige) Insassenunfallversicherung, für die heute erhebliche Mittel aufgebracht werden[4]; denn die neue Verkehrsunfallversicherung sorgt auch für einen umfassenden Schutz der Kraftfahrzeuginsassen. Die dritte Sparte der heutigen Kraftverkehrsversicherung, die Fahrzeug-(Kasko-)versicherung wird zwar nicht überflüssig, aber billiger; denn ein großer Teil der Risiken, die heute der Kaskoversicherer trägt, wird diesem durch die neue Versicherung abgenommen. Wie die heutigen Teilungsabkommen zwischen Kaskoversicherern und Haftpflichtversicherern zeigen, trägt der Kaskoversicherer derzeit in Fällen einer Fahrzeugkollision praktisch 50 % des Schadensrisikos[5]. Von diesem Lastenanteil wird er künftig befreit: Die neue Versicherung deckt in Kollisionsfällen nämlich sämtliche Schäden an Fahrzeugen bis auf einen geringen Abzug, der auch in der jetzigen Kaskoversicherung üblich ist. Das Risiko des Kaskoversicherers beschränkt sich in Zukunft also auf Fälle, in denen Schäden an einem Fahrzeug ausschließlich durch dessen eigenen Betrieb entstehen.

Wie noch darzulegen sein wird, ergeben sich schließlich weitere erhebliche Einsparungen, wenn man die Verkehrsunfallversicherung nicht wie die heutige Haftpflichtversicherung von einer Vielzahl separater Versicherer betreiben läßt, sondern sie als *Einheitsversicherung* organisiert[6].

Im Rahmen der vorliegenden Arbeit ist es nicht möglich, die kostenmäßigen Auswirkungen der Reform durch einen Vergleich der Mehraufwendungen mit den Einsparungen für die einzelnen Rechte zu ermitteln. Die Frage kann hier mangels umfassender und zuverlässiger Unterlagen nicht einmal für den *deutschen* Bereich exakt beantwortet werden.

III. Auch die ausländischen Berechnungen und Schätzungen haben insoweit nur bedingten Wert. Immerhin sind sie aber nicht ohne Interesse.

Für das *französische* Recht, dessen heutige Regelung der deutschen im wesentlichen gleicht[7], kommt *Tunc* aufgrund einer Überschlagsrechnung zu

---

[2] Vgl. oben § 18. [3] Vgl. oben § 12.

[4] Die Gesamtbeitragseinnahme der Kraftverkehrsversicherung belief sich bei uns 1966 auf ca. 4,1 Mrd. DM. Davon entfielen 78,2 % auf die Haftpflichtversicherung, 4,8 % auf die Insassenunfallversicherung und 17 % auf die Fahrzeugversicherung (vgl. Bericht, VW 1967, 1273).

[5] Vgl. MEYER, Karlsruher Forum 1960, 20.

[6] Siehe hierzu § 22. [7] Vgl. oben § 1 II.

dem Ergebnis, die von ihm propagierte Reform – welcher die hier befürwortete weithin entspricht[8] – werde grundsätzlich nicht zu einer Prämienerhöhung führen[9].

Ebenso fällt die Schätzung der *israelischen* Kommission aus, deren Reformvorschläge sich im wesentlichen auf derselben Linie bewegen[10]. Es ist dies um so beachtlicher, als die Zahl der unentschädigt gebliebenen Unfallopfer in Israel wegen des bisher dort geltenden Verschuldensprinzips wesentlich größer ist als die in den kontinentalen Staaten.

Schließlich rechnen auch *Keeton/O'Connell,* deren Reformvorschläge allerdings weniger weitreichend sind[11], nicht mit einer Prämiensteigerung[12].

Obwohl sich diese Schätzungen nicht ohne weiteres auf den deutschen Bereich übertragen lassen, legen sie doch die Vermutung nahe, daß eine Reform auch bei uns zu keiner oder doch zu keiner wesentlichen Prämiensteigerung führen würde. (Allein schon durch die Einschränkung des Schmerzensgeldes, durch die Versagung eines Anspruchs für entgangene Gebrauchsvorteile und durch die Abzüge bei Sachschäden werden enorme Beträge eingespart.) Sollte eine nähere Untersuchung etwas anderes ergeben, so ließe sich durch gewisse Modifikationen des Reformplanes – z. B. durch Abzüge auch bei Personenschäden – eine Kostensenkung erreichen.

---

[8] Abweichungen gegenüber dem „Projet Tunc" ergeben sich allerdings in folgenden Punkten: Erweiterte Ausschlüsse und Anspruchskürzung gegenüber nicht schutzwürdigen Verkehrsopfern (vgl. oben § 12 N. 8 und N. 24); schärfere Rückgriffshaftung nicht schutzwürdiger Schädiger (vgl. § 17 N. 17); Umlegung des nicht ersetzten Sachschadens (Abzug) bei Kollision von Kraftfahrzeugen auf beide Parteien; Streichung des Anspruchs auf Ersatz entgangener Gebrauchsvorteile; Zuschüsse zum Prämienaufkommen aus öffentlichen Mitteln (vgl. unten S. 97); Verwaltung der Versicherung durch eine einheitliche Organisation (siehe unten § 22). Diese Abweichungen bedeuten im Vergleich zum „Projet Tunc" eine wesentliche Entlastung der Versicherer (und damit indirekt der prämienzahlenden Kraftfahrer).

[9] TUNC 38, 65 ff. Nur für Fahrer, die sich ein hohes Einkommen erhalten wollen, werde die Prämie steigen (S. 67). BRISSAC (Dr. soc. 1967, 128) rechnet hingegen mit einer Prämiensteigerung von 14 Prozent.

[10] Vgl. Report of Committee, Israel L. Rev. 1 (1966) 636 (652 f.) Allerdings beschränkt der Reformvorschlag der israelischen Kommission im Gegensatz zum „Projet Tunc" die Entschädigung für Verdienstausfall auf 85 % des Einkommens (S. 650).

[11] Sie wollen das überkommene „tort system" nämlich nur teilweise durch ein „Basic Protection System" verdrängen (vgl. oben § 13 II, Text zu N. 18 ff.).

[12] KEETON/O'CONNELL 295 ff. Nach inzwischen für die Staaten *New York* und *Michigan* durchgeführten Berechnungen würde eine Realisierung der Reformvorschläge von KEETON/O'CONNELL sogar zu einer wesentlichen Prämiensenkung führen: vgl. KEETON/O'CONNELL, U. Ill. L. Forum 1967, 405 mit N. 20.

Im übrigen könnte einer übermäßigen Prämiensteigerung durch den Einsatz öffentlicher Mittel begegnet werden[13].

§ 21 FINANZIERUNG DER VERSICHERUNG

I. Entscheidende Bedeutung kommt der Frage zu, wer die Mittel für die Versicherung aufzubringen hat. Die Antworten auf diese Frage sind keineswegs einheitlich. Zwar wird bisher wohl überwiegend die Ansicht vertreten, es sei allein Sache der Fahrzeugeigentümer bzw. -halter, die Versicherung zu finanzieren[1]. Doch macht sich zunehmend ein Trend bemerkbar, die Kosten auf einer breiteren Basis zu verteilen[2].

So werden in der kanadischen Provinz Saskatchewan nicht nur die Fahrzeugeigentümer (bei der jährlichen Registrierung ihrer Fahrzeuge), sondern auch sämtliche Fahrer (bei der jährlichen Erneuerung der Fahrerlaubnis) zur Kostendeckung herangezogen[3]. Die Heranziehung der Fahrer neben den Fahrzeugeigentümern wird auch in anderen Ländern empfohlen oder doch erwogen[4]. Darüber hinaus plädieren manche Stimmen für einen Zuschuß aus öffentlichen Mitteln, da mittelbar auch die Allgemeinheit aus dem Kraftverkehr Vorteile ziehe[5].

II. Gegenüber diesen divergierenden Ansichten und Vorschlägen sind folgende differenzierende Überlegungen angebracht:

Soweit die Reform keine Kostensteigerung bewirkt, ist die neue Versicherung – ebenso wie bisher die Haftpflichtversicherung – durch Beiträge der Fahrzeugeigentümer zu finanzieren. Es besteht kein Grund, diese von bereits vorhandenen Belastungen zu befreien.

---

[13] Zu den Erwägungen, die einen solchen Zuschuß aus öffentlichen Mitteln rechtfertigen, vgl. unten § 21 II., Text zu N. 15 f.

[1] Vgl. Green 87; Cohen 186; Keeton/O'Connell 268; Tunc 40, 63. Soweit es sich um gewerblich genutzte Fahrzeuge handelt, sind die Versicherungsprämien praktisch ein Teil der Betriebsunkosten. Da der Unternehmer sie bei seiner Preisgestaltung von vornherein einkalkuliert, werden die Versicherungskosten auf den gesamten Kundenkreis umgelegt.

[2] Vgl. Fleming, Torts (1967) 183.

[3] Vgl. Grad 321; oben § 9 N. 20.

[4] Vgl. Parsons 275 sowie Derham/da Costa 67 (Neuseeland); (Israel) Report of Committee 650; Bericht, Staatliche Autoversicherung in Schweden, VW 1966, 1284.

[5] In diesem Sinne z. B. Yadin 286 f., der die Kosten der Versicherung zur Hälfte aus dem allgemeinen Steueraufkommen decken will. Vgl. auch Blum/Kalven 83.

Im Einklang mit den Regelungen der meisten Rechte[6] sollte man die Versicherungspflicht dem Fahrzeugeigentümer auferlegen. Dann erübrigen sich alle Diskussionen um den Begriff des „Halters“[7]. – Daneben auch von sämtlichen Inhabern eines Führerscheins Sonderbeiträge einzuziehen, wie dies in Saskatchewan geschieht[8], erscheint wenig sinnvoll: Der Kreis von Personen, die regelmäßig oder doch häufig ein Fahrzeug führen, ohne zugleich Eigentümer des Fahrzeugs zu sein, ist nicht allzu groß; er umfaßt hauptsächlich angestellte Fahrer, deren Beiträge letztlich doch von ihren Arbeitgebern – den Eigentümern – zu zahlen wären.

Schwieriger ist die Entscheidung bezüglich (etwaiger) reformbedingter Kostensteigerungen. Indes erscheint es angemessen, daß die motorisierten Verkehrsteilnehmer auch insoweit jedenfalls den Hauptteil der Kosten übernehmen, sind sie doch die Hauptnutznießer der Reform: Im Gegensatz zur jetzigen Rechtslage werden nun nämlich sowohl der Fahrer als auch seine Angehörigen allgemein voll geschützt. Da in den entwickelten Staaten die motorisierten Verkehrsteilnehmer schon heute – und mehr noch in Zukunft – den Hauptteil der Verkehrsopfer ausmachen[9], wirken sich auch die sonstigen, den Schutz der Geschädigten verbessernden Änderungen (Ansprüche auch bei Vorliegen eines unabwendbaren Ereignisses, Versagung oder Kürzung von Ansprüchen nur in Ausnahmefällen)[10] primär zu ihren Gunsten aus. Daß sie ihre Besserstellung auch selber bezahlen müssen, erscheint nicht mehr als recht und billig.

Somit bleibt nur die Frage zu beantworten, ob die motorisierten Verkehrsteilnehmer auch für die Besserstellung zahlen sollen, welche die Reform für nichtmotorisierte Verkehrsteilnehmer ergibt, und zwar einerseits durch Schließung von zu Lasten Geschädigter bestehender Schutzlücken – wichtig ist hier insbesondere die Abmilderung des Selbstverschuldens[11] –, zum anderen durch die grundsätzliche Freistellung von der Deliktshaftung für angerichtete Schäden[12].

An sich ließe sich eine „Zahlungslast“ der motorisierten Verkehrsteilnehmer auch insoweit durchaus rechtfertigen. Zwar ist es ein allgemeiner Rechtsgedanke, daß jedermann – sowohl als Schädiger wie auch als Geschädigter – die Folgen seines Verschuldens selber zu tragen hat[13]; und hieraus scheint auf den ersten Blick zu folgen, daß Schäden, die nichtmotorisierte Verkehrsteilnehmer schuldhaft verursacht oder erlitten haben,

---

[6] Vgl. oben § 2 N. 17.
[7] Vgl. Tunc, Dr. soc. 1967, 76.
[8] Vgl. oben § 9 III. N. 20.
[9] Vgl. für die Bundesrepublik: Statistisches Jahrbuch 1967, 367.
[10] Vgl. oben §§ 11, 12.
[11] Vgl. oben § 12.
[12] Vgl. oben § 18.
[13] Vgl. Wilburg 57, 101 f.

in ihre Sphäre gehören. Sobald man jedoch bedenkt, daß „Verschulden" ein relativer Begriff ist – es bedeutet die Außerachtlassung der *unter den gegebenen Umständen* im Verkehr erforderlichen Sorgfalt –, verliert jener Schluß seine zwingende Kraft: Die Sorgfaltsforderungen sind für nichtmotorisierte Verkehrsteilnehmer heute viel größer als vor dem Aufkommen des Kraftfahrzeugs; gäbe es keine Kraftfahrzeuge, so wären Straßenverkehrsunfälle selten. Praktisch haben die motorisierten Verkehrsteilnehmer den nicht motorisierten also eine Last auferlegt; und man kann es durchaus für vertretbar halten, daß sie ihnen diese Last – außer bei schwerem Verschulden – wieder abnehmen[14].

Andererseits ist freilich zu bedenken, daß die Technisierung des Verkehrs mittelbar vielfach auch den nichtmotorisierten Verkehrsteilnehmern zugute kommt. Deshalb ist es schwerlich gerechtfertigt, den Kraftfahrern allgemein auch das Risiko für Schäden aufzubürden, die nichtmotorisierte Verkehrsteilnehmer schuldhaft verursacht oder erlitten haben. Der in die Sphäre der letzteren gehörende, statistisch errechenbare Risikoanteil ist deshalb – soweit die Reform zu einer Kostensteigerung führt – durch einen Zuschuß aus öffentlichen Mitteln zu egalisieren[15].

Für eine solche Lösung sprechen folgende Erwägungen: Die Gefahr, als nichtmotorisierter Verkehrsteilnehmer schuldhaft Schäden anzurichten oder zu erleiden, besteht heute praktisch für jedermann. (Auch der motorisierte Verkehrsteilnehmer bewegt sich gelegentlich als Fußgänger.) Es ist deshalb wesentlich billiger, ein einheitliches, automatisch alle Personen umfassendes Versicherungssystems zu schaffen, als jedermann eine individuelle Versicherungspolice in die Hand zu drücken. Da das Versicherungsrisiko relativ gering ist, lohnt es sich außerdem nicht, von jedermann einen Beitrag einzuziehen. Der Weg über die allgemeine Steuer ist einfacher und billiger.

Ein Zuschuß aus öffentlichen Mitteln erscheint im übrigen schon deshalb vertretbar, weil die öffentliche Hand durch die neue Verkehrsunfallversicherung in mehrfacher Hinsicht entlastet wird: Da Verkehrsopfer nun stets entschädigt werden, fallen sie nicht mehr – wie bisher in manchen Fällen – der öffentlichen Fürsorge oder Systemen der sozialen Sicherheit zur Last, die teilweise durch öffentliche Mittel gestützt werden[16]. Eine weitere indirekte Entlastung der

---

[14] Vgl. Carman 12; Tunc 63.

[15] Der Risikoanteil nichtmotorisierter Verkehrsteilnehmer ist offenbar nicht allzu groß. In der Bundesrepublik lagen 1965 die polizeilich festgestellten Ursachen für Straßenverkehrsunfälle mit Personenschaden nur in 66 268 von insgesamt 498 189 Fällen bei den Fußgängern (Statistisches Jahrbuch 1967 S. 368).

[16] Vgl. oben § 5. So werden z. B. in *Deutschland* für die Invaliditätsversicherung, in der *Schweiz* für die Nichtbetriebsunfallversicherung Bundeszuschüsse gewährt.

öffentlichen Hand ergibt sich dadurch, daß die Flut der verkehrsbedingten Schadensprozesse verebben wird und folglich Richterstellen eingespart werden können.

Der Risikoanteil der Radfahrer an Verkehrsunfällen könnte durch eine besondere Verkaufssteuer für Fahrräder abgegolten werden.

Schließlich bleibt noch die Frage zu lösen, wie der Risikoanteil natürlicher oder juristischer Personen berücksichtigt werden soll, die nicht wegen eines Verschuldens im Verkehr, sondern wegen eines sonstigen Verschuldens (z. B. als Kraftfahrzeughersteller[17], Reparateur, Verkehrssicherungspflichtiger[18], Tierhalter[19]) für einen Teil der Verkehrsunfälle verantwortlich sind. Es erscheint zweckmäßiger, ihre Haftung durch – ihrem jeweiligen Risikoanteil entsprechende – Beiträge zur Versicherung abzulösen, als sie bestehen zu lassen und dem Versicherer wegen seiner Aufwendungen für das Unfallopfer einen Regreßanspruch gegen den Schädiger zu geben[20].

§ 22 ORGANISATION DER VERSICHERUNG

I. Ein besonders heikler Punkt der Reform ist die Frage, ob die einzuführende Unfallversicherung – ebenso wie die bisherige Haftpflichtversicherung – weiterhin in Form der Privatversicherung betrieben oder in einer der Sozialversicherung nachgebildeten Form organisiert werden sollte[1]. Während sich der Gesetzgeber in *Saskatchewan* und in *Polen* für die öffentlichrechtliche Lösung entschieden hat[2] und in einer wachsenden

[17] Vgl. BGH 17. 10. 1967, NJW 1968, 247 = VersR 1967, 1199. Allgemein zum Problem der Produzentenhaftung: SIMITIS, Grundfragen der Produzentenhaftung (1965); *Die Haftung des Warenherstellers*, Verhandlungen der Fachgruppe für Zivilrechtsvergleichung anläßlich der Tagung für Rechtsvergleichung in Kiel 1965 mit Abhandlungen von LORENZ, KRUSE und einem Bericht über die Diskussion, 1966 (von mir besprochen in RabelsZ 1967, 347 ff.); DIEDERICHSEN, Die Haftung des Warenherstellers (1967); SIMITIS, Gutachten C zum 47. Deutschen Juristentag (1968).

[18] Vgl. etwa BGH 9. 11. 1967, VersR 1968, 72; OLG Nürnberg 12. 7. 1967, VersR 1968, 261.

[19] Vgl. etwa BGH 2. 11. 1965, VersR 1966, 143; BGH 3. 5. 1966, VersR 1966, 758 (mit Anm. von GAISBAUER, VersR 1966, 1031).

[20] Für den Weg des Regreßanspruchs hat sich in diesen Fällen jedoch der *Columbia Plan* entschieden (vgl. *Columbia Report* 139 f.; KEETON/O'CONNELL 130 N. 12).

[1] Vgl. allgemein hierzu die bis heute grundlegende Untersuchung von ADOLPH WAGNER, Der Staat und das Versicherungswesen, ZStaatsw. 37 (1881) 1–72. WAGNER sprach sich generell für die öffentliche Versicherung aus (siehe insbesondere S. 69 ff.).

[2] Vgl. oben § 9 III, IV.

Zahl von Ländern die Sozialisierung der Kraftverkehrsversicherung empfohlen oder doch erwogen wird[3], sprechen sich die *amerikanischen* und *französischen* Befürworter einer Reform – offenbar nicht zuletzt aus taktischen Erwägungen – überwiegend dafür aus, die Form der Privatversicherung beizubehalten[4].

II. In der Tat sollte man den Privatversicherern ein Geschäft, das sie mit staatlicher Billigung und Förderung aufgebaut haben, nicht ohne triftige Gründe entziehen. In diesem Zusammenhang interessiert besonders die Frage, welche Form der Versicherung billiger ist[5]. Die Bedeutung dieser Frage wird deutlich, wenn man bedenkt, daß bei einem jährlichen Prämienaufkommen von ca. 4,1 Milliarden DM bereits die Ersparnis von einem einzigen Prozent 41 Millionen DM ausmacht[6].

Ein erster Anhaltspunkt für die Beantwortung der Frage läßt sich dadurch gewinnen, daß man die Betriebskosten der überkommenen privaten Kraftfahrhaftpflichtversicherung mit denen der sozialen Unfallversicherung vergleicht. Ein solcher Vergleich fällt überall eindeutig zugunsten der letzteren aus.

In *England* verschlingen die Betriebskosten der privaten Haftpflichtversicherung etwa ein Drittel, in den *USA* sogar 56 % des Prämienaufkommens; hingegen machen sie bei der sozialen Unfallversicherung (Workmen's Compensation) in *England* weniger als 10 % und in den *USA* ca. 33 % aus[7].

In *Frankreich* werden die Betriebskosten der privaten Haftpflichtversicherung auf etwa 35 % des Prämienaufkommens veranschlagt; demgegenüber erreichen sie bei der sozialen Unfallversicherung (einschließlich der Kosten ärztlicher Untersuchungen) nur ca. 10 %[8].

---

[3] Vgl. Bericht, VW 1966, 1284 *(Schweden und Finnland);* Report of Committee, Israel L. Rev. 1 (1966) 649 (Israel); Street, S.A.L.J. LXXXV (1968) 55 ff. (England).

[4] Vgl. etwa Ehrenzweig, Calif. L. Rev. 43 (1955) 20, 24; Green 83 f.; Keeton/O'Connell 148, 295; O'Connell 655; Tunc, Dr. soc. 1967, 71 (86 ff.).

[5] In einem am 30. 11. 1967 gehaltenen Vortrag über die „Zukunft der Privatassekuranz" hat Frey zu Recht betont, das Schicksal der Privatassekuranz hänge nicht zuletzt davon ab, ob sie billiger arbeiten könne als der Staat (vgl. Frey, VW 1968, 9 ff.).

[6] Die Gesamtbeitragseinnahmen der Kraftverkehrsversicherung beliefen sich bei uns 1966 auf ca. 4,1 Mrd. DM (vgl. oben § 20 N. 4).

[7] Vgl. für *England* Street, S.A.L.J. LXXXV (1968) 51 sowie den oben (§ 14 N. 30) zitierten Bericht Rev. int. dr. comp. 18 (1966) 908 (913); für die *USA* Conard, Mich. L. Rev. 63 (1964/5) 290 und U. Ill. L. Forum 1967, 450 f.

[8] Tunc, Dr. soc. 1967, 71 (80) unter teilweiser Korrektur der in seiner Monographie „Securité routière" S. 18 f. gemachten Angaben; Brissac, Dr. soc. 1967, 123 (127).

In den *Niederlanden* werden die Kosten der privaten Haftpflichtversicherung auf 45 % geschätzt (wobei die Kosten der Rechtsverfolgung durch die Unfallopfer nicht eingerechnet sind), die der Sozialversicherung hingegen im ungünstigsten Fall mit 20 % angegeben[9].

In *Israel* liegen die Kosten der privaten Haftpflichtversicherung über 30 %, die der sozialen Unfallversicherung hingegen unter 5 %[10].

Auch bei uns dürften die Betriebskosten der privaten Kraftverkehrsversicherer mehr als 30 % des Prämienaufkommens ausmachen.

Zwar haben die Kraftverkehrsversicherer bei uns 1965 etwa 72 % ihrer Prämieneinnahmen (nämlich 2712,4 von 3743,3 Millionen DM) als Leistungen für Versicherungsfälle ausgezahlt oder zurückgestellt[11]. Aber bei diesen Angaben sind erstens die hohen Zinserträge der Versicherer (ca. 6 % des Prämienaufkommens)[12] nicht berücksichtigt. Und zweitens betrifft ein nicht unbeträchtlicher Teil der „Leistungen für Versicherungsfälle" die Anwaltskosten des Unfallopfers, ist im Grunde also den Betriebskosten des jetzigen Systems zuzurechnen.

Demgegenüber liegen die Betriebskosten bei der sozialen Unfallversicherung unter 10 %[13].

Zwar ist keine entsprechende Kostendiskrepanz zwischen einer öffentlichen und einer privaten Verkehrsunfallversicherung zu erwarten. Denn eine private Verkehrsunfallversicherung würde die Schadensregulierung so vereinfachen, daß ihre Betriebskosten wesentlich niedriger wären als die der überkommenen Haftpflichtversicherung[14]. Gleichwohl berechtigen die ausländischen Erfahrungen zu der Annahme, daß eine öffentliche Versicherung wesentlich billiger wäre als eine Privatversicherung.

In der kanadischen Provinz *Saskatchewan* machten die Betriebskosten des staatlich betriebenen Versicherungsfonds 1965–66 einschließlich „adjustment expenses" nur 15,2 % des Prämienaufkommens aus und sind für die Periode Mai bis Dezember 1966 sogar auf 12 % gesunken[15]. Hierbei ist zu bedenken, daß der Rationalisierungseffekt des Saskatchewan Plans begrenzter ist als der des

---

[9] Vgl. Bloembergen 59 ff.

[10] Vgl. Report of Committee, Israel L. Rev. 1 (1966) 654.

[11] Vgl. Statistisches Jahrbuch 1967, 394.

[12] Vgl. unten § 24 N. 21.

[13] Vgl. Statistisches Jahrbuch 1967, 399, 403.

[14] Brissac (Dr. soc. 1967, 128) rechnet mit einer Kostensenkung von etwa einem Drittel. Skeptisch bezüglich der durch die Reform erreichbaren Kostenersparnis allerdings Blum/Kalven 51 ff.; kritisch zu diesen aber Pfeffer, UCLA L. Rev. 13 (1966) 909 (913 f.). Vgl. auch Conard, UCLA L. Rev. 13 (1966) 1432 (1438).

[15] Vgl. oben § 9 III N. 19.

hier befürworteten Reformplans, da Saskatchewan die Deliktshaftung des Kraftfahrers nur teilweise durch eine Unfall- und Sachversicherung ersetzt hat[16].

In *Polen* erreichen die Verwaltungskosten der staatlichen Doppelversicherung (Haftpflicht- und Unfallversicherung) nicht einmal 10 % des Prämienaufkommens[17], obwohl das Festhalten an einer zweispurigen Regelung eine volle Rationalisierung ebenso verhindert wie in Saskatchewan.

Die Gründe hierfür sind leicht einzusehen:

1. Eine einheitliche öffentliche Versicherung beseitigt die finanziellen Reibungsverluste, die durch das Nebeneinander einer Vielzahl von Privatversicherern entstehen. Der Konkurrenzkampf zwischen den verschiedenen Versicherern und die mit ihm verbundenen Werbungskosten entfallen[18]. Außerdem wird die Abwicklung der Schadensfälle entscheidend vereinfacht: Es braucht nun bei einem Unfall, auch wenn mehrere Kraftfahrzeuge an ihm beteiligt sind, stets nur noch eine einzige Akte angelegt zu werden. Sämtliche entstandenen Schäden werden einheitlich von der öffentlichen Versicherung reguliert. Damit erübrigt sich die kostspielige Prüfung der Frage, welches Fahrzeug oder welche Fahrzeuge im Einzelfall den Schaden verursacht haben. *Auch erübrigen sich alle sonst erforderlichen Erwägungen, in welchem Verhältnis die Versicherer mehrerer an dem Unfall beteiligter Fahrzeuge entstandene Schäden abzudecken haben.*

Bleibt es bei dem gegenwärtigen Pluralismus der Privatversicherer, so kommt dieser Frage besondere Bedeutung zu. TUNC sucht sie dadurch zu lösen, daß er im Falle einer Kollision zwischen zwei oder mehr Fahrzeugen Personenschäden, soweit nicht vom Fahrer erlitten, und Sachschäden, soweit durch Personen außerhalb des Fahrzeugs erlitten, zwischen den Versicherern im Verhältnis zur Motorenkraft der beteiligten Fahrzeuge teilt[19] und daß er „interne" Sachschäden – ebenso wie Personenschäden des Fahrers – jeweils dem Versicherer des betroffenen Kraftfahrzeugs auferlegt[20]. Aus Gründen der Praktikabilität verzichtet TUNC auf eine entsprechende Schadensverteilung in Fällen, in denen zwar mehrere Fahrzeuge am Unfall beteiligt, jedoch nicht miteinander kollidiert sind; hier soll allein der Versicherer des den Schaden unmittelbar verursachenden Fahrzeugs entschädigungspflichtig sein. Wie TUNC[21] selber sieht, ist eine solche Abgrenzung von der Interessenlage her gesehen willkürlich. – Im Gegensatz zu TUNC wollen KEETON/O'CONNELL[22] die Deckung von Schäden, welche Kraftfahrzeug*insassen*

---

[16] Vgl. oben § 9 III. [17] Vgl. oben § 9 IV N. 28.

[18] Zu den grotesk hohen Werbungskosten in den *USA* vgl. PFEFFER, UCLA L. Rev. 13 (1966) 909 (914).

[19] TUNC 42 f. sowie Dr. soc. 1967, 76 f.

[20] TUNC 58. [21] TUNC 41 f.

[22] KEETON/O'CONNELL 343 ff., 351.

erleiden, ganz allgemein dem Versicherer des jeweils betroffenen Kraftfahrzeugs auferlegen. Diese Lösung ist unbefriedigend: sie bedeutet, daß die Versicherung schwerer Fahrzeuge (Lastwagen, große PKWs) billiger wäre als die leichter Fahrzeuge, deren Insassen im Kollisionsfall stärker gefährdet sind[23].

Es ist also nicht leicht, den Schaden zwischen mehreren Versicherern gerecht zu verteilen. Zudem bedeutet jede Ausgleichsregelung, daß Zusatzkosten entstehen: Regresse kosten Geld[24].

Schließlich beseitigt eine einheitliche Versicherung auch die Schwierigkeiten, die heute bezüglich der Ausmerzung unsolider Versicherungsnehmer bestehen. Denn „faule Kunden", deren Versicherungsantrag von einem Versicherer abgelehnt worden ist[25], werden dann nicht mehr bei einem anderen Versicherer unterschlüpfen können, der von ihrem „Vorleben" in der Regel nichts weiß[26]. Auch das „Malus-System" (gestaffelte Prämienzuschläge gegenüber schlechten Fahrern)[27] kann nur funktionieren, wenn der Versicherungsnehmer keine Möglichkeit hat, seinen Schadensverlauf zu verschleiern[28].

2. Eine einheitliche öffentliche Versicherung ermöglicht den Verzicht auf die kostspielige Ausgabe individueller Haftpflichtpolicen. Durch Einführung einer Sondersteuer (auf Kraftfahrzeuge, auf Benzin oder auf beides) könnte man darüber hinaus sogar die individuelle Beitragserhebung einsparen.

Die mehrfach empfohlene oder doch erwogene Finanzierung der Versicherung über eine *Benzinsteuer*[29] hätte neben ihrem Rationalisierungseffekt den Vorzug, daß die Beiträge der einzelnen Kraftfahrer der Benutzungsintensität ihres Fahrzeugs entsprechen. Zwar ist die Benutzungsintensität nur *ein* Faktor des Schadensrisikos (weitere Faktoren sind der Fahrzeugtyp, die Verkehrszonen, in denen das Fahrzeug sich normalerweise bewegt, sowie die Persönlichkeit des Fahrers). Aber der Weg über die Benzinsteuer würde auch den Faktoren „Fahrzeugtyp" und „Verkehrszonen" in etwa gerecht werden: Der Benzinverbrauch steigt in der Regel mit der Schwere und der Schnelligkeit des Fahrzeugs; auch liegt der Ben-

---

[23] Vgl. Tunc 42.

[24] Freilich könnte man diese Zusatzkosten durch Schadenteilungsabkommen zwischen den Versicherern wohl weithin eliminieren (vgl. Meyer, Karlsruher Forum 1960, 19 ff.).

[25] Dies ist bei uns nur aus ganz bestimmten Gründen möglich, insbesondere dann, wenn der Versicherer einen früheren Vertrag mit dem Antragsteller wegen Prämienverzugs gekündigt hat (vgl. Gesetz zur Änderung der Vorschriften über die Pflichtversicherung für Kraftfahrzeughalter vom 5. 4. 1965, 1. Abschnitt § 5 Ziff. 4, BGBl. 1965 I 213).

[26] Vgl. zur jetzigen mißlichen Lage: Goos, Auslese des subjektiven schlechten Kraftfahrzeug-Geschäfts, VW 1966, 740 f.; Steck, VW 1966, 1332 ff.

[27] Vgl. oben § 17 IV.

[28] Vgl. Brugger, VW 1967, 204 (210).

[29] Vgl. Gray, Curr. Leg. Probl. 17 (1964) 142; Bericht, Staatliche Autoversicherung in Schweden?, VW 1966, 1284; Tunc, Dr. soc. 1967, 80.

zinverbrauch im Stadtverkehr höher als in verkehrsarmen Zonen. Die Persönlichkeit des Fahrers könnte man bei der Lastenverteilung dadurch berücksichtigen, daß unfallfreien Fahrern – entsprechend den bereits heute üblichen Schadenfreiheitsrabatten – gestaffelte Gratifikationen gewährt werden, während wenig sorgfältige Fahrer, die überdurchschnittlich oft Unfälle verschulden, gestaffelte Sonderbeträge zu entrichten hätten[30]. – Die Finanzierung über eine Benzinsteuer hätte den weiteren Vorzug, daß für ausländische Fahrzeuge, die im Inland verkehren, keine Sondervorschriften erforderlich wären.

3. Bei einer öffentlichen Versicherung entfallen schließlich als Unkostenfaktoren sowohl die Provisionen der Versicherungsagenten als auch der von den Privatversicherern beanspruchte Gewinn.

Der *Gewinn* der Kraftverkehrsversicherer betrug bei uns 1966 formaliter zwar „nur" 2,29 %[31] – was bei einem Prämienaufkommen von ca. 4,1 Milliarden DM[32] immerhin etwa 93 Millionen DM ausmacht – lag in Wirklichkeit jedoch wesentlich höher, da die Zinserträge der Versicherer, die jährlich etwa 6 % des Prämienaufkommens ausmachen, in der technischen Ertragsrechnung nicht erscheinen[33]. Obwohl für 1967 mit einem etwa gleichen Gesamtergebnis wie für 1966 gerechnet werden kann, sind die Versicherer hiermit nicht zufrieden[34].

Bezüglich der Gewinne der Versicherer und der üblichen Provisionen ist es zwischen den Kraftverkehrsversicherern und dem *Verband der Automobilindustrie* (VDA) zu heftigen Auseinandersetzungen gekommen. Brugger hat unlängst aus der Sicht der Versicherer über das gespannte Verhältnis berichtet und in diesem Zusammenhang bezüglich der Provisionen die Frage gestellt: „Glaubt der VDA, daß die Hunderttausende unserer Mitarbeiter im Außendienst für seine Forderung, man müsse in der K-Branche mit einer minimalen Provision für die Vermittlung und Verwaltung auskommen, Verständnis aufbringen?"[35] Die naheliegende Gegenfrage lautet: Glauben die Kraftfahrversicherer, daß die Kraftfahrer dafür Verständnis aufbringen, daß sie für den Abschluß einer *obligatorischen* Versicherung eine „Vermittlungs"-Gebühr zahlen müssen? Kann man im Hinblick darauf, daß die Vermittlungen größtenteils durch die Autohändler und die ihnen nahestehenden Agenten erfolgen[36], noch von „wirtschaftlichen Leistungen" der Vermittler sprechen? Ist es nicht folgerichtig, daß in *Schweden* und *Jugoslawien* die Provisionen weitgehend beseitigt worden sind?[37]

---

[30] Vgl. oben § 17 IV.

[31] So die Angabe von Brugger, VW 1967, 1345 (1347).

[32] Vgl. oben § 20 N. 4.

[33] Vgl. Börner, Zinserträge der Schaden- und Unfallversicherer, VW 1967, 1094 (1096).

[34] Vgl. Brugger, VW 1967, 1345 (1346).

[35] Vgl. Brugger aaO 1347.

[36] Vgl. Meyer, in: Zweite Begegnung von Justiz und Versicherung, hrsg. von der Versicherungsgruppe Hannover (1967) 15 ff. (23).

[37] Für *Schweden* vgl. Meyer aaO S. 22 f., für *Jugoslawien* Nikolić 122. Bei uns sind

Was die *Gewinne* der Versicherer anbelangt, so sieht eine Verordnung vom 20. 11. 1967 vor, daß die Versicherer technische Gewinne über drei Prozent ihren Versicherungsnehmern durch Prämiensenkungen wieder zugute kommen lassen müssen[38].

III. Im Hinblick auf die genannten verbilligenden Faktoren der öffentlichen Versicherung kann man daran zweifeln, ob die Privatversicherer in kostenmäßiger Hinsicht überhaupt eine konkurrenzfähige Alternative bieten können. *Das ist wohl höchstens dann der Fall, wenn sie sich zur Schaffung einer gemeinsamen Organisation bereitfinden, welche die Versicherung einheitlich betreibt und damit wenigstens die unter 1. und 2. genannten Unkostenfaktoren eliminiert.*

Ein interessantes Modell für eine solche Organisation findet sich in dem australischen Teilstaat *Westaustralien*[39]. Dort ist im Jahre 1948 durch Gesetz ein Kraftfahrzeugversicherungs-Trust (Motor Vehicle Insurance Trust) geschaffen worden, der primär von Privatversicherern getragen wird: vier der fünf Mitglieder des Trust werden von den Privatversicherern nominiert; das fünfte Mitglied ist der Leiter des State Government Insurance Office[40]. Der Trust hat eine Monopolstellung, welcher ein Kontrahierungszwang entspricht. Der von ihm verwaltete Fonds wird durch Prämien gespeist, welche die Kraftfahrzeugeigner an die örtliche Behörde, die ihr Fahrzeug zuläßt, mit oder vor Entrichtung der Zulassungsgebühr zu zahlen haben[41]. Die automobile license enthält zugleich die Haftpflichtversicherungspolice, so daß sich die Erteilung gesonderter Policen erübrigt.

Den zur Zeit der Trustgründung staatlich zugelassenen Privatversicherern wurde Gelegenheit gegeben, sich an dem Trustfonds zu beteiligen, und zwar im Verhältnis zu ihren im letzten Jahr erreichten Marktanteilen. Die sich beteiligenden Versicherer nehmen entsprechend ihrer Beteiligung am Gewinn und Verlust des Trustgeschäfts teil. Ein beteiligter Versicherer kann aufgrund einer sechsmonatlichen Kündigung ausscheiden; auch ist ein Ausschluß von Versicherern, die ihren (vom Trust bestimmten) Beitrag

---

kürzlich Höchstgrenzen für die Provisionen festgesetzt worden (vgl. VW 1967, 1510, 1511).

[38] Vgl. VW 1967, 1510 (1511).

[39] Vgl. zum folgenden Parsons, U. W. Austl. Ann. L. Rev. 3 (1954/56) 201 (210 ff., 258 ff.); Castles, Am. J. Comp. L. 6 (1957) 257 (275 ff.).

[40] Parsons 260; Castles 276.

[41] Die Behörde handelt als Vertreter für den Trust, an den sie die Prämien abzuführen hat. Der Vorschlag, der Behörde eine Inkassogebühr zukommen zu lassen, hat sich nicht durchgesetzt (Parsons 267).

nicht zahlen, möglich. Hingegen ist eine Zulassung neuer Versicherer nicht vorgesehen[42].

Seit 1951 unterliegen die Versicherungsprämien der staatlichen Kontrolle. 1954 wurde die Gewinnausschüttung an die beteiligten Versicherer auf 5 Prozent des Prämienaufkommens pro Jahr beschränkt[43]. Ein eventuell vorhandener Überschuß fließt in die Rücklage, wobei die Möglichkeit einer Prämiensenkung geprüft werden soll. Unfallopfern steht in allen Fällen eine action directe gegen den Trust zu, also auch dann, wenn der Schädiger unbekannt bleibt (Fahrerflucht) oder pflichtwidrig nicht versichert ist[44].

Durch die Schaffung des Trust sollten die Verwaltungskosten gesenkt, die Prämien niedrig gehalten und die vorher bestehenden Verzögerungen bei der Ausgabe von Versicherungspolicen beseitigt werden. Diese Ziele sind weithin erreicht worden[45]. Der Verzicht auf die Ausgabe gesonderter Policen hat sich als zeit- und kostensparend erwiesen. Die Verwaltungskosten sind drastisch gesenkt worden. Während die Verwaltungskosten der einzelnen Privatversicherer in Westaustralien vor Schaffung des Trust nach offiziellen Schätzungen mindestens 20 % der vereinnahmten Prämien ausmachten (ohne Einrechnung einer Provision von fünf Prozent), betrugen die Verwaltungskosten des Trust 1953–1954 nur 2,85 % des Prämienaufkommens (hinzu kommen Provisionen von 0,87 %)[46]. Dieses erstaunliche Resultat erklärt sich unter anderem dadurch, daß durchschnittlich mindestens 95 % der Fälle, davon weitaus die meisten ohne Beziehung eines Anwalts auf der Seite des Verletzten, gütlich geregelt werden[47]. Nach einer Prognose der Trustverwaltung werden jährlich mindestens 90 % des Prämienaufkommens für die Befriedigung von Ansprüchen Verletzter verfügbar sein. Im Jahre 1955 waren die Versicherungsprämien in Westaustralien wesentlich niedriger als in den anderen australischen Teilstaaten[48]. Im Gegensatz zu manchen anderen australischen Teilstaaten ergeben sich in Westaustralien keine Prozeßverschleppungen infolge einer Überlastung der Gerichte[49].

---

[42] Vgl. PARSONS 265 f.

[43] PARSONS 266; CASTLES 277.

[44] CASTLES 277.

[45] CASTLES 277.

[46] CASTLES 277.

[47] CASTLES 278. Dabei haben sich gewisse Faustregeln für die Schadensregulierung herausgebildet; z. B. wird bei Fußgängern grundsätzlich ein Mitverschulden von einem Drittel angenommen, was zu einer entsprechenden Anspruchskürzung führt. Wie CASTLES (S. 279) feststellt, nähern sich die durch eine solche Entschädigungspraxis bei Verkehrsunfällen erreichten Ergebnisse den gesetzlichen Regeln zum Schadensausgleich bei Arbeitsunfällen.

[48] CASTLES 277.

[49] PARSONS 264 mit N. 232.

Neben den bereits erwähnten Vorteilen hat ein Kartell der Privatversicherer einen weiteren Vorzug: Die Personalisierung der Versicherungsprämien, die unter dem Konkurrenzdruck rivalisierender Versicherer nur schwer durchsetzbar erscheint, läßt sich nun leichter durchführen[50].

Durch alle diese Vorteile werden gewisse Nachteile, die mit der Monopolstellung des Trust zusammenhängen – insbesondere die Gefahr einer weniger kulanten Haltung des Versicherers gegenüber dem Kunden – mehr als wettgemacht[51]. Wenn die Versicherer in den anderen Teilstaaten Australiens sich bisher gleichwohl nicht für die westaustralische Regelung erwärmt haben, so erklärt sich dies aus der Furcht, eine solche Regelung sei nur eine Vorstufe zur staatlichen Versicherung[52].

Zusammenfassend ist festzustellen, daß die Privatversicherer, wenn sie im Geschäft bleiben und eine der öffentlichen Versicherung bezüglich der Kosten konkurrenzfähige Alternative bieten wollen, die Schaffung einer von den Privatversicherern getragenen einheitlichen Institution akzeptieren müssen, die für die Versicherung sämtlicher durch den Kraftverkehr bedingten Schadensfälle zuständig ist.

IV. Freilich kann man die öffentliche Versicherung selbst gegenüber einer derart zentralisierten Privatversicherung immer noch für vorteilhafter halten, weil bei ihr als Unkostenfaktor der von der Privatversicherung erstrebte und beanspruchte Gewinn entfällt. In *Japan* hat man insoweit kurzen Prozeß gemacht: Obwohl die Versicherer unter Kontrahierungszwang stehen, ist es ihnen verboten, aus der obligatorischen Kraftfahrhaftpflichtversicherung Gewinn zu ziehen[53]. In der Tat liegt die Frage nahe, welche Gründe den Gewinn der Privatversicherer bezüglich einer Zwangsversicherung rechtfertigen, falls der Staat diese Versicherung billiger betreiben könnte.

Im übrigen können zugunsten der öffentlichen Versicherung noch weitere Gesichtspunkte ins Feld geführt werden: Einmal eliminiert sie das Risiko der Insolvenz einzelner Versicherer[54]. Zweitens kann man sich von

---

[50] Vgl. Dahan, L'Assurance automobile, in: L'automobile en droit privé (1965) 375 (422).

[51] Vgl. Parsons 262 N. 224.

[52] Vgl. Castles 279.

[53] Vgl. Kimura, Rapporto sul Giappone, Assicurazioni XXXIV (1967) 315 (321 f.). Von der zunächst diskutierten Schaffung eines einheitlichen Versicherungsträgers hat man in Japan allerdings abgesehen (Kimura 318).

[54] Zu Lösungsmöglichkeiten des Insolvenzproblems im Rahmen der Privatversicherung vgl. Meyer (oben N. 36) 26; Bericht „Solidarhaftung", VW 1968, 818.

ihr eine effektivere Unfallverhütung versprechen[55]. Und schließlich ist es bei ihr leichter als bei der Privatversicherung möglich, Unfallrenten durch periodische Erhöhungen der Wirtschaftsentwicklung anzupassen[56].

§ 23 SCHADENSPROPHYLAXE

Gegenüber der Schadenslawine des Straßenverkehrs stellt sich nicht nur die Frage nach einem gerechten Ausgleich entstandener Unfallschäden, sondern auch die nach einer möglichst effektiven Unfallverhütung. Der hier entworfene Reformplan sucht dem Abschreckungs- und Erziehungsgedanken im Rahmen des Möglichen Rechnung zu tragen[1]. Jedoch kann man sich von schadensrechtlichen Sanktionen wohl nur einen begrenzten Einfluß auf das Verhalten der Verkehrsteilnehmer erhoffen. Die Schadensprophylaxe ist primär eine Aufgabe des Verwaltungsjuristen und des Strafrechtlers; diese haben in gemeinsamer Arbeit ein Konzept zu entwickeln, das im Kampf gegen die Verkehrsunfälle alle Möglichkeiten erschöpft.

An möglichen Maßnahmen seien hier nur erwähnt: Die Förderung des Straßenbaus[1a], verstärkte Sicherheitsvorschriften für die Herstellung von Automobilen[2], verschärfte Kontrolle und Siebung der Fahrer[3], Verbesserung der Ver-

[55] Schon Adolph Wagner hat einen Vorzug öffentlicher Versicherungsträger darin gesehen, daß sie sich „mit der sonstigen Landesverwaltung und damit mit den Einrichtungen und Tätigkeiten zur Meidung und Unterdrückung der Gefahren gut verbinden lassen" (Wagner – oben N. 1 – S. 70).

[56] Vgl. Tunc, Dr. soc. 1967, 86. Bei uns ist durch das Unfallversicherungs-Neuregelungsgesetz vom 30. 4. 1963 (BGBl. I 241) für den Rentenbestand der sozialen Unfallversicherung – ähnlich wie in der Rentenversicherung – eine regelmäßige Anpassung an die wirtschaftliche Entwicklung vorgesehen (vgl. Wannagat 123 f.).

[1] Vgl. oben §§ 12, 17. [1a] Vgl. VW 1968, 787 f.

[2] Zu den revolutionären legislativen und administrativen Maßnahmen in den USA, die durch ein aufsehenerregendes Buch des militanten Rechtsanwalts Ralph Nader über die mangelnde Berücksichtigung des Sicherheitsaspekts im Automobilbau veranlaßt wurden (hierzu VW 1967, 251) siehe etwa Note, Harv. L. Rev. 80 (1967) 688 (692). Zur Möglichkeit der Gerichte, die Automobilhersteller durch zivilrechtliche Sanktionen (Auferlegung einer Haftung gegenüber verletzten Insassen) zur stärkeren Beachtung des Sicherheitsaspekts zu zwingen, vgl. Nader/Page, Automobile Design and the Judicial Process, Calif. L. Rev. 55 (1967) 645–677.

[3] So ist nicht nur eine Verschärfung der Führerscheinprüfungen zu erwägen, sondern auch die periodische Überprüfung der Fahrer, zumindest ab einer bestimmten Altersgrenze (vgl. hierzu die Empfehlungen des 6. Deutschen Verkehrsgerichtstags, mitgeteilt im Bericht NJW 1968, 440).

kehrsregeln[4] und der strafrechtlichen Sanktionen[5] sowie – last not least – neue Mittel und Wege, um die Verkehrsteilnehmer zur Verantwortung zu erziehen und sie davon zu überzeugen, daß sie bei Verkehrsverstößen erwischt werden[6].

Nur auf diese Weise wird es möglich sein, die gefährliche Resignation zu überwinden, die sich im Hinblick auf den wachsenden Blutzoll des Straßenverkehrs auszubreiten droht.

Äußerungen wie „Wir haben die Schlacht verloren" – „wir sind alle nur Kurpfuscher an der Seuche dieses Jahrhunderts", die im Januar 1967 auf dem Verkehrsgerichtstag in Goslar fielen, kennzeichnen diese Stimmung in alarmierender Weise[7].

§ 24 EINWÄNDE GEGEN DEN REFORMPLAN

Gegenüber dem hier befürworteten Reformplan wird Widerspruch ebensowenig ausbleiben wie seinerzeit gegenüber den – letztlich gleichwohl überall erfolgreichen – Bemühungen um eine Reform des Schadensausgleichs bei Arbeitsunfällen.

I. Einwände sind hauptsächlich in vierfacher Hinsicht denkbar und bereits auch mehr als einmal erhoben worden: Eine Reform der hier befürworteten Art gefährde den Gedanken der individuellen Verantwortung (1)[1], bewirkte eine untragbare Steigerung der Versicherungsprämien (2)[2], ermutige zur Geltendmachung betrügerischer Ansprüche (3)[3] und schaffe ohne ausreichende Legitimation ein Sonderrecht zugunsten der Straßenverkehrsopfer (4)[4]. Indes ist keines dieser Argumente stichhaltig.

---

[4] Vgl. Möhl, Europäisches Straßenverkehrsrecht, JR 1968, 121 ff.

[5] Vgl. Baumann, Die angemessene strafrechtliche Ahndung von Verkehrsdelikten nach geltendem und künftigem Recht, in: 6. Deutscher Verkehrsgerichtstag 1968, S. 1 ff.

[6] Welche Bedeutung insbesondere einer effektiven Verkehrskontrolle zukommt, zeigen die beachtlichen Erfolge der Anfang 1967 in Niedersachsen eingesetzten getarnten Polizeistreifen: Allein die Zahl der Verkehrstoten ging binnen weniger Wochen im Vergleich zum Vormonat um 111 zurück (vgl. „Getarnte Funkstreifen – Schrecken der Straßenrowdys", Hamburger Abendblatt v. 22. 2. 1967 S. 28).

[7] Vgl. den Artikel „Hat die Verkehrsjustiz bei uns bisher versagt?" Hamburger Abendblatt v. 30. 1. 1967. Zur Stellungnahme eines Verkehrspsychologen siehe VW 1968, 293 (294).

[1] Vgl. etwa Drouillat, Dr. soc. 1967, 90 (91) sowie die Nachweise bei Tunc, Dr. soc. 1967, 80.

[2] Vgl. die Nachweise bei James, Col. L. Rev. 59 (1959) 408 (413 N. 28).

[3] So z. B. bereits Lilly, Col. L. Rev. 32 (1932) 803 (808) in einer kritischen Stellungnahme zum Columbia Plan (oben § 9 II).

[4] Vgl. etwa Blum/Kalven 83; Bloembergen 96 ff.

1. Der Reformplan gibt den *Gedanken der individuellen Verantwortung* keineswegs preis, sondern sorgt ganz im Gegenteil dafür, daß dieser Gedanke stärker als bisher hervortritt. Allerdings wird der Gedanke auf seinen eigentlichen Gehalt reduziert. Maßgebend ist die Überlegung, daß ein verzeihlicher Fehler, wie er im heutigen Verkehr jedermann unterlaufen kann, keine schadensrechtlichen Sanktionen – Haftung bzw. Anspruchskürzung – auslösen sollte, daß jedoch ein verantwortungsloses oder rücksichtsloses Verhalten keinen Schutz verdient. Diese Überlegung führt dazu, motorisierte Schädiger, die heute selbst bei einem verantwortungs- und rücksichtslosen Verhalten fast immer von ihrem Haftpflichtversicherer entlastet werden[5], in solchen Fällen künftig (über Regreßrechte des Versicherers) stärker als bisher zur Verantwortung zu ziehen[6]. Daß andererseits die übertrieben harte Haftung nichtmotorisierter Verkehrsteilnehmer gemildert[7] und die Lage der Unfallopfer verbessert wird (Anspruchskürzung grundsätzlich nur bei unverzeihlichem Eigenverschulden)[8], stellt den Gedanken der individuellen Verantwortung nicht in Frage. Auch nachteilige Auswirkungen auf die Verkehrsdisziplin sind nicht zu befürchten. Denn einen positiven Einfluß auf das Verkehrsverhalten kann man sich von schadensrechtlichen Sanktionen ohnehin nur in Fällen bewußter Fahrlässigkeit erhoffen, für welche die Sanktionen nach dem Reformplan weithin bestehen bleiben.

Selbst in diesen Fällen ist der Abschreckungseffekt schadensrechtlicher Sanktionen fraglich: Wer sich weder durch drohende Kriminalstrafen noch durch die Gefährdung seiner eigenen Person von Verkehrsverstößen abhalten läßt, wird in der Regel auch nicht durch schadensrechtliche Sanktionen abzuschrecken sein. Berechtigter erscheint die Hoffnung, daß drohende schadensrechtliche Sanktionen zu präventiven Maßnahmen (Kontrolle und Instandhaltung des Fahrzeugs) Anlaß geben.

2. Ob und inwieweit die Reform zu einer *Prämiensteigerung* führen wird, läßt sich noch nicht abschließend beurteilen[9]. Selbst wenn man einmal unterstellt, die Prämien würden steigen – was sie übrigens auch schon bisher getan haben –, so wäre das kein entscheidendes Argument gegen die Reform. Zwar mag es aus wirtschaftlichen und sozialen Erwägungen wünschenswert sein, ein Ansteigen der Prämien zu verhindern. Aber ein solcher Wunsch rechtfertigt es nicht, den Kraftfahrern Risiken abzunehmen, die

[5] Vgl. oben § 3.
[6] Vgl. oben § 17.
[7] Vgl. oben § 18.
[8] Vgl. oben § 12.
[9] Vgl. oben § 20.

in ihre Sphäre gehören. Die Versicherungsprämien sind nichts anderes als ein Teil der notwendigen Kosten des Fahrzeugbetriebes[10].

Im übrigen ist zu bedenken, daß die Kraftfahrer die Hauptnutznießer der Reform sind. Da sie schon heute und mehr noch in Zukunft das Gros der Verkehrsopfer stellen, kommt der verbesserte Versicherungsschutz hauptsächlich ihnen zugute. Deshalb kann ihnen auch ein höherer Preis für die Versicherung zugemutet werden.

3. Auch der Einwand, die Reform öffne *betrügerischen Manipulationen* Tor und Tür, hat keine Überzeugungskraft. Die Möglichkeit des Betrugs besteht in gleicher Weise auch unter dem gegenwärtigen System der (obligatorischen) Haftpflichtversicherung – die funktionell gesehen bereits zu einer Versicherung zugunsten des Verkehrsopfers geworden ist[11] – sowie der (freiwilligen) Fahrzeug- und Insassenunfallversicherung. Im übrigen kann das Betrugsrisiko immer nur eine verschärfte Kontrolle der Anspruchsvoraussetzungen rechtfertigen, nicht aber den Ausschluß von Ansprüchen schlechthin[12].

Die Kontrolle ließe sich dadurch verschärfen, daß man sich nicht – wie bisher – mit der Vorschrift begnügt, daß der Versicherungsnehmer und die Versicherten den Versicherungsfall innerhalb einer Woche schriftlich anzuzeigen und alles zu tun haben, was zur Aufklärung des Tatbestands und zur Minderung des Schadens dienlich sein kann[13], sondern daß man darüber hinaus jeden an einem Unfall beteiligten Kraftfahrer sowie jeden Verletzten, der hierzu in der Lage ist, verpflichtet, den Unfall unverzüglich dem nächsten erreichbaren Polizisten anzuzeigen und ihm einen schriftlichen Bericht über den Unfallhergang zu liefern. Der Gesetzgeber von *Saskatchewan* hat – mit Ausnahme von Bagatellfällen (Unfälle mit Sachschäden unter 100 $) – bereits eine solche öffentliche Meldepflicht eingeführt[14]. Er hat zugleich verfügt, daß der eine Unfallanzeige entgegennehmende Polizist die Einzelheiten des Unfallhergangs und der Unfallschäden durch Befragung des (der) Anzeigenden oder, falls erforderlich, durch sonstige Recherchen festzustellen und die Ergebnisse dem Versicherer zu übermitteln hat.

---

[10] Vgl. TUNC 38. Ist der Fahrzeughalter Unternehmer, so kann er die Prämien als Teil der Betriebskosten bei der Preisgestaltung einkalkulieren und damit letztlich auf den Kreis seiner Kunden umlegen.

[11] Vgl. oben § 7 S. 46 f.

[12] Vgl. SAMUELS, Compensation for Criminal Injuries in Britain, U. Toronto L. J. XVII (1967) 20 (31).

[13] Vgl. § 7 I (2) AKB und die Erläuterungen von STIEFEL/WUSSOW zu dieser Vorschrift.

[14] Vgl. Rev. Stat. Sask. 1965, ch. 408, § 65. Wer dieser Meldepflicht nicht nachkommt, verliert seinen Versicherungsschutz, sofern ein Gericht nicht ausnahmsweise eine andere Regelung für angemessen erachtet (Rev. Stat. Sask. 1965, ch. 409, §§ 32 V, 36 V i. V. § 62).

Der Betrugsgefahr könnte man zudem dadurch begegnen, daß man Personen, die wegen einer Körper- oder Gesundheitsverletzung Ersatz verlangen, zur Auflage macht, sich von einem Vertrauensarzt der Versicherung untersuchen zu lassen[15].

4. Auch der Einwand, die Reform schaffe ohne ausreichende Legitimation ein *Sonderrecht* zugunsten der Opfer des Straßenverkehrs, hat kein entscheidendes Gewicht. Die gleichen Gründe, die seinerzeit die Einführung der sozialen Unfallversicherung gerechtfertigt haben, rechtfertigen heute die Reform des Schadensausgleichs bei Verkehrsunfällen[16]: Die Risiken des Straßenverkehrs haben alle anderen Unfallrisiken überrundet; zahlreiche Verkehrsopfer bleiben ohne oder doch ohne ausreichenden Schutz; der Schadensausgleich bei Verkehrsunfällen ist zu einem Sozialproblem ersten Ranges geworden. Im übrigen ist die besondere Bedeutung der Materie auch längst anerkannt, unterstehen die Kraftverkehrsunfälle doch schon heute in den meisten Staaten Sonderregeln, an die man anknüpfen kann. Soweit diese Sonderregeln – wie in den meisten kontinentalen Rechten – eine verschärfte Haftung mit einer obligatorischen Haftpflichtversicherung verbinden und dem Unfallopfer eine action directe gegen den Versicherer einräumen, entsprechen sie ihrer Funktion nach bereits weithin dem hier befürworteten System.

II. Wie die Diskussion in den *USA*[17] und in *Frankreich*[18] zeigt, basiert der Widerstand gegen eine Reform denn auch weniger auf sachlichen Gründen als auf der Furcht der Versicherungswirtschaft und des Anwaltsstands, die Reform werde zu Geschäftseinbußen führen, ja letztlich die Verstaatlichung des Versicherungszweiges nach sich ziehen, der nicht ohne Grund als „Schicksalssparte" bezeichnet worden ist.

Die Kraftverkehrsversicherung ist in allen entwickelten Staaten zum wichtigsten Zweig der Schadensversicherung geworden[19]. Ihre Bedeutung wächst noch ständig. So wird bei uns das Gesamtprämienaufkommen, das 1966 bereits ca. 4,1 Mrd. DM betrug[20], nach Schätzungen von Fachleuten bis 1975 auf mehr als 12 Mrd. DM ansteigen[20a]. Die Versicherer erzielen allein durch die Verzinsung, deren Erträge etwa 6 % des Prämienaufkommens ausmachen, enorme Einnah-

---

[15] Vgl. Columbia Report 154.

[16] Vgl. etwa PARSONS 274.

[17] Vgl. etwa BLUM/KALVEN 78 ff.; KEETON/O'CONNELL, U. Ill. L. Forum 1967, 406 f.; DUKAKIS, U. Ill. L. Forum 1967, 587 ff. sowie SCARIANO daselbst 596 ff.

[18] Vgl. TUNC, Dr. soc. 1967, 80 ff.

[19] Vgl. VW 1968, 497 f.; VW 1967, 1267.

[20] Vgl. oben § 20 N. 4.

[20a] Vgl. BÖRNER, VW 1968, 564.

men, die in der technischen Ertragsrechnung nicht erscheinen[21]. Anders als in *Japan*[22] sind ihnen zusätzlich noch technische Gewinne bis 3 % des Prämienaufkommens erlaubt[23].

Demgegenüber gilt es zu betonen, daß die Versicherungswirtschaft es selbst in der Hand hat, das Gespenst der Verstaatlichung durch eine Förderung der Reform zu bannen. Das haben prominente ausländische Versicherer auch bereits erkannt[24]. Im übrigen zeigt das Beispiel der sozialen Unfallversicherung, die sich nicht nur in Deutschland, sondern in aller Welt gegen sämtliche Bedenken und Widerstände durchgesetzt hat[25], daß notwendige Reformen auf die Dauer nicht aufgehalten werden können.

§ 25 INTERNATIONALE VEREINHEITLICHUNG

Der vorgelegte Plan zielt nicht nur auf eine Reform des deutschen Rechts, sondern will zugleich die internationale Vereinheitlichung der Kraftverkehrshaftung vorbereiten helfen, auf deren Notwendigkeit der weitsichtige Schweizer Jurist *Meili* bereits um die Jahrhundertwende hingewiesen hat[1]. Zwar hat sich ein unter der Ägide des Internationalen Instituts für die Vereinheitlichung des Privatrechts (Rom) von einer internationalen Experten-Kommission ausgearbeiteter Entwurf – *Avant-Projet de loi uniforme sur la responsabilité civile des automobilistes* –, der 1940 publiziert wurde[2], nicht durchsetzen können. Das römische Institut ist jedoch auf Ersuchen der französischen Regierung im Begriff, die Prüfung der Materie wieder aufzunehmen[3]. Es ist zu hoffen, daß das Institut den früheren Entwurf, der noch auf dem Boden des Haftpflichtrechts steht – er entspricht im wesentlichen dem gegenwärtigen deutschen und französi-

---

21 Vgl. Börner, Zinserträge der Schaden- und Unfallversicherer, VW 1967, 1094 (1096).

22 Vgl. oben § 22 Text mit N. 53.

23 Vgl. oben § 22 Text mit N. 38.

24 Vgl. Brissac, Dr. soc. 1967, 123 ff.; Lebret, Dr. soc. 1967, 131 ff.

25 Vgl. oben § 8.

1 Meili, Die Kodifikation des Automobilrechts (1907) 183 ff.

2 Institut international pour l'unifcation du droit privé, Unification international en matière de responsabilité civile et d'assurance obligatoire des automobilistes (1940) 19 ff. Zur Entstehungsgeschichte vgl. daselbst S. 7 ff.

3 Vgl. Matteucci, La coopération internationale dans le domaine du droit uniforme, in: Unidroit, L'unification du droit – Unification of Law – (Annuaire 1965 – Year Book 1965) 53 (58). Nach einer Auskunft des römischen Instituts vom 3. 7. 1968 ist die Arbeit bisher allerdings noch nicht in Angriff genommen worden.

schen Kraftfahrhaftpflichtrecht – zugunsten der versicherungsrechtlichen Lösung aufgibt, für welche die vorliegende Arbeit im Einklang mit internationalen Entwicklungstendenzen eintritt, und daß diese Lösung auch von dem Sachverständigenausschuß befürwortet werden wird, den der Europarat kürzlich eingesetzt hat[4], um die Frage einer Vereinheitlichung des Kraftfahrhaftpflichtrechts zu prüfen. Eine solche Lösung liegt um so näher, als dem Versicherungsgedanken durch das *Europäische Übereinkommen über die obligatorische Haftpflichtversicherung für Kraftfahrzeuge* vom 20. 4. 1959, das dem Unfallopfer eine action directe gegen den Haftpflichtversicherer einräumt, bereits international der Boden bereitet ist[5].

Das von der Bundesrepublik durch Gesetz vom 1. 4. 1965 (BGBl. II 281) ratifizierte Übereinkommen beruht mittelbar auf dem unter der Ägide des römischen Instituts ausgearbeiteten *Avant-Projet de dispositions uniformes sur l'assurance obligatoire des automobilistes*[6]. Das Übereinkommen ist bisher allerdings noch nicht in Kraft getreten, da es einstweilen an der erforderlichen Ratifikation durch vier Staaten fehlt. Bisher haben außer der Bundesrepublik nur Griechenland und Norwegen das Übereinkommen ratifiziert[7].

§ 26 INTERNATIONALES PRIVATRECHT UND BEHANDLUNG VON AUSLÄNDERN

Würde der Reformplan sogleich auf weltweiter Ebene realisiert, so brauchte man bezüglich des Schadensausgleichs bei Verkehrsunfällen weder über das jeweils anzuwendende Recht noch über die Behandlung von Ausländern besonders nachzudenken. Da aber anzunehmen ist, daß der Plan sich zunächst nur in einzelnen Staaten oder Staatengruppen (z. B. den EWG-Ländern) durchsetzen wird, muß bis auf weiteres sowohl die Frage des anzuwenden Rechts als auch die der Behandlung von Ausländern eigens bedacht werden.

I. Bezüglich des anwendbaren Rechts ist von der internationalen Regel auszugehen, daß das Recht des Orts maßgebend ist, an dem das Delikt

[4] Vgl. BLOEMBERGEN 82; SCHÜTZE, VW 1968, 898.
[5] Eine Darstellung dieses Übereinkommens gibt PFENNIGSTORF 445 ff.
[6] Vgl. MATTEUCCI (oben N. 3) 58 f.; MÖLLER, ZVersWiss 1963, 439 f.
[7] Vgl. PFENNIGSTORF 445, 455 N. 8.

begangen wurde (lex loci delicti commissi)[1], also das Recht des Unfallortes[2]. Diese Regel ist nicht nur höchst praktikabel, sondern führt normalerweise auch zu sachgerechten Ergebnissen. Im Einklang mit einer neueren internationalen Tendenz, die sich insbesondere in den USA geltend macht[3], sollte die Regel allerdings nicht starr durchgeführt, sondern aufgrund einer interessegerichteten Betrachtungsweise „aufgelockert" werden[4]: Wenn durch ein Fahrzeug, das in einem „Reformstaat"[5] zugelassen ist, Personen verletzt werden, die diesem Staat angehören oder dort ansässig sind, so sollte das Recht des Reformstaates auch dann anwendbar sein, wenn der Unfall sich außerhalb des Reformstaates ereignet hat.

Es liegt in dieser Linie, wenn der Gesetzgeber in *Saskatchewan* die (limitierten) Leistungen der Unfallversicherung Personen, die in Saskatchewan residieren, auch dann zugute kommen läßt, wenn sie in einem in Saskatchewan zugelassenen Fahrzeug außerhalb Saskatchewans (in einer anderen kanadischen Provinz oder in den USA) verunglücken[6]. Der *Schweizer* Gesetzgeber hat sogar bereits allgemein angeordnet, daß Schäden, die einer Person mit Wohnsitz in der Schweiz durch ein in der Schweiz zugelassenes Fahrzeug zugefügt werden, auch dann nach schweizerischem Recht auszugleichen sind, wenn der Unfall sich im Ausland ereignet hat[7].

Diese Ausnahme von der lex loci actus rechtfertigt sich aus dem Sinn der Verkehrsunfallversicherung, die Unfallopfer möglichst umfassend schützen will. Der Versicherer des Fahrzeugs kann sich über eine solche Regelung nicht beklagen: Da er die Versicherungsprämie im Hinblick auf das Recht des Reformstaates kalkuliert hat, wird er durch die Anwendung dieses Rechts nicht unbillig belastet.

II. Hier liegt nun allerdings der Einwand nahe, mit dieser Erwägung lasse sich die Anwendung des Reformstaat-Rechts (Verkehrsunfallversicherung) in *sämtlichen* Auslandsunfällen eines im Reformstaat zugelas-

---

[1] Vgl. den rechtsvergleichenden Überblick bei BINDER, RabelsZ 20 (1955) 401 (406 ff.).

[2] Vgl. BGH 21. 12. 1956, VersR 1957, 130 = NJW 1957, 499; BGH 22. 9. 1967, VersR 1967, 1154.

[3] Vgl. etwa HEINI, Neuere Strömungen im amerikanischen IPR, Schw. Jb. Int. R. 19 (1962) 31–70, besprochen von MAKAROV, RabelsZ 30 (1966) 391 f.; KEGEL, The Crisis of Conflict of Laws, Recueil des Cours 112 (1964-II) 95 ff.; EHRENZWEIG, A Counter-Revolution in Conflicts Law? From Beale to Cavers, Harv. L. Rev. 80 (1966/67) 377 ff.

[4] Vgl. BINDER 478 ff.; KEGEL aaO 187 sowie RabelsZ 30 (1966) 1 (12 f.).

[5] D. h. einem Staat, der die hier befürwortete Reform durchgeführt hat.

[6] Vgl. Rev. Stat. Sask. 1965, ch. 409, § 20; SGIO 6 f.

[7] Siehe Art. 85 II SVG und hierzu OFTINGER II/2 S. 697 ff.

senen Fahrzeugs rechtfertigen, also auch dann, wenn das Unfallopfer ein Ausländer sei, der nicht im Reformstaat residiere. Dieser Einwand übersieht jedoch, daß man von dem Reformstaat, der am Schutz seiner Staatsangehörigen und der in seinem Gebiet residierenden Personen ein natürliches Interesse hat, nicht ohne weiteres verlangen kann, daß er auch sonstigen Personen ganz allgemein einen entsprechend umfassenden Schutz gewährt. Wie die *polnische* Regelung, die Ausländern den Schutz der in Polen eingeführten Unfallversicherung ganz generell versagt[8], deutlich macht, ist es nicht einmal selbstverständlich, daß man *im Inland* verunglückten Ausländern die gleichen Rechte gewährt wie Inländern. In diesem Punkte sollte man allerdings großzügig sein und nach dem Vorbilde von *Saskatchewan*[9] Ausländern, die im Inland verunglücken, Inländern auch dann gleichstellen, wenn es im betreffenden Fremdstaat an einem vergleichbaren Versicherungsschutz fehlt.

III. Entsprechend der bereits bestehenden Regelung ist dafür zu sorgen, daß ausländische Kraftfahrzeuge ebenso versichert sind wie inländische[10]. Entscheidet man sich für die öffentliche Versicherung und finanziert diese durch eine Benzinsteuer, so bedarf es in dieser Hinsicht keiner besonderen Vorschriften.

§ 27 MODELLWERT DES REFORMPLANS

Der Reformplan bezieht sich zwar nur auf den Schadensausgleich bei Verkehrsunfällen, seine Bedeutung reicht jedoch über dieses Gebiet hinaus. Das entworfene neue System – Ersetzung der Kraftverkehrshaftung durch Versicherungsschutz – könnte, falls es sich durchsetzt und bewährt, zum Modell für eine allgemeine Unfallversicherung werden, die nicht nur gegen die Risiken des Straßenverkehrs schützt, sondern gegen sämtliche Unfallrisiken unserer Zeit. Eine solche Volksunfallversicherung würde alle die Abgrenzungsschwierigkeiten und Diskriminierungen beseitigen, die jede Sonderregelung bestimmter Fälle mit sich bringt. Die Mittel für eine solche Versicherung wären hauptsächlich durch Beiträge aller (aus den verschiedensten Gründen) potentiell Haftpflichtigen aufzubringen, und zwar im

[8] Vgl. oben § 9 Text mit N. 26. [9] Vgl. SGIO 6, 34.

[10] Vgl. Gesetz über die Haftpflichtversicherung für ausländische Kraftfahrzeuge und Kraftfahrzeuganhänger vom 24. 7. 1956 (BGBl. I 667) und hierzu FROMM, Kraftfahrzeug-Pflichtversicherung (2. Aufl. 1961) 236 ff. Vgl. auch BOTT 23 f.

Verhältnis des den einzelnen jeweils treffenden Risikoanteils, der sich statistisch ermitteln läßt[1]. Die mit der Systemänderung verbundenen Zusatzkosten – die Unfallversicherung deckt mehr Risiken als die Haftpflichtversicherung – müßten allerdings grundsätzlich durch die Allgemeinheit übernommen, also aus öffentlichen Mitteln ausgeglichen werden. Bevölkerungs- oder Berufsgruppen, die besonderen Risiken ausgesetzt sind – wie z. B. die von Raubmördern bevorzugten Taxifahrer – und denen die Volksunfallversicherung deshalb mehr als dem Normalbürger zugute käme, könnte man in einem dem Sonderrisiko entsprechenden Maße zur Finanzierung der Versicherung beitragen lassen.

Wer die Entwicklungstendenzen des Schadensrechts auf Weltebene verfolgt, kann sich des Eindrucks nicht erwehren, daß – zumindest bezüglich der Regulierung von Personenschäden – der versicherungsrechtlichen Lösung die Zukunft gehört.

§ 28 GRUNDZÜGE DES REFORMPLANS UND GESETZENTWURF

Um einen zusammenfassenden Überblick über die Ergebnisse der vorliegenden Arbeit zu ermöglichen, werden im folgenden zunächst die Grundzüge des Reformplans skizziert (I). Sodann wird der Versuch unternommen, die erarbeiteten Ergebnisse durch den Entwurf eines „Verkehrsversicherungs-Gesetzes" bis ins einzelne zu konkretisieren und damit unmittelbar verwertbar zu machen (II).

I. Grundzüge des Reformplans

1. Ablösung der geltenden Rechtssysteme (der teils ein-, teils zweispurigen Kraftfahrhaftung und der mit ihr – meistens obligatorisch – gekoppelten Haftpflichtversicherung) durch eine obligatorische Unfall- und Sachversicherung für durch Kraftfahrzeuge verursachte Schäden[1].

[1] Vgl. BLAEVOET, Nouvelle orientation de notre système de responsabilité civile, D. 1966, Chronique 113 (116); STRAHL 224 f.; GILLIARD, ZSR 1967 II 212 ff., 316, 749 f. Nicht überzeugend ist deshalb die Ansicht von STARK, eine generelle obligatorische Versicherung lasse sich „kaum einführen, weil es praktisch unmöglich wäre, den Kreis der versicherungspflichtigen Personen befriedigend zu umschreiben und die Einhaltung einer solchen Verpflichtung zu kontrollieren" (STARK, ZSR 1967 II 87).

[1] Vgl. § 7.

2. Einbeziehung des Fahrers und seiner Angehörigen in den Versicherungsschutz [2].
3. Ausschlüsse nur gegenüber nicht schutzwürdigen Verkehrsopfern, Anspruchskürzungen nur bei schwerem Verschulden [3].
4. Grundsätzlich volle Deckung materieller Schäden, hingegen grundsätzlicher Ausschluß immaterieller Schäden [4].
   Abzüge bei Schäden an Kraftfahrzeugen; Streichung des Ersatzanspruches für entgangene Gebrauchsvorteile [5].
5. Regreß des Versicherers gegen nicht schutzwürdige motorisierte Schädiger [6].
6. Grundsätzliche Entlastung nichtmotorisierter Verkehrsteilnehmer [7].
7. Ausschluß konkurrierender Leistungen der Sozialversicherung [8].
8. Finanzierung der Versicherung durch die Kraftfahrzeugeigner, (eventuell) unterstützt durch einen Zuschuß aus öffentlichen Mitteln [9].
9. Verwaltung der Versicherung durch eine einheitliche Organisation mit Monopolstellung, die entweder von den Privatversicherern oder vom Staat getragen wird [10].

II. Entwurf eines Verkehrsversicherungs-Gesetzes

A. Versicherte Gefahr

§ 1 VERKEHRSSICHERUNG

Jedermann ist gegen Schäden, die durch einen Verkehrsunfall verursacht werden, nach Maßgabe der folgenden Bestimmungen versichert.

Verkehrsunfall bedeutet jeden Unfall, der durch ein Kraftfahrzeug im Inland verursacht wird [11]. Unter Kraftfahrzeug ist jedes Landfahrzeug zu verstehen, das durch mechanische Kraft bewegt wird, ohne an Bahngeleise gebunden zu sein. Schienenfahrzeuge sind Kraftfahrzeugen gleich zu achten, soweit sie innerhalb des Verkehrsraums einer öffentlichen Straße betrieben werden [12].

---

[2] Vgl. § 15. [3] Vgl. § 12. [4] Vgl. § 14.
[5] Vgl. § 14 I 2. [6] Vgl. § 17. [7] Vgl. § 18.
[8] Vgl. § 19. [9] Vgl. § 21. [10] Vgl. § 22.
[11] Vgl. oben § 10. [12] Vgl. oben § 10 S. 61.

Schäden, die ein Unfallhelfer erleidet, gelten als durch den Unfall verursacht[13].

Verursacht ein im Inland zugelassenes Fahrzeug im Ausland einen Unfall, so sind die folgenden Bestimmungen anwendbar, soweit durch den Unfall inländische Staatsangehörige oder im Inland ansässige Personen Schaden erleiden[14].

§ 2 ORGANISATION DER VERSICHERUNG

Versicherer ist der Verband der Kraftverkehrsversicherer[15].

Alternative:

Versicherer ist die Bundesanstalt für Kraftverkehrsversicherung[16].

§ 3 FINANZIERUNG UND PRÄMIENEINZIEHUNG[17]

Die Versicherung wird hauptsächlich durch Prämien der Fahrzeugeigentümer finanziert. Die Prämien sind an die Behörde, die das Fahrzeug zuläßt, vor oder mit Entrichtung der Zulassungsgebühr zu bezahlen und von dieser an den Versicherer abzuführen.

Hersteller von Kraftfahrzeugen, Reparaturwerkstätten, Verkehrssicherungspflichtige und Tierhalter haben zur Finanzierung der Versicherung in dem Maße beizutragen, in dem sie erfahrungsgemäß für Verkehrsunfälle verantwortlich sind[18].

Der Versicherungsfonds erhält einen Zuschuß aus öffentlichen Mitteln in Höhe von X % des gesamten Prämienaufkommens.

---

[13] Vgl. oben § 16.

[14] Vgl. oben § 26.

[15] Dieser Verband müßte geschaffen werden und mit dem Monopol der Kraftverkehrsversicherung betraut werden. Vgl. hierzu oben § 22 III.

[16] Diese Anstalt müßte geschaffen werden.

[17] Vgl. oben § 21.

[18] Will man die Haftung dieser Personen nicht ablösen, so muß man die Ansprüche des Verkehrsopfers gegen diese Personen auf den Versicherer übergehen lassen (vgl. oben § 21 S. 98).

§ 4 AUSSCHLÜSSE[19]

Der Versicherungsschutz ist ausgeschlossen gegenüber Personen, die

1. den Unfall vorsätzlich herbeigeführt oder ihn infolge der vorsätzlichen Ausführung oder des Versuchs von Verbrechen oder Vergehen oder infolge Trunkenheit am Steuer oder der Einwirkung von Rauschgiften erlitten haben;
2. ein unfallbeteiligtes Kraftfahrzeug ohne die vorgeschriebene Fahrerlaubnis geführt haben mit Ausnahme der Fälle, in denen es sich um die Rettung eines höherwertigen Rechtsguts oder die Verfolgung eines Verbrechens handelt;
3. das Führen des Fahrzeugs einem Fahrer überlassen haben, von dem sie wußten, daß er die vorgeschriebene Fahrerlaubnis nicht besaß oder daß er infolge des Genusses von Alkohol oder Rauschgiften nicht in der Lage war, das Fahrzeug sicher zu führen;
4. wissentlich ein nichtversichertes oder gestohlenes Fahrzeug geführt haben;
5. wissentlich in einem gestohlenen Fahrzeug mitgefahren sind.

In diesen Fällen stehen auch den in § 7 genannten Personen keine Ansprüche gegen den Versicherer zu.

§ 5 ANSPRUCHSKÜRZUNG[20]

Ist der Versicherungsschutz nicht nach § 4 ausgeschlossen, so mindert sich der Anspruch des Verletzten in dem Maße, in dem ein rechtskräftiges strafrechtliches Urteil eine Anspruchskürzung wegen eines unverzeihlichen Eigenverschuldens oder wegen einer vom Verletzten rechtswidrig und schuldhaft geschaffenen Zusatzgefahr (z. B. Betrieb eines nicht verkehrssicheren Fahrzeugs) für berechtigt erklärt. Eine Anspruchskürzung wegen einer Zusatzgefahr kommt nicht in Betracht, wenn diese Gefahr für den Unfall nicht kausal geworden ist oder der Verletzte das erhöhte Risiko nach Treu und Glauben als mitversichert ansehen konnte.

---

[19] Vgl. oben § 12 I. [20] Vgl. oben § 12 II.

Alternativvorschlag für diesen Absatz:

Ist der Versicherungsschutz nicht nach § 4 ausgeschlossen, so mindert sich der Anspruch des Verletzten um 5000 DM, wenn ein rechtskräftiges strafrechtliches Urteil das Vorliegen eines unverzeihlichen Verschuldens oder einer vom Verletzten rechtswidrig und schuldhaft geschaffenen Zusatzgefahr festgestellt hat.

Ist ein strafbarer Verletzter infolge besonderer Umstände (Tod, Verjährung der Straftat, Amnestie) unbestraft geblieben, so hat an Stelle des Strafrichters der Zivilrichter über die Frage der Anspruchsminderung zu entscheiden.

Für die Ansprüche der in § 7 genannten Personen gelten die vorigen Absätze entsprechend.

Entzieht sich ein Verletzter ohne triftigen Grund einer zumutbaren Maßnahme der Heilbehandlung oder der Berufshilfe oder einer Nachuntersuchung oder Beobachtung, so können die Leistungen ganz oder teilweise versagt werden, wenn er auf diese Folgen vorher schriftlich hingewiesen worden ist.

Nicht zumutbar ist eine Maßnahme der Heilbehandlung, die mit einer Gefahr für Leben oder Gesundheit des Verletzten verbunden ist, eine Operation auch dann, wenn sie einen erheblichen Eingriff in die körperliche Unversehrtheit bedeutet.

B. Leistungen des Versicherers

§ 6 PERSONENSCHÄDEN[21]

Im Falle der Verletzung des Körpers oder der Gesundheit wird der Verletzte entschädigt für

1. sämtliche unfallbedingten Aufwendungen;
2. den unfallbedingten Verdienstausfall – bis zu einer Höchstgrenze von X (z.B. 3000) DM pro Monat – einschließlich der Nachteile, welche die Verletzung für das Fortkommen des Verletzten herbeiführt;
3. eine Verunstaltung, eine dauernde Beeinträchtigung der körperlichen Integrität und ungewöhnlich starke oder anhaltende Schmerzen.

[21] Vgl. oben § 14 I 1.

Verunglückt ein Kraftfahrer ohne Zutun eines anderen Verkehrsteilnehmers, so wird die ihm zustehende Entschädigung aufgrund des Einkommens berechnet, das der Fahrzeugeigentümer bei der Zulassung des Fahrzeugs angegeben hat[22]. Entsprechendes gilt in diesem Falle für die Ansprüche der in § 7 genannten Personen.

§ 7 ERSATZANSPRÜCHE DRITTER[23]

Ist der Verletzte infolge des Unfalls verstorben, so werden seinen Erben die Kosten der Beerdigung ersetzt.

War der Getötete zur Zeit der Verletzung einem Dritten kraft Gesetzes unterhaltspflichtig oder konnte er es werden, und ist dem Dritten infolge der Tötung das Recht auf Unterhalt entzogen, so wird der Dritte insoweit entschädigt, als der Getötete während der mutmaßlichen Dauer seines Lebens zur Unterhaltsgewährung verpflichtet gewesen sein würde. Die Leistungspflicht besteht auch dann, wenn der Dritte zur Zeit der Verletzung erzeugt, aber noch nicht geboren war.

Im Fall der Tötung sowie im Fall der Verletzung des Körpers oder der Gesundheit wird ein Dritter, dem der Verletzte kraft Gesetzes zur Leistung von Diensten in dessen Hauswesen oder Gewerbe verpflichtet war, für die entgehenden Dienste entschädigt.

§ 8 VERHÄLTNIS ZU ANDEREN ENTSCHÄDIGUNGSNORMEN

Ansprüche des Verletzten oder der in § 7 Abs. 2 genannten Personen werden nicht dadurch ausgeschlossen, daß ein anderer dem Verletzten oder den genannten Personen Unterhalt zu gewähren hat[24].

Soweit der Verletzte oder die in § 7 Abs. 2 genannten Personen nach dem vorliegenden Gesetz zu entschädigen sind, entfallen Ansprüche gegen Sozialversicherer[25].

[22] Vgl. oben § 15 S. 81.
[23] Vgl. oben § 14 III.
[24] Vgl. oben § 14 IV a. E.
[25] Vgl. oben § 19.

§ 9 SCHADENSERSATZ DURCH GELDRENTE[26]

Der Schadensersatz wegen Aufhebung oder Minderung der Erwerbsfähigkeit und wegen Vermehrung der Bedürfnisse des Verletzten sowie der nach § 7 Abs. 2 und 3 einem Dritten zu gewährende Schadensersatz wird für die Zukunft durch Entrichtung einer Geldrente geleistet.

Statt der Rente kann der Anspruchsberechtigte eine Abfindung durch Kapital verlangen, wenn ein wichtiger Grund vorliegt.

§ 10 SACHSCHÄDEN[27]

Für zerstörte oder beschädigte Sachen wird grundsätzlich voller Ersatz geleistet.

Nicht ersetzt werden jedoch Schäden, die an einem Kraftfahrzeug oder an mit diesem beförderten Sachen ausschließlich durch dessen Betrieb entstanden sind; auch in diesem Fall sind aber Schäden an Sachen zu vergüten, welche beförderte Personen zur Zeit des Unfalls an oder bei sich hatten.

Der an einem Kraftfahrzeug entstandene Schaden wird nur ersetzt, soweit er einen Betrag von X (z. B. 200) DM übersteigt. Der Geschädigte kann vom Schädiger Ersatz für die Hälfte dieses durch die Versicherung nicht gedeckten Schadens verlangen, von einem nichtmotorisierten Schädiger allerdings nur dann, wenn diesen ein Verschulden trifft.

Für entgangene Gebrauchsvorteile des Kraftfahrzeugs wird kein Ersatz geleistet.

§ 11 RÜCKGRIFF DES VERSICHERERS[28]

Der Versicherer kann wegen Leistungen, die er aufgrund dieses Gesetzes an einen Unfallgeschädigten erbracht hat oder zu erbringen verpflichtet ist, Rückgriff nehmen gegen Personen, die

[26] Vgl. oben § 14 IV. [27] Vgl. oben § 14 I 2. [28] Vgl. oben § 17.

1. den Unfall vorsätzlich oder infolge der vorsätzlichen Ausführung oder des Versuches von Verbrechen oder Vergehen oder infolge Trunkenheit am Steuer oder der Einwirkung von Rauschgiften verursacht haben;

2. ein unfallbeteiligtes Fahrzeug ohne die vorgeschriebene Fahrerlaubnis geführt haben mit Ausnahme der Fälle, in denen es sich um die Rettung eines höherwertigen Rechtsguts oder um die Verfolgung eines Verbrechens handelt;

3. das Führen des Kraftfahrzeugs einem Fahrer überlassen haben, von dem sie wußten, daß er die vorgeschriebene Fahrerlaubnis nicht besaß oder daß er infolge des Genusses von Alkohol oder Rauschgiften nicht in der Lage war, das Fahrzeug sicher zu führen;

4. wissentlich ein nichtversichertes oder ein gestohlenes Kraftfahrzeug geführt haben.

In sonstigen Fällen kann der Versicherer gegen Personen, die den Unfall verursacht haben, nur Rückgriff nehmen, soweit ein rechtskräftiges strafrechtliches Urteil den Rückgriff wegen eines unverzeihlichen Verschuldens oder wegen einer vom Schädiger rechtswidrig und schuldhaft geschaffenen Zusatzgefahr (z. B. Betrieb eines nicht verkehrssicheren Fahrzeugs) für zulässig erklärt. Ein Rückgriff wegen einer vom Schädiger geschaffenen Zusatzgefahr kommt nicht in Betracht, wenn diese Gefahr für den Unfall nicht kausal geworden ist oder der Schädiger das erhöhte Risiko nach Treu und Glauben als mitversichert ansehen konnte.

Alternativvorschlag für diesen Absatz:

In sonstigen Fällen kann der Versicherer gegen den Schädiger bis zu einem Betrag von 5000 DM Rückgriff nehmen, wenn ein rechtskräftiges strafrechtliches Urteil das Vorliegen eines unverzeihlichen Verschuldens oder einer vom Schädiger rechtswidrig und schuldhaft geschaffenen Zusatzgefahr festgestellt hat.

Ist ein strafbarer Schädiger infolge besonderer Umstände (Tod, Verjährung der Straftat, Amnestie) unbestraft geblieben, so hat an Stelle des Strafrichters der Zivilrichter über die Frage des Rückgriffs zu entscheiden.

Eine Haftpflichtversicherung gegen Rückgriffsansprüche ist nur zulässig, soweit solche Ansprüche den Betrag von 5 000 DM übersteigen.

§ 12 VERJÄHRUNG[29]

Ansprüche aufgrund dieses Gesetzes verjähren in drei Jahren von dem Zeitpunkt an, in welchem der Ersatzberechtigte von dem Schaden Kenntnis erlangt, ohne Rücksicht auf diese Kenntnis, in dreißig Jahren von dem Unfall an.

§ 13 AUSSCHLUSS DES HAFTPFLICHTRECHTS[30]

Haftpflichtansprüche von Personen, die durch einen Verkehrsunfall geschädigt worden sind, bestehen nur gegen Personen, die den Unfall vorsätzlich verursacht haben. Der Schädiger hat dem Verletzten in diesem Fall alle materiellen Schäden zu ersetzen, welche die Versicherung nicht deckt, und ihm ein angemessenes Schmerzensgeld zu zahlen.

---

[29] Vgl. oben § 14 V.

[30] Vgl. oben § 13 S. 73 (Kleindruck a. E.).

SCHRIFTTUM

American Law Institute, Restatement of the Law Second, Torts 2d, 2 Bde (St. Paul, Minn. 1965) and Appendix, 3 Bde (1966); zitiert: Restatement Torts 2d.

ANDRESEN, R. HILLE, Haftung ohne Verschulden im nordischen, insbesondere im norwegischen Recht, RabelsZ 27 (1962/63) 245–262.

ARTMAIER, EDWIN G., Die Haftung des Kraftfahrzeugeigentümers in den USA, Diss. München (1966).

ASSICURAZIONI, L'assicurazione obbligatoria di responsabilità civile automobilistica, Assicurazioni XXXIV (1967) 302–364 (mit zahlreichen Länderberichten).

Avant-Projets, siehe Institut international pour l'unification du droit privé.

BARRY, DONALD D., The Motor-Car in Soviet Criminal and Civil Law, I.C.L.Q. 16 (1967) 56–85.

BARRY, JOHN, Compensation Without Litigation, Austl. L. J. 37 (1964) 339–349.

BAUMANN, JÜRGEN, Die angemessene strafrechtliche Ahndung von Verkehrsdelikten nach geltendem und künftigem Recht, in: 6. Deutscher Verkehrsgerichtstag 1968, S. 1–13.

BECKER, HELMUT, Kraftverkehrs-Haftpflichtschäden, 8. Aufl. (Karlsruhe 1965).

BEDOUR, JEAN, Pour un droit spécial aux accidents de la circulation routière (Paris 1968).

BERNSTEIN, HERBERT, Schadensausgleich bei Arbeitsunfällen (Karlsruhe 1963).

BESSON, ANDRÉ, Les conditions générales de l'assurance de responsabilité automobile obligatoire (Paris 1960).

v. BETHUSY-HUC, VIOLA GRÄFIN, Das Sozialleistungssystem der Bundesrepublik Deutschland (Tübingen 1965).

BINDER, HEINZ, Zur Auflockerung des Deliktsstatuts, RabelsZ 26 (1955) 401–499.

BINGHAM, LEONARD, Motor Claims Cases, 5. Aufl. (London 1964).

BLAEVOET, CH., Nouvelle orientation de notre système de responsabilité civile, D. 1966, Chronique 113–116.

BLOEMBERGEN, A. R., Dient de wettelijke aansprakelijkheid bij verkeersongevallen vervangen te worden door een stelsel van verzekering?, in: Handelingen der Nederlandse Juristen-Vereniging I (1967) 1–145.

BLOEMBERGEN, A. R., Auf dem Wege zur Abschaffung der Haftpflicht bei Verkehrsunfällen, DRiZ 1968, 34–38.

BLUM, W. J / KALVEN, H., Public Law Perspectives on a Private Law Problem – Auto Compensation Plans (Boston 1965).

BLUM, W. J. / KALVEN, H., The Empty Cabinet of Dr. Calabresi: Auto Accidents and General Deterrence, U. Chi. L. Rev. 34 (1966/67) 239–273.

BÖRNER, WILKO H., Zinserträge der Schaden- und Unfallversicherer, VW 1967, 1094 bis 1096.

BÖTTICHER, EDUARD, Schadensersatz für entgangene Gebrauchsvorteile, VersR 1966, 301–313.

BOETTINGER, KARL, Überwindung der Haftpflichtversicherung?, VersR 1952, 306–309.

Bólgar, Vera, Motor Vehicle Accident Compensation: Types and Trends, Am. J. Comp. L. 2 (1953) 515–523.

Bongers, H. A., Dient de wettelijke aansprakelijkheid bij verkeersongevallen vervangen te worden door een stelsel van verzekering?, in: Handelingen der Nederlandse Juristen-Vereniging I (1967) 146–228.

Bosonnet, Gaston, Haftpflicht- oder Unfallversicherung? Ersatz der Haftpflicht des Motorfahrzeughalters durch eine generelle Unfallversicherung der Verkehrsopfer? Zürcher Beiträge zur Rechtswissenschaft, N. F., Heft 256 (Zürich 1965).

Bott, Burchard, Der Schutz des Unfallgeschädigten durch die Kraftfahrzeug-Pflichtversicherung, Diss. Hamburg (1964).

Boulanger, François, De la codification du droit de la responsabilité automobile, in: L'automomobile en droit privé, sous la direction et avec un préface de Yvon Loussouarn (Paris 1965) 457–482.

Brainard, Calvin H., The Rise and Fall of Basic Protection in Massachusetts, Ins. L. J. 1967, 724–731.

Brissac, Georges, Stellungnahme zum „Projet Tunc", Dr. soc. 1967, 123–129.

Bruck, E. / Möller, H., Kommentar zum Versicherungsvertragsgesetz, 8. Aufl., Bd. 1 (Berlin 1961), Bd. 2, Lieferung 1 (1966).

Brugger, Werner, Die Struktur des Kraftfahrt-Versicherungstarifs, VW 1967, 204–211.

Bund gegen Alkohol im Straßenverkehr, Alkohol – Verkehrssicherheit (Hamburg 1966).

Bundesministerium für Arbeit und Sozialordnung, Übersicht über die soziale Sicherung in Deutschland, 6. Aufl. (1967).

Bundesministerium der Justiz, Referentenentwurf eines Gesetzes zur Änderung und Ergänzung schadensersatzrechtlicher Vorschriften, I Wortlaut, II Begründung (1967); zitiert: Referentenentwurf (1967).

Caemmerer, Ernst von, Wandlungen des Deliktsrechts, in: Hundert Jahre Deutsches Rechtsleben, Festschrift zum hundertjährigen Bestehen des Deutschen Juristentages, Bd. 2 (Karlsruhe 1960) 49–136.

Calabresi, Guido, Some Thoughts on Risk Distribution and the Law of Torts, Yale L. J. 70 (1960/61) 499–553.

Calabresi, Guido, The Decision for Accidents: An Approach to Nonfault Allocation of Costs, Harv. L. Rev. 78 (1965) 713–745.

Calabresi, Guido, Fault, Accidents and the Wonderful World of Blum and Kalven, Yale L. J. 75 (1965/66) 216–238.

Calabresi, Guido, Views and Overviews, U. Ill. L. Forum 1967, 600–611.

Carman, Ernest G., Is a Motor Vehicle Accident Compensation Act Advisable? Minn. L. Rev. 4 (1919/20) 1–13.

Cassani, Walter, Das direkte Forderungsrecht des Geschädigten gegen den Versicherer des Automobils (Bern 1935).

Castles, Alexander C., Compulsory Automobile Liability Insurance in Australia, Am. J. Comp. L. 6 (1957) 257–283.

Centre d'études des Pays de l'Est, La responsabilité civile dans les Etats de l'Est (1967).

Claeys, Ch. Emmanuel, L'assurance obligatoire de la responsabilité des accidents d'automobile, législations française et étrangères (Paris 1962).

Cohen, William, Fault and the Automobile Accident: The Lost Issue in California, UCLA L. Rev. 12 (1964/65) 164–189.

Cohn, E. J., The Reckless Driver in Switzerland, New L. J. 116 (1965/66) 1179–1180.

Coing, Helmut, Bemerkungen zum überkommenen Zivilrechtssystem, in: Festschrift Hans Dölle I (Tübingen 1963) 25–40.

Columbia University Council for Research in the Social Sciences, Report by the Committee to Study Compensation for Automobile Accidents (Philadelphia 1932); zitiert: Columbia Report.

Comporti, Marco, La responsabilité civile en Italie, Rev. int. dr. comp. 1967, 827–860.

Conard, Alfred F., The Economic Treatment of Automobile Injuries, Mich. L. Rev. 63 (1964/65) 279–326.

Conard, Alfred F., Remarks, U. Ill. L. Forum 1967, 440–453.

Conard A. F. / Jacobs, New Hope for Consensus in the Automobile Injury Impasse, A.B.A.J. 52 (1966) 533–538.

Conard, A. F. / Morgan / Pratt / Voltz / Bombaugh, Automobile Accident Costs and Payments (Ann Abor 1964); zitiert: Conard u. a.

Courgenay / Margeat / Rippol, Möglichkeiten der finanziellen Entlastung der Haftpflichtversicherung (Landesreferat Frankreich), in: Zweiter Weltkongreß für Versicherungsrecht, 3. Bd. (Karlsruhe 1967) 43–57.

Dahan, Moise, L'assurance automobile, in: L'automobile en droit privé (Paris 1965) 375–422.

Dalcq, R. O., L'article 1382 du Code civil et les accidents de la circulation, J. T. 80 (1965) 497–504.

Deak, Francis, Automobile Accidents: A Comparative Study of the Law of Liability in Europe, U. Pa. L. Rev. 79 (1930/31) 271–305.

Deak, Francis, Liability and Compensation for Automobile Accidents, A Survey of Foreign Legislation, Minn. L. Rev. 21 (1936/37) 123–143.

Deiters, Manfred, Die Neuordnung der Kfz-Haftpflichtversicherung, VW 1965, 1100 bis 1105.

Derham/da Costa, Absolute Liability, New Zealand U. L. Rev. 1 (1963) 37–70.

Deutsch, Erwin, Fahrlässigkeit und erforderliche Sorgfalt (Köln/Berlin/Bonn/München 1963).

Deutsch, Erwin, Die Selbstopferung im Straßenverkehr, AcP 165 (1965/66) 193–219.

Deutsch, Erwin, Entwicklungstendenzen des Schadensrechts in Rechtsprechung und Wissenschaft, JuS 1967, 152–158.

Drouillat, René, Stellungnahme zum „Projet Tunc", Dr. soc. 1967, 90–96.

Dukakis, Michael S., Legislators Look at Proposed Changes, U. Ill. L. Forum 1967, 582–591.

Edlbacher, Oskar, Wandel und Krise des Haftungsgrundes des Verschuldens, in: Festschrift Wilburg (Graz 1965) 81–98.

Edlbacher, Oskar, Bedeutet die Kanalisierung der Haftung im Atomenergierecht einen Wendepunkt?, ÖJZ 22 (1967) 447–483.

Ehrenzweig, Albert, Deutsches (österreichisches) Versicherungsvertragsrecht (Wien 1952).

Ehrenzweig, Albert A., Assurance Oblige – A Comparative Study, Law & Contemp. Prob. 15 (1950) 445–454.

Ehrenzweig, Albert A., Negligence Without Fault – Trends Toward an Enterprise Liability for Insurable Loss (Berkeley 1951), erneut abgedruckt in Calif. L. Rev. 54 (1966) 1422–1477.

Ehrenzweig, Albert A., „Full Aid" Insurance for the Traffic Victim – A Voluntary Compensation Plan, Calif. L. Rev. 43 (1955) 1–48.

Ehrenzweig, Albert A., Ersatzrecht-Versicherung, Ein Beitrag zur Überwindung der Haftpflichtversicherung im Kraftfahrrecht, in: Internationales Versicherungsrecht, Festschrift für Albert Ehrenzweig (Karlsruhe 1955) 9–24.

EHRENZWEIG, ALBERT A., Japan: Automobile Security Act of 1956, Comments, Am. J. Comp. L. 5 (1956) 273–275.

EICHLER, HERRMANN, Versicherungsrecht (Karlsruhe 1966).

EÖRSI, GUYLA, The Adaptation of Civil Liability to Modern Needs, Rev. Contemp. L. 10 (1963 No. 2) 11–24.

ESSER, JOSEF, Grundlagen und Entwicklung der Gefährdungshaftung (München/Berlin 1941); zitiert: Esser.

ESSER, JOSEF, Grundfragen der Reform des Schadensersatzrechts, AcP 148 (1942/43) 121–146.

ESSER, JOSEF, Die Zweispurigkeit unseres Haftpflichtrechts, JZ 1953, 129–134.

ESSER, JOSEF, Schuldrecht, 2. Aufl. (Karlsruhe 1960).

Europäische Wirtschaftsgemeinschaft, Kommission
Vergleichende Darstellung der Systeme sozialer Sicherheit in den Mitgliedstaaten der europäischen Gemeinschaften (4. Aufl. 1966), 1. Allgemeines System.

FIATTE, RENÉ, Étude comparée des systèmes de réparation des préjudices en cas d'accidents d'automobiles dans les pays européens, R.G.A.T. 1960, 513–530.

FIKENTSCHER, WOLFGANG, Das Schuldrecht (Berlin 1965).

FLEMING, JOHN G., An Introduction to the Law of Torts (Oxford 1967); zitiert: Fleming, Torts (1967).

FLEMING, JOHN G., The Law of Torts, 3. Aufl. (Sydney 1965).

FLEMING, JOHN G., The Collateral Source Rule and Loss Allocation in Tort Law, Calif. L. Rev. 54 (1966) 1478–1549.

FLOEGEL, J. / HARTUNG, F., Straßenverkehrsrecht, 17. Aufl. (München und Berlin 1968).

FRANKLIN/CHANIN/MARK, Accidents, Money and the Law: A Study of the Economics of Personal Injury Litigation, Col. L. Rev. 61 (1961) 1–39.

FREY, EMIL, Die wirtschaftlichen Beziehungen zwischen dem Haftpflichtrecht und der Haftpflichtversicherung, Karlsruher Forum 1964, 29–33.

FREY, EMIL, Die Zukunft der Privatassekuranz, VW 1968, 9–13.

FRIEDMAN, L. / LADINSKY, J., Social Change and the Law of Industrial Accidents, Col. L. Rev. 67 (1967) 50–82.

FRIEDMANN, W. G., Social Insurance and the Principles of Tort Liability, Harv. L. Rev. 63 (1949/50) 241–265.

FRIEDRICH, JÜRGEN, Zur Deckung von Ansprüchen auf Aufwendungsersatz in der Haftpflichtversicherung, Diss. Hamburg (1967).

FRIEDRICH, MARTIN, Die wirtschaftlichen Auswirkungen der Rechtsprechung auf die Haftpflichtversicherung, in: Zweite Begegnung von Justiz und Versicherung, hrsg. von der Versicherungsgruppe Hannover (1967) 67–83.

FROMM, GERHARD ERICH, Pflichtversicherung für Kraftfahrzeughalter und Kraftfahrversicherungsbedingungen, Kommentar, 2. Aufl. (Berlin 1961 mit Nachtrag 1964).

FUCHSBERG, JACOB D., Lawyers View Proposed Changes, U. Ill. L. Forum 1967, 565 bis 574.

GEIGEL, REINHARD und ROBERT, Der Haftpflichtprozeß, 13. Aufl. (München/Berlin 1967).

GHIARDI, JAMES D., The Collateral Source Rule: Multiple Recovery in Personal Injury Actions, Ins. L. J. 1967, 457–465.

GILLIARD, FRANÇOIS, Vers l'unification du droit de la responsabilité, ZSR 1967 II 193 bis 323.

GIVORD, FRANÇOIS, Stellungnahme zum „Projet Tunc", Dr. soc. 1967, 96–102.

GRAD, FRANK P., Recent Developments in Automobile Accident Compensation, Col. L. Rev. 50 (1950) 300–330.

GRAY, HAMISH R., Liability for Highway Accidents, Curr. Leg. Probl. 17 (1964) 127 bis 143.

GREEN, LEON, Traffic Victims – Tort Law and Insurance (Evanston, Ill., 1958).

GREGORY, C. O. / KALVEN, H., Cases and Materials on Torts (Boston/Toronto 1959).

GROB, KURT, Die Selbstbeteiligung des Versicherten im Schadensfall, Wesen und Bedeutung im Rahmen der Privatversicherung (Zürich/St. Gallen 1967).

GROSSFELD, BERNHARD, Die Privatstrafe (Frankfurt/Berlin 1961).

GYSIN, ARNOLD, Zur sozialen Unfallversicherung, SZS 1967, 38–49.

HACKS, SUSANNE, Schmerzensgeldbeträge, Übersicht über neue Gerichtsentscheidungen, 5. Aufl. (München 1968).

HAFFTER, ARTHUR, Die Motorfahrzeughaftpflicht im schweizerischen, deutschen, italienischen und französischen Recht, Diss. Zürich (Winterthur 1956).

HARPER, FOWLER V. / JAMES, FLEMING, JR., The Law of Torts, 3 Bde (Boston 1956).

HARRIS, D. R., Insurance for Road Victims, New L. J. 116 (1965/66) 439–440, 477–479.

HAUSS, FRITZ, Entwicklungslinien des deutschen Schadensersatzrechts, ZVersWiss 1967, 151–167.

HEDEMANN, JUSTUS W., Die Fortschritte des Zivilrechts im XIX. Jahrhundert, 1. Teil, Die Neuordnung des Verkehrslebens (Berlin 1910).

HELDRICH, ANDREAS, Die allgemeinen Rechtsgrundsätze der außervertraglichen Schadenshaftung im Bereich der Europäischen Wirtschaftsgemeinschaft (Frankfurt/Berlin 1961).

HELLNER, Jan, Tort Liability and Liability Insurance, Scandinavian Studies in Law 6 (1962) 129–162; zitiert: Hellner.

HELLNER, JAN, Reparation for Personal Injuries in Sweden, in: Conard u. a. (1964) 438–454; zitiert: Hellner (in Conard u. a.).

HELLNER, JAN, Développement et rôle de la responsabilité civile délictuelle dans les pays scandinaves, Rev. int. dr. comp. 19 (1967) 779–805.

HELM, GEORG, Haftung und Versicherung bei der Selbstaufopferung des Kraftfahrers im Straßenverkehr, VersR 1968, 209–217, 318–323.

HERBICH, J. / STRADAL, W., Alkohol und Verkehrsunfall, ZVR 1968, 1–8.

HINKLE, DAVID, Intrafamily Litigation-Parent and Child, Ins. L. J. 1968, 133–149.

v. HIPPEL, EIKE, Gefahrerhöhung und Versicherungsschutz in der Kraftfahrzeug-Haftpflichtversicherung, NJW 1966, 129–134.

v. HIPPEL, EIKE, Zur Haftung bei Schwarzfahrten, VersR 1966, 507–508.

v. HIPPEL, EIKE, Die Haftung bei Gefälligkeitsfahrten. Zugleich ein Beitrag zur Bedeutung des Versicherungsgedankens für das Schadensrecht, in: Festschrift für Fritz von Hippel (1967) 233–244.

v. HIPPEL, EIKE, Schadensausgleich bei Verkehrsunfällen, Umrisse eines neuen Systems, NJW 1967, 1729–1737.

v. HIPPEL, EIKE, Nochmals: Der Versicherungsgedanke im Schadensrecht, VersR 1968, 231–232.

v. HIPPEL, FRITZ, Rechtstheorie und Rechtsdogmatik. Studien zur Rechtsmethode und zur Rechtserkenntnis (Frankfurt 1964).

Institut international pour l'unification du droit privé, Unification internationale en matière de responsabilité civile et d'assurance obligatoire des automobilistes, Avant-Projets et rapports (Rom 1940); zitiert: Avant-Projets.

JAFFE, LOUIS L., Damages for Personal Injury: The Impact of Insurance, Law & Contemp. Prob. 18 (1953) 219–240.

James, Fleming, Jr., Accident Liability Reconsidered: The Impact of Liability Insurance, Yale L. J. 57 (1947/48) 549–570.

James, Fleming, Jr., Functions of Judge and Jury in Negligence Cases, Yale L. J. 58 (1948/49) 667–690.

James, Fleming, Jr., Social Insurance and Tort Liability: The Problem of Alternative Remedies, N.Y.U.L. Rev. 27 (1952) 537–563.

James, Fleming, Jr., The Columbia Study of Compensation for Automobile Accidents: An Unanswered Challenge, Col. L. Rev. 59 (1959) 408–424.

James, F. / Thornton, The Impact of Insurance on the Law of Torts, L. & Contemp. Prob. 15 (1950) 431–444.

Jauffret, Camille, La responsabilité civile en matière d'accidents d'automobiles. Étude comparée de droit espagnol, italien et français (Paris 1965).

Jørgensen, Stig, Towards Strict Liability in Tort, Scandinavian Studies in Law 7 (1963) 25–59.

Kämmer, Reinhard, Bestrebungen der Ersetzung der gesetzlichen Kraftfahrzeug-Haftpflichtversicherung durch eine gesetzliche Unfallversicherung im anglo-amerikanischen Rechtskreis, ZVersWiss 1967, 169–178.

Kanno, Hansgeorg, Gefährdungshaftung und rechtliche Kanalisierung im Atomrecht (Düsseldorf 1967).

Karrer, Robert, Der Regreß des Versicherers gegen Dritthaftpflichtige. Rechtsvergleichung und internationales Privatrecht, Zürcher Beiträge zur Rechtswissenschaft, N. F., Heft 244 (Zürich 1965).

Keeton, R. E. / O'Connell, J., Basic Protection for the Traffic Victim. A Blueprint for Reforming Automobile Insurance (Boston/Toronto 1965), zitiert: Keeton / O'Connell.

Keeton, R. E. / O'Connell, J., Basic Protection Automobile Insurance, U. Ill. L. Forum 1967, 400–439.

Keeton, R. E. / O'Connell, J., Basic Protection: A Rebuttal to Its Critics, A.B.A.J. 53 (1967) 633–639.

Kegel, Gerhard, The Crisis of Conflict of Laws, Recueil des Cours 112 (1964–II) 95–268.

Kemper, James S., The Basic Protection Plan: Reform or Regression? U. Ill. L. Forum 1967, 459–472.

Kessler, Friedrich, Die Fahrlässigkeit im nordamerikanischen Deliktsrecht unter vergleichender Berücksichtigung des englischen und des deutschen Rechts (Berlin/Leipzig 1932).

Kimball, Spencer L., Automobile Accident Compensation Systems: Objectives and Perspectives, U. Ill. L. Forum 1967, 370–386.

Kimura, Eiichi, L'assicurazione obbligatoria di responsabilità civile automobilistica, Rapporto sul Giappone, Assicurazioni XXXIV (1967) 315–324.

Klingmüller, Ernst, Grundlagen und Methoden der Schadensberechnung, Karlsruher Forum 1964, 21–28.

Köhler, Hanns, Die Automobilversicherung in den Vereinigten Staaten von Nordamerika, VW 1966, 907–910, 983–986.

Köhler, Hanns, Haftpflicht- oder Unfallversicherung?, VW 1966, 254–255.

Koenig, Willy, Schweizerisches Privatversicherungsrecht, 2. Aufl. (Bern 1960).

Koenigs, Folkmar, Die Haftung für Personenschäden im deutschen Verkehrsrecht, ZVerkWiss 16 (1939) 32–53, 111–129.

Koenigs, Folkmar, Zur Haftung der Eisenbahnen und des Kraftverkehrs für Personenschäden, IntArchVerkW 1951, 394–398.

Kötz, Hein, Zum Haftungsprivileg des Ehegatten im Straßenverkehr, NJW 1967, 1213 bis 1215.
Kötz, Hein, Zur Haftung bei Schulunfällen, JZ 1968, 285–288.

Lange, Heinrich, Vom alten zum neuen Schuldrecht (Hamburg 1934).
Lange, Hermann, Empfiehlt es sich, die Haftung für schuldhaft verursachte Schäden zu begrenzen? Kann für den Umfang der Schadensersatzpflicht auf die Schwere des Verschuldens und die Tragweite der verletzten Norm abgestellt werden? Gutachten für den 43. Deutschen Juristentag, Verhandlungen des 43. DJT München 1960, Bd. I (Tübingen 1960).
Larenz, Karl, Lehrbuch des Schuldrechts, 2 Bde, 8. Aufl. (München/Berlin 1967).
Larenz, Karl, Die Prinzipien der Schadenszurechnung, JuS 1965, 373–379.
Larenz, Karl, Der Vermögensbegriff im Schadensersatzrecht, in: Festschrift Nipperdey (1965) I 489–507.
Lawson, F. H., The Duty of Care in Negligence: A Comparative Study, Tul. L. Rev. 22 (1947/48) 111–130.
Lebret, Jacques, Stellungnahme zum „Projet Tunc", Dr. soc. 1967, 131–137.
Leflar, Robert A., Negligence in Name Only, N.Y.U.L. Rev. 27 (1952) 564–584.
Lieberwirth, Ralf, Das Schmerzensgeld, 3. Aufl. (Heidelberg 1965).
Lilly, Austin J., siehe Smith/Lilly/Dowling.
Linden, Allen M., Automobile Accident Compensation in Ontario – A System in Transition, Am. J. Comp. L. 15 (1966/67) 301–313.
Löwenberg, H. Shlomoh, Möglichkeiten der finanziellen Entlastung der Haftpflichtversicherung (Generalreferat), in: Zweiter Weltkonkreß für Versicherungsrecht, 3. Bd. (Karlsruhe 1967) 1–8.

Malone, Wex S., Damage Suits and the Contagious Principle of Workmen's Compensation, La. L. Rev. 12 (1952) 231–263.
Marschall v. Bieberstein, Wolfgang, Reflexschäden und Regreßrechte, Die Ersatzansprüche Dritter bei mittelbaren Vermögensschäden infolge vertraglicher oder ähnlicher Beziehungen zum Verletzten (Stuttgart/Berlin/Köln/Mainz 1967).
Marschall v. Bieberstein, Wolfgang, Haftungsbefreiung im dreispurigen Schadensausgleich, VersR 1968, 509–516.
Marton, Géza, Versuch eines einheitlichen Systems der zivilrechtlichen Haftung, AcP 162 (1963) 1–87.
Maryott, Franklin J., A Response to the Critics of the Automobile Insurance – Tort System: New Concepts to Protect Traffic Victims, Ins. L. J. 1967, 350–356.
Mayer-Maly, Theo, Schadensersatz für Gebrauchsentbehrung?, ZVR 1967, 281–289.
Mazeaud, H. et L. / Tunc, A., Traité théorique et pratique de la responsabilité civile délictuelle et contractuelle, Bd. 1 (6. Aufl. Paris 1965), Bd. 2 (5. Aufl. 1958), Bd. 3 (5. Aufl. 1960); zitiert: Mazeaud/Tunc.
Meijers, E. M., Ontwerp voor een Nieuw Burgerlijk Wetboek (Boek 6, 1961).
Meili, Fr., Die Kodifikation des Automobilrechts (Wien 1907).
Mertens, Hans-Joachim, Der Begriff des Vermögensschadens im Bürgerlichen Recht (Stuttgart/Berlin/Köln/Mainz 1967).
Mertens, Hans-Joachim, Der Referentenentwurf zur Änderung des Schadensersatzrechts, FamRZ 1968, 130–136.
Meyer, Ernst, Nationale und internationale Schadenteilungsabkommen, Karlsruher Forum 1960, 19–23.
Meyer, Ernst, Marktprobleme der Versicherungswirtschaft, in: Zweite Begegnung von Justiz und Versicherung, hrsg. von der Versicherungsgruppe Hannover (1967) 15–30.

MICHAELIS, KARL, Beiträge zur Gliederung und Weiterbildung des Schadensrechts, in: Festschrift für Heinrich Siber II (Leipzig 1943) 185–370.
MÖHL, WOLFGANG, Europäisches Straßenverkehrsrecht, JR 1968, 121–127.
MÖLLER, HANS, Die Überwindung der Haftpflichtversicherung, JW 1934, 1076–1080.
MÖLLER, HANS, Ist es zum Schutze der versicherten Personen und Verkehrsopfer erforderlich, die bestehenden Vorschriften über den Versicherungsschutz der Rechtsentwicklung anzupassen?, DAR 31 (1962) 313–321.
MÖLLER, HANS, Ist die Einführung eines eigenen Rechts des Drittgeschädigten gegen den Haftpflichtversicherer, insbesondere in der Kraftfahrhaftpflichtversicherung, empfehlenswert?, ZVersWiss 52 (1963) 409–470.
MORRIS/PAUL, The Financial Impact of Automobile Accidents, U. Pa. L. Rev. 110 (1962) 913–933.
MOYNIHAN, DANIEL P., Changes for Automobile Claims?, U. Ill. L. Forum 1967, 361 bis 369.
MÜLLER, FRITZ, Straßenverkehrsrecht, 21. Aufl. (Berlin 1959 mit Ergänzungsband 1962).
MÜLLER-STÜLER, MICHAEL, Der Direktanspruch gegen den Haftpflichtversicherer (Karlsruhe 1966).
MÜNZBERG, WOLFGANG, Verhalten und Erfolg als Grundlagen der Rechtswidrigkeit und Haftung (Frankfurt 1966).

NADER/PAGE, Automobile Design and the Judicial Process, Calif. L. Rev. 55 (1967) 645–677.
NEUMANN-DUESBERG, Das Verhältnis von „Verkehrssicherungs- und Fürsorgepflicht" des Arbeitgebers und die „Teilnahme am allgemeinen Verkehr", VersR 1968, 1–12.
NIPPERDEY, H. C., Grundfragen der Reform des Schadenersatzrechts, Arbeitsberichte der Akademie für Deutsches Recht Nr. 14, vorgelegt von H. C. Nipperdey (München/Berlin 1940).
Note, Absolute Liability-Committee Report, New Zealand U. L. Rev. 1 (1963) 151–152.

O'CONNELL, JEFFREY, Basic Protection – Relief for the Ills of Automobile Insurance Cases, La. L. Rev. 27 (1967) 647–667.
OFTINGER, KARL, Schweizerisches Haftpflichtrecht, 2. Aufl. I (Zürich 1958), II/1 (1960), II/2 (1962).
ONTWERP, siehe Meijers.

PAGE, HENRI DE, Traité élémentaire de droit civil belge, Bd. 2, 3. Aufl. (Brüssel 1964).
PALANDT, Bürgerliches Gesetzbuch, 27. Aufl. (München 1968).
PARKER OF WADDINGTON, Compensation for Accidents on the Road, Curr. Leg. Probl. 18 (1965) 1–12.
PARSONS, ROSS, Death and Injury on the Roads – The Compensation of Victims in Western Australia, U. W. Austl. Ann. L. Rev. 3 (1954/56) 201–292.
PAYNE, DOUGLAS, Compensation for Industrial Injuries, Curr. Leg. Probl. 10 (1957) 85–103.
PAYNE, DOUGLAS, Compensating the Accident Victim, Curr. Leg. Probl. 13 (1960) 85–111.
PFENNIGSTORF, WERNER, Unification of the Protection of Traffic Victims in Europe, Am. J. Comp. L. 15 (1966/67) 436–456.
PINCKERNELLE, ASCAN, Die Herbeiführung des Versicherungsfalls (Karlsruhe 1966).
POLLOCK, F. / LANDON, P. A., The Law of Torts, 15 ed. (1951).
PRÖLSS, ERICH R., Kraftfahr-Haftpflichtschäden im Zeichen der action directe, NJW 1965, 1737–1743.
PRÖLSS, ERICH R., Versicherungsvertragsgesetz, 16. Aufl. (München/Berlin 1967).

Le „Projet Tunc" et la réforme du droit des accidents de la circulation Droit social (Numéro spécial) 1967, 66–148 (mit Beiträgen verschiedener Autoren).
PROSSER, WILLIAM L., Handbook of the Law of Torts, 3. Aufl. (St. Paul, Minn. 1964).

RABEL, ERNST, Die Grundzüge des Rechts der unerlaubten Handlungen, in: Deutsche Landesreferate zum Internationalen Kongreß für Rechtsvergleichung im Haag 1932, hrsg. von E. Heymann (Berlin/Leipzig 1932) 10–27 (Sonderveröffentlichung von RabelsZ, 6. Jahrgang).
Referentenentwurf, siehe Bundesministerium der Justiz.
REIN, WALTER, Der Verschuldensbegriff im Bereich der unfallversicherungsrechtlichen Unternehmerhaftung, Diss. Würzburg (1965).
REIN, WALTER, Die Schmerzensgeldfrage bei Arbeitsunfällen, BB 1968, 44–47.
REINHARDT, RUDOLF, Beiträge zum Neubau des Schadensersatzrechts, AcP 148 (1942/43) 147–187.
Report of Committee, Inter-Ministerial Committee Report on Questions of Traffic and Work Accidents, Israel L. Rev. 1 (1966) 636–661.
Restatement, siehe American Law Institute.
RHEINSTEIN, MAX, Haftung für Kraftfahrzeuge, RvglHwb 4 (1933) 81–92.
RIESENFELD, STEFAN A., Contemporary Trends in Compensation for Industrial Accidents Here and Abroad, Calif. L. Rev. 42 (1954) 531–578.
RIESENFELD, STEFAN, Aktuelle Strömungen und Bestrebungen in der Sozialgesetzgebung der USA (München 1965).
RINCK, GERHARD, Gefährdungshaftung (Göttingen 1959).
ROTH, THEO, Möglichkeiten der finanziellen Entlastung der Haftpflichtversicherung (Landesreferat Deutschland), in: Zweiter Weltkongreß für Versicherungsrecht, 3. Bd. (Karlsruhe 1967) 27–37.
ROTHER, WERNER, Haftungsbeschränkung im Schadensrecht (München/Berlin 1965).
RUDDEN, BERNHARD, Soviet Tort Law, N.Y.U.L. Rev. 42 (1967) 583–630.
RUHKOPF, ROLF, Schadenregulierung und Rechtsanwaltsgebühren, VersR 1968, 21–25.

SALMOND / HEUSTON, R. F. V., Law of Torts, 14. Aufl. (London 1965).
SAMUELS, ALEC, Compensation for Criminal Injuries in Britain, U. Toronto L. J. XVII (1967) 20–50.
SAMUELS, ALEC, Damages in Personal Injuries Cases: A Comparative Law Colloquium Report, I.C.L.Q. 17 (1968) 443–471.
SANDEN, GEORG, Schmerzensgeld und Haftpflichtnovelle, VersR 1967, 413–420.
SANDEN, GEORG, Versicherungsschutz bei Ansprüchen aus § 640 RVO, VersR 1968, 12–16.
Saskatchewan Government Insurance Office, Saskatchewan's Automobile Accident Insurance Act Explained (rev. ed. Regina 1965); zitiert: SGIO.
Saskatchewan Government Insurance Office, Report to the Royal Commission on Automobile Insurance and Related Matters British Columbia (Victoria 1967); zitiert: SGIO, Report 1967.
SAVATIER, RENÉ, Traité de la responsabilité civile en droit français, Bd. 1 (Paris 1951).
SAVATIER, RENÉ, Comment repenser la conception française actuelle de la responsabilité civile?, D. 1966 Chronique 149–158.
SAVATIER, RENÉ, Sécurité routière et responsabilité civile à propos du „Projet Tunc", D. 1967 Chronique 1–12.
SAUVEPLANNE, J. G., Les rapports entre responsabilité et assurance en droit aérien international, Rapports généraux au VIe Congrès international de droit comparé, Hamburg, 30 juillet – 4 aout 1962 (1964) 615–630.
SCARIANO, ANTHONY, Remarks, U. Ill. L. Forum 1967, 596–599.

SCHERRER, FRANZ, Die Motorfahrzeughaftpflicht im französischen Recht, Diss. Zürich (1959).
SCHMIDT, REIMER, Einfluß des Verhaltens des Versicherten auf die vertraglich zugesagte Gefahrtragung (Generalreferat), in: Zweiter Weltkongreß für Versicherungsrecht, 4. Bd. (Karlsruhe 1967) 3–52.
SCHNEIDER, TILMANN, Der Fonds de Garantie Automobile im Rahmen des Schutzes der Verkehrsopfer. Internationale Vergleichung und rechtliche Einordnung (Frankfurt/Berlin 1967).
SCHRAFT, HANS, Die deutsche soziale Unfallversicherung, Bewährung, Wandel und Ausblick, in: Beiträge zur Sozialversicherung, Festgabe für J. Krohn (Berlin 1954) 269 bis 294.
SCHUERMANS, L., Dient de wettelijke aansprakelijkheid bij verkeersongevallen te worden vervangen door een stelsel van verzekering? Rechtskundig Weekblad (Belgien) 30 (1966/67) 1354–1382.
SCHÜTTE, EHRENFRIED, Das Versicherungswesen der Sowjetunion ohne Berücksichtigung der Sozialversicherung (Berlin 1966).
SCHÜTZ, ECKHARDT, Mietwagenkosten und Nutzungsentgang, VersR 1968, 124–126.
SCHUNACK, JOHANNES, Schmerzensgeld. Entscheidungen und Veröffentlichungen 1955 bis 1966 (Karlsruhe 1967).
SCHUPPISSER, HEINRICH, Die grobfahrlässige Herbeiführung des Versicherungsfalles nach Art. 14 Abs. 2 VVG, Abhandlungen zum schweiz. Recht, N. F. Heft 364 (Bern 1964).
SELB, WALTER, Schadensbegriff und Regreßmethoden (Heidelberg 1963).
SELB, WALTER, Individualschaden und soziale Sicherung, Karlsruher Forum 1964, 3–20.
SHUMIATCHER, MORRIS C., Legislation-State Compulsory Insurance Act – An Appraisal, Can. B. Rev. 39 (1961) 107–124.
SIEG, KARL, Haftungsersetzung durch Versicherungsschutz?, ZHR 113 (1950) 95–118.
SIEG, KARL, Ausstrahlungen der Haftpflichtversicherung (Hamburg 1952).
SIEG, KARL, Der Anspruch des Drittgeschädigten gegen den Haftpflichtversicherer (praktische Ausgestaltung, dogmatische Rechtfertigung), ZVersWiss 1965, 357–384.
SIEG, KARL, Verfahrensrechtliche Fragen bei der Inanspruchnahme des Entschädigungsfonds, VersR 1967, 324–329.
SIMITIS, SPIROS, Soll die Haftung des Produzenten gegenüber dem Verbraucher durch Gesetz, kann sie durch richterliche Fortbildung geordnet werden? In welchem Sinne? Gutachten C zum 47. Deutschen Juristentag (München 1968).
SMITH / LILLY / DOWLING, Compensation for Automobile Accidents: A Symposium, Col. L. Rev. 32 (1932) 785–824.
STARCK, BORIS, Le cas de responsabilité sans faute, in: Études de droit contemporain (1963) 169–209.
STARCK, BORIS, Les rayons et les ombres d'une esquisse de loi sur les accidents de la circulation, Rev. trim. dr. civ. 1966, 635–685.
STARK, EMIL, Die Haftpflicht aus Motorfahrzeugunfällen in rechtsvergleichender Sicht, SJZ 55 (1959) 338–344.
STARK, EMIL, Probleme der Vereinheitlichung des Haftpflichtrechts, ZSR 1967 II 1–192.
STIEFEL, E. / WUSSOW, W., Kraftfahrversicherung, Kommentar zu den Allgemeinen Bedingungen für die Kraftverkehrsversicherung – AKB, 7. Aufl. (München/Berlin 1968).
STOLL, HANS, Das Handeln auf eigene Gefahr (Berlin/Tübingen 1961).
STRAHL, IVAR, Tort Liability and Insurance, Scandinavian Studies in Law 3 (1959) 199–226.
STREET, HARRY, Automobile Injury Reparation in England, in: Conard u. a. (1964) 419–437.

STREET, HARRY, Compensation for Road Accident Victims, S.A.L.J. LXXXV (1968) 49–64.

SUZMAN, ARTHUR, Motor Vehicle Accidents: Proposals for a System of Collective Responsibility Irrespective of Fault, S.A.L.J. 72 (1955) 374–384.

SZPUNAR, ADAM, Concurrent Fault in Comparative Law, Essays in Jurisprudence in Honour of Roscose Pound (New York 1962) 497–510.

SZPUNAR, ADAM, La place de la responsabilité civile en droit polonais, Rev. int. dr. comp. 1967, 861–874.

TITZE, HEINRICH, Unerlaubte Handlungen, RvglHwb 6 (1938) 676–747.

TRENDEL, LUDWIG, Gefährdungshaftung – Zwangshaftpflichtversicherung – Reichskasse für Verkehrsunfälle, DAR 1935, 73–74, 97–98, 145–146.

TUNC, ANDRÉ, La sécurité routière. Esquisse d'une loi sur les accidents de la circulation (Paris 1966); zitiert: Tunc.

TUNC, ANDRÉ, Traffic Accident Compensation in France – the Present Law and a Controversial Proposal, Harv. L. Rev. 79 (1965/66) 1409–1433.

TUNC, ANDRÉ, Un bilan provisoire, Dr. soc. 1967, 71–89 (mit anschließenden Stellungnahmen verschiedener Autoren zum „Projet Tunc").

TUNC, ANDRÉ, Sur un projet de loi en matière d'accident de la circulation, rev. trim. dr. civ. 1967, 82–97.

TUNC, ANDRÉ, Les problèmes contemporains de la responsabilité civile délictuelle, Rev. int. dr. comp. 1967, 757–777.

University of Illinois Law Forum, Changes for Automobile Claims?, U. Ill. L. Forum 1967, 361–633 (mit Beiträgen verschiedener Autoren).

USSING, HENRY, The Scandinavian Law of Torts – Impact of Insurance on Tort Law, Am. J. Comp. L. 1 (1952) 359–372.

USSING, HENRY, Évolution et transformation du droit de la responsabilité civile, Rev. int. dr. comp. 7 (1955) 485–498.

VEIT, ROLF, E., Das Eisenbahn- und Kraftfahrzeug-Haftpflichtgesetz, 2. Aufl. (Wien 1962).

Verkehrsgerichtstag, 5. Deutscher Verkehrsgerichtstag 1967; 6. Deutscher Verkehrsgerichtstag 1968 (im Auftrag des Deutschen Verkehrswissenschaftlichen Seminars e. V. – Sitz Hamburg – hrsg. vom auto + erdöl Presse-Verlag, Hamburg).

VINEY, GENEVIÈVE, Le déclin de la responsabilité individuelle (Paris 1965).

VOLKMANN, KURT, Die Haftung des Kraftfahrers in den europäischen Staaten (Frankfurt 1957).

WAGNER, ADOLPH, Der Staat und das Versicherungswesen, ZStaatsw. 37 (1881) 1–72.

WALTER, HANS, Die Haftung des Kraftfahrzeughalters (Berlin 1962).

WANNAGAT, GEORG, Lehrbuch des Sozialversicherungsrechts, Bd. 1 (Tübingen 1965).

WANNAGAT, GEORG, Die unfallversicherungsrechtliche Gefährdungshaftung im allgemeinen Haftungssystem, NJW 1960, 1597–1602.

WARKALLO, WITOLD, L'assicurazione obbligatoria di responsabilità civile automobilistica, Rapporto sulla Polonia, Assicurazioni XXXIV (1967) 346–350.

WEITNAUER, HERMANN, Entwicklungslinien des Haftungsrechts, in: Juristen-Jahrbuch 4 (1963/64) 214–242.

WEITNAUER, HERMANN, Remarques sur l'évolution de la responsabilité civile délictuelle en droit allemand, Rev. int. dr. comp. 1967, 807–826.

WEITNAUER, HERMANN, Aktuelle Probleme des Rückgriffs des Versicherers gegen den Schädiger, DB 1968, 879–882.

WHAM, BENJAMIN, Civil Jury Backlogs: Should We Amend the Constitution, A.B.A.J. 53 (1967) 643–645.

WIEACKER, FRANZ, Privatrechtsgeschichte der Neuzeit, 2. Aufl. (Göttingen 1967).

WIESE, GÜNTHER, Der Ersatz des immateriellen Schadens, Recht und Staat Heft 294/295 (Tübingen 1964).

WILBURG, WALTER, Die Elemente des Schadensrechts (Marburg 1941).

WILLIAMS, GLANVILLE, The Aims of the Law of Tort, Curr. Leg. Probl. 4 (1951) 137–176.

WINFIELD / JOLOWICZ / LEWIS, The Law of Tort, 8. Aufl. (London 1967); zitiert: Winfield u. a.

WRIGHT, CECIL A., The Law of Torts: 1923–1947, Can. Bar. Rev. 26 (1948) 46–94.

WRIGHT, CECIL A., The Adequacy of the Law of Torts, C.L.J. 1961, 44–61.

WUSSOW, WERNER, Das Unfallhaftpflichtrecht, 9. Aufl. (Köln/Berlin/Bonn/München 1967); zitiert: Wussow.

WUSSOW, WERNER, Teilungsabkommen zwischen Sozialversicherern und Haftpflichtversicherern, 2. Aufl. (Frankfurt 1965).

WUSSOW, WERNER, Freizeichnungsklauseln und Haftpflichtversicherung, Beilage Nr. 14/68 zu DB (Mai 1968) 10–12.

YADIN, URI, Outline of an Automobile Compensation Plan for Israel, Am. J. Comp. L. 13 (1964) 276–291.

ZEUNER, ALBRECHT, Schadensbegriff und Ersatz von Vermögensschäden, AcP 163 (1963) 380–400.

ZEUNER, ALBRECHT, Gedanken über Bedeutung und Stellung des Verschuldens im Zivilrecht, JZ 1966, 1–9.

ZWEIGERT, KONRAD, Die Rechtsvergleichung im Dienste der Rechtsvereinheitlichung, in: Beiträge zur Rechtsforschung, hrsg. von Ernst Wolf (Berlin/Tübingen 1950) 251–262 (Sonderveröffentlichung von RabelsZ).

ZWEIGERT, KONRAD, Zur Lehre von den Rechtskreisen, in: Legal Essays in Honour of Hessel E. Yntema (Leyden 1961) 42–55.

ZWEIGERT, KONRAD, Des solutions identiques par des voies différentes, Rev. int. dr. comp. 18 (1966) 5–18.

ZWEIGERT, K. / KÖTZ, H., Die Haftung für gefährliche Anlagen in den EWG-Ländern sowie in England und den Vereinigten Staaten von Amerika (Tübingen 1966).

Zweiter Weltkongreß für Versicherungsrecht, 3. Bd., Möglichkeiten der finanziellen Entlastung der Haftpflichtversicherung-Deckungssumme, Franchise, Prozeßkosten; 4. Bd., Einfluß des Verhaltens des Versicherten auf die vertraglich zugesagte Gefahrtragung (hrsg. von Hans Möller, Karlsruhe 1967).

SACHVERZEICHNIS

Die Zahlen verweisen auf die Seiten, die hochgestellten Ziffern auf die Anmerkungen dieses Buches.

MIX
Papier | Fördert gute Waldnutzung
FSC® C083411

Kolibri 360 GmbH
Ferdinand-Jühlke-Straße 7
99095 Erfurt, Deutschland
produktsicherheit@kolibri360.de